本书受到云南省哲学社会科学学术著作出版专项经费资助

地方财政失衡的法律问题研究

杨川仪 ◎ 著

云南大学出版社
YUNNAN UNIVERSITY PRESS
·昆明·

图书在版编目（CIP）数据

地方财政失衡的法律问题研究 / 杨川仪著. —— 昆明：云南大学出版社，2022
ISBN 978-7-5482-4544-5

Ⅰ．①地… Ⅱ．①杨… Ⅲ．①地方财政—财政法—研究—中国 Ⅳ．①D922.204

中国版本图书馆CIP数据核字(2022)第096590号

策划编辑：张丽华
责任编辑：张丽华
封面设计：任　微

地方财政失衡的法律问题研究

DIFANG CAIZHENG SHIHENG DE FALÜ WENTI YANJIU

杨川仪◎著

出版发行：	云南大学出版社
印　　装：	云南金伦云印实业股份有限公司
开　　本：	787mm×1092mm　1/16
印　　张：	16.25
字　　数：	310千
版　　次：	2022年8月第1版
印　　次：	2022年8月第1次印刷
书　　号：	ISBN 978-7-5482-4544-5
定　　价：	68.00元

地　　址：昆明市一二一大街182号（云南大学东陆校区英华园内）
邮　　编：650091
发行电话：0871-65033244　65031071
网　　址：http://www.ynup.com
E-mail：market@ynup.com

若发现本书有印装质量问题，请与印厂联系调换，联系电话：0871-64120080。

前　　言

　　财政失衡是一种常态，地方财政能力不足是世界各国都普遍存在的现象。我国自1994年分税制改革以来，中央政府与地方政府之间其实并未实现真正意义上的完全财政分权，分税制改革并不彻底。一段时间内，囿于相关财政法律的限制，我国大多数地方政府不得不借助土地财政、地方融资平台和违规收费来弥补财政缺口，以保障人民日益提高的基本公共服务需求和基本公共事务管理。不规范的地方财政收入和支出方式，引发了一系列法律问题，影响了国民经济的健康发展。

　　世界上大多数国家和地区都会面临地方财政的失衡问题，但若得益于较为科学和完备的财政法律制度，地方财政收支的各个环节能够做到"有法可依"，辅之以较为完善的社会公众监督制度，由地方财政失衡导致的市政破产危机，也可以较好地被预防和控制。此外，在房地产税立法和地方债务治理这两个热点问题之上，一些国家和地区的法律实践较为成熟，积累了许多失败教训和成功经验，可以供我国参考学习。因此，本书选取了英国、美国、日本、南非、澳大利亚等国和我国港澳台地区的相关法律制度作为借鉴，通过对上述国家和地区的相关法律政策进行介绍和评价，以探寻实现地方政府财政平衡的法律路径。

　　本书主要从地方政府的角度出发，对地方财政失衡的法律问题进行以下探讨。第一，由于政府职能与市场调节边界不清，很长一段时间内，政府财政权力的行使在诸多领域存在缺位和错位。近年来，随着法治政府、服务型政府建设进程的推进和财政体制改革的不断深入，较好厘清了中央与地方之间的事权划分，明晰了政府调控和市场调节之间的界限。事实证明，只有通过对中央和地方财政关系的梳理，才能确立地方财政支出的范围与规模，借助公共产品理论和公共财政学，探索地方政府履行职能的多种方式，做到财政上的"节流"。第二，根据党的十八大、十九大对财政体制改革提出的要求，结合现行的土地供应制度和地方税体系，探讨我国地方税主体税种——房地产税的改革，并提出相关立法建议。第三，对我国地方政府的债务融资进行系统的分析，为地方债务治理提出法律意见。第四，在完成了控制政府权力让其办该办的事和解决了办事的钱从哪儿来的问题之后，就要从宏观和大局的角度出发，考虑政府间的财政平衡，如何在现有法律框架下实现基本公共服务的均等化。

本书运用理论分析的方法，对公共产品理论、财政分权理论、地方自治制度、财政联邦制度、预算税收、财政调控等理论进行系统的阐述与评析，并采取比较的方法，结合一些国家及地区的立法经验，以期为解决地方政府在实践中出现的财政失衡和由此引发的各类问题，进而得出避免地方政府财政陷入失衡的法律路径，最终为构建并完善地方政府的财政法律体系提出建议。

目 录

前　言 ··· (1)

导　论 ··· (1)
 一、选题背景 ··· (3)
 二、研究意义 ··· (4)
 三、文献综述 ··· (6)
 四、研究内容与研究方法 ·· (20)
 五、主要创新与不足 ··· (22)

第一章　我国地方政府财政的基本问题 ································ (24)
 第一节　地方政府与财政失衡的概念 ···························· (24)
  一、地方政府概念的界定 ····································· (24)
  二、地方财政失衡的界定 ····································· (29)
 第二节　我国地方政府财政的现状 ······························ (33)
  一、地方财政收入占比情况 ·································· (34)
  二、地方财政支出行为不规范 ······························· (37)
 第三节　我国地方财政失衡引发的问题 ························· (41)
  一、土地财政：非税收入的恶性膨胀 ······················· (41)
  二、地方债务：财政危机的风险剧增 ······················· (45)
  三、腐败问题：危及国家治理的根本 ······················· (46)

第二章　我国地方财政失衡的原因探析 ······························· (48)
 第一节　财政体制：分税制改革的不完善 ······················ (48)

  一、我国财政体制的历史沿革 …………………………………（48）
  二、分税制改革存在的问题剖析 ………………………………（55）
 第二节 法律制度：地方财政法律体系的不足之处 ……………（56）
  一、地方财政法律体系的界定 …………………………………（56）
  二、我国地方财政法律体系存在的问题 ………………………（57）
  三、对我国地方财政法律体系的分析与评价 ………………（62）

第三章 我国地方财政支出的法治化回归 …………………………（63）
 第一节 公共财政视野下政府职能的界定 ………………………（63）
  一、政府职能定位的理论基础 …………………………………（63）
  二、联合国的政府职能分类体系参考 …………………………（66）
 第二节 一些国家地方政府职能的评析 ……………………………（69）
  一、部分西方发达国家地方政府职能的评析 ………………（69）
  二、几个发展中国家地方政府职能的参考 …………………（79）
  三、一些国家中央与地方政府事权划分的启示 ……………（80）
 第三节 我国政府间财政事权划分的法律构想 …………………（91）
  一、我国地方政府职能的历史回溯与评析 …………………（91）
  二、我国政府间财政事权划分政策的调整 …………………（95）
  三、我国政府间财政事权划分的法律构想 …………………（106）
 第四节 我国地方财政支出的法治化路径 ………………………（108）
  一、财政支出法定的必要性 ……………………………………（108）
  二、我国地方政府财政支出法律体系的建立与完善 ………（110）

第四章 我国地方政府财政收入的法律保障 ……………………（113）
 第一节 地方政府财政收入的来源分析 …………………………（113）
  一、地方财政收入行为的法律性质 …………………………（114）
  二、一些国家地方财政收入的来源与规模 …………………（115）

三、我国地方政府财政收入的来源和规模 …………………………（122）
　第二节　地方财政收入法律制度的国际对比 …………………………（127）
　　一、一些国家地方财政收入法律制度的评述 …………………………（128）
　　二、我国地方政府财政收入法律制度的现状与评析 …………………（131）
　　三、对比与启示 …………………………………………………………（134）
　第三节　我国地方税法律体系的构建与完善 …………………………（135）
　　一、我国现行地方税体系存在的问题 …………………………………（135）
　　二、我国地方税相关政策的调整回顾 …………………………………（139）
　　三、我国地方税法律体系的设计与完善 ………………………………（141）
　第四节　与土地制度改革的结合：房地产税的立法思考 ……………（150）
　　一、我国房地产税的改革及立法进程 …………………………………（150）
　　二、世界上一些国家和我国港澳台地区土地、房地产税法律制度
　　　　借鉴 ……………………………………………………………………（156）
　　三、征收房地产税的基础：土地供应制度的改革 ……………………（171）
　　四、我国房地产税制度的法律构建 ……………………………………（174）

第五章　我国地方债法律制度的构建与完善 ……………………………（182）
　第一节　我国地方债的分类与性质 ………………………………………（182）
　　一、国际上地方债务的常规分类 ………………………………………（182）
　　二、地方债的法律性质 …………………………………………………（183）
　　三、我国地方政府债务的分类 …………………………………………（184）
　第二节　地方债法律制度的国际比较与评析 …………………………（189）
　　一、美国地方债务相关法律制度的评析 ………………………………（189）
　　二、日本地方债务相关法律制度的评析 ………………………………（201）
　　三、澳大利亚地方债务相关法律制度的评析 …………………………（204）
　　四、南非地方债务相关法律制度的评析 ………………………………（209）
　　五、地方债相关法律制度的国际经验与启示 …………………………（214）

第三节　我国地方债法律制度的构建与完善 …………………… (216)
　　　一、我国地方政府债务的现状 ………………………………… (217)
　　　二、我国地方债法律制度的建立与完善 ……………………… (217)

第六章　实现我国地方财政平衡的法律保证 …………………… (225)
　　第一节　我国地方政府财政平衡的实现路径 …………………… (225)
　　　一、规范和优化地方政府的财政支出 ………………………… (225)
　　　二、健全地方财政的收入来源 ………………………………… (226)
　　　三、合理运用地方财政赤字 …………………………………… (226)
　　　四、完善政府间的财政转移支付 ……………………………… (226)
　　第二节　我国财政转移支付制度的法律构建 …………………… (227)
　　　一、财政转移支付的概念界定 ………………………………… (227)
　　　二、我国的财政转移支付制度的历史回顾 …………………… (228)
　　　三、一些国家财政转移支付法律制度的评析 ………………… (230)
　　第三节　我国财政转移支付制度的完善 ………………………… (238)
　　　一、财政转移支付立法的意义 ………………………………… (238)
　　　二、对财政转移支付立法框架的建议 ………………………… (239)
　　　三、我国财政转移支付专门立法未出台的原因分析 ………… (240)
　　　四、权宜之计：落实并完善《预算法》中的相关规定 ……… (240)

结　论 ……………………………………………………………… (242)

参考文献 …………………………………………………………… (244)

导 论

随着新冠疫情的爆发和延续，全球的经济环境和政治气候受到了极大的影响。2020年，虽然我国是全球主要经济体中唯一实现经济正增长的国家，但中美贸易摩擦频发、全球经济形势普遍恶化，我国国内经济恢复的基础还不牢靠，整体经济形势低迷，这将会给政府财政收入带来持续的负面影响。在疫情冲击下，各地税收大幅度下滑，同时又有大量的刚性支出，比如抗击疫情和救助企业、贫困家庭等等。在疫情防控新常态背景下，我国的地方政府财政面临着收入大幅降低但支出压力空前的窘境。2021年是"十四五"的开局之年，随着城镇化建设的进一步推进，乡村振兴战略也需要大量资金投入到乡村公共基础设施建设和提升农村公共服务水平之中，而作为"吃财政饭"的大户——教育、医疗和住房等关键民生问题也不容忽视，患者的救治费用和全民疫苗接种都由财政来兜底支付。一方面，为了恢复经济、促进消费，大部分地方还发放了不同批次的消费券；另一方面，2020年不少地方又迎来了偿债高峰，偿本付息的规模远胜以往。因此，在新形势下，我国地方财政的可持续发展问题，受到了学术界的广泛关注。

发行债券是地方政府获得资金的重要方式，特别是当地方税收不足的情况下，政府可以通过发行地方债券弥补财政能力的不足，以保证辖区内基础设施的建设与更新和居民公共产品和基本公共服务的提供。当前，我国进入经济新常态阶段，经济发展已由高速增长转向高质量发展。在这一背景下，我国财政收入增速下滑，刚性支出增长，财政收支特征发生了根本性变化，收支矛盾日益突出，财政面临的风险更加严峻和复杂，亟待推进财政的可持续发展。党和政府对此有着清晰的认识，对财政可持续发展的重视程度越来越高。2016年，《中华人民共和国国民经济和社会发展第十三个五年规划纲要》首次明确提出要"完善财政可持续发展机制"。2018年，财政部进一步提出未来的工作重点之一是"确保地方财政可持续"①。2021年3月7日，国务院印发关于《国务院进一步深化预算管理制度改革的意见》（以下简称《意见》），部署进一步深化

---

① 闫坤，鲍曙光. "十四五"时期我国财政可持续发展研究 [J]. 财贸经济，2020，41 (08): 5-18.

预算管理制度改革。《意见》着力于增强财政的可持续性，明确了一系列政策举措，防范化解地方政府隐性债务风险。2021年4月7日，国新办就贯彻落实《"十四五"规划纲要》，加快建立现代财税体制举行发布会。关于未来地方债改革的主要方向，财政部部长助理欧文汉表示，政府债务管理制度是现代财税体制的重要内容。"十四五"时期，财政部将进一步健全政府债务管理制度，既有效发挥政府债务融资的积极作用，又要坚决防范化解风险，增强财政可持续性[1]。

财政可持续性的概念最早由 Buiter 和 Mindford（1985）[2] 提出，是指国家财政的一种存续状态或能力，是衡量财政风险的重要指标之一。而世界银行给出的具有代表性的定义是："如果在给定的融资成本下，……财政政策不需要通过重大调整仍可以保持（对债务的）足够偿付能力，财政是可持续的。"（Charles，2007[3]）

财政可持续发展，应该从两方面来理解。第一，财政体系自身的可持续发展，也就是使财政体系的收支平衡可以长期稳定、平衡。首先，必须保证财政收支的长期平衡，如果政府长期收支不平衡，那么就会使其无法健康运转。如果财政收入恰好等于财政支出，这说明财政收入得到了最充分的利用。可是这种状态过于理想，几乎不会出现。如果收入大于支出，则意味着财政资金并未得到充分的利用，一旦结余过多，甚至可能拖缓整个社会经济的发展。如果收入少于支出，政府只能依靠举债来维持日常运转的话，很有可能会引起社会总供给的不平衡，带来通货膨胀。综合考虑，当收入略微大于支出，即稍有结余时，我们称之为财政平衡。其次，财政收支的结构也需合理。财政收入需要合理，是指税收收入与非税收收入的比例合理。财政支出结构合理，这是指财政支出总额中各类支出的组合以及各类支出在支出总额中所占的比重要合理。财政支出要体现公共性、公平性和公益性。第二，发挥好财政在经济社会发展中的调控职能。以财政促进经济社会的可持续发展，主要是从财政收入与经济结构的关系入手。经济结构决定财政收入的结构，所以合理的经济结构会促进合

---

[1] 赵白执南，彭扬. 积极稳妥推进房地产税立法和改革//财政部. 健全政府债务管理制度，增强财政可持续性［EB/OL］.（2021-04-08）［2021-06-29］. https://baijiahao. baidu. com/s? id=1696433031310269387&wfr=spider&for=pc.

[2] Buiter W. H., Minford P. A Guide to Public Sector Debt and Deficits［J］. Economic Policy, 1985, 1 (4): 3-6.

[3] Charles W. Debt Sustainability Assessment: The IMF Approach and Alternatives［R］. HEI Working Paper, 2007, 3.

理财政收入结构的形成，反之亦然。财政可以通过优化市场资源配置、弥补市场失灵等来促进经济持续发展。反过来，经济持续发展又会进一步保障财政收入的可持续来源①。

一、选题背景

实行分税制改革之后，我国中央与地方之间的财政基础格局初步建立起来，中央财政实现了华丽转身，财政收入水平有了显著提升，宏观调控能力也随之得到了极大的增强，但相对地，地方财政的压力也逐渐增大。随着经济的发展和社会形势的变化，分税制改革的一些弊端也逐渐暴露出来，中央和地方之间的财政法律关系亟待改革与调整。长期以来，我国政府间的财政收支划分缺乏明确的法律依据，地方政府自主获取财政收入的能力往往十分有限，而其承担的财政支出责任却十分重大，地方财政难以实现平衡，客观上无法进入可持续发展的良性循环状态。在财政支出和划分得不到法律有效调节的情况下，地方政府只能从开拓收入来源上绕弯子、想路子，于是，"土地财政"和地方融资平台公司粉墨登场。二者虽然为地方政府提供了有效的融资手段，得以为各类公共基础设施的建设提供财政支持，但是，囿于我国地方财政法律体系的缺陷和相关立法的空白，对我国地方政府的财政行为缺乏有效的监督和控制，导致地方政府盲目追求这种饮鸩止渴的"变通手段"，使得地方财政对土地出让金的依赖性过重。这不仅影响了市场资源的有效配置，使"卖地"成为滋生腐败的温床，还造成了地方政府的隐性债务风险剧增，严重影响政府的行政能力和区域国民经济的健康发展。审计署2013年年底发布的公告显示："截至2013年6月底，政府负有偿还责任的地方政府性债务余额为10.9万亿元，其中，2013年7月至12月和2014年到期的债务占44.8%，2015年、2016年和2017年到期需偿还的分别占17.06%、11.58%和7.79%，2018年及以后到期需偿还的占18.76%。"② 2014年新《预算法》的通过，标志着我国的财政体制改革进入了新的阶段，新《预算法》不仅为我国建立公共财政国家奠定了法律基础，还为亟待振兴的地方财政指出了法治化的方向。事实上，通过2014年《预算法》和《国务院关于加强地方政府性债务管理的意见》（国发〔2014〕43号），国家早已对地方债务的处理提出了最基本的要求。近年来，一系列封堵地方政府违法

---

① 丁咚．走出"土地财政"困局的地方财政可持续发展研究［D］．上海：东华大学，2014．

② 和讯网．地方政府债务集中到期压力大［EB/OL］．（2013-12-30）．http：//bond.hexun.com/．

违规融资的文件一个接一个地下发，地方债风险和防控愈加受到重视，监管力度空前严格。但是由于缺乏系统明确的法律规定，对地方政府违规融资和债务的处置仍然停留在依赖政策文件被动处理的阶段。因此，在政策实施的过程中，不断受到"下有对策"的挑战。尽管各类政策文件的规定在现实逼迫下不断细化，但却无法体现出对地方财政危机的积极管控。根据 2018 年审计署发布的《2017 年第四季度国家重大政策措施贯彻落实情况跟踪审计结果公告》，仍有不少地方政府存在违规举债的行为，由此形成的地方隐性债务规模达 154.22 亿元。财政部 2021 年 2 月发布的统计数据显示："截至 2021 年 2 月末，全国地方政府债务余额 260 166 亿元。其中，一般债务 129 499 亿元，专项债务 130 667 亿元；政府债券 258 415 亿元，非政府债券形式存量政府债务 1 751 亿元。"①

目前，我国的财政体制改革已经进入深水期，各种矛盾凸显。党的十八大报告指出，要转变政府职能，解决政府对市场过度干预的问题，但是由于相关的法律无法对此提供有效保障，地方政府职能在财政上的越位和缺位在一定范围内仍然存在，财政平衡始终难以实现。

由于新《预算法》是财政法律体系的根本大法，只对财政关系的基本问题做出了相应的原则性规定，针对地方财政的具体规定屈指可数。若想实现中央与地方财政关系的合理划分，保障地方财政的可持续发展，仅仅依靠新《预算法》中的寥寥几条规定是远远不够的，还须建立起与之配套的相关法律体系，以提高其执行性和可操作性。实际上，新《预算法》实施至今已 7 年有余，我国地方政府财政的可持续发展依旧困难重重，政府间的财政转移支付制度还不够完善，对土地财政、地方债的治理更多的也是被动处理。学术界对财政体制改革的法律问题研究很多，但基本上都更偏重于宏观上的整体把控，少有人从地方政府的角度出发，研究地方财政可持续发展的法律制度构建与完善。随着我国经济体制改革、财税体制改革、城镇化建设和基本公共服务均等化进程的推进，涉及地方政府财政的诸多法律问题应当获得学术界更多的关注和研究。

二、研究意义

地方政府作为"理性的经济人"，具有积极追求财政收入和尽可能降低财政支出的内在冲动。随着现代财政制度的建立，以往我国地方政府粗放盲目式的财政行为必将受到约束。中华人民共和国成立以来，根据不同历史时期的客

---

① 财政部预算司.2021 年 2 月地方政府债务余额情况 [EB/OL]. (2021-03-31) [2021-04-01]. http://yss.mof.gov.cn/zhuantilanmu/dfzgl/sjtj/202103/t20210330_3678715.htm.

观条件和政策需求，我国的财政管理体制经历了多次的调整与变革。长期以来，我国的地方政府财政都在重复着"一管就死、一放就乱"的恶性循环，直到1994年的分税制改革，中央与地方之间的财政分权格局才得以基本确立。分税制的出台实际上也带有扭转"强地方、弱中央"的财政尴尬局面的政治意味，但是随着经济的发展和社会形势的变化，分税制改革的弊端已经逐步显露出来。分税制改革至今已近30年，地方政府的财政能力受到财政权力不够合理带来的影响，"税权向上、事权向下"在客观上导致了地方财政的困局，从而影响了大多数地方政府在公共基础设施建设和公共服务提供上的及时性和有效性。为了缓解地方的财政困局，2002年实施了所得税分享制度，但因其并未触及政府间财政分权的关键，也无法解决这一问题。地方政府财政相关法律制度的缺失和现有法律的限制，导致其获取财政收入的能力和渠道都受到极大限制，影响了地方政府行使职能的效率，很容易造成政府财政支出的越位与缺位，而以往"以GDP论成败"的官员政绩考核体系，迫使地方政府和官员通过寻找所谓的"变通手段"来谋求财政资金，从而导致一系列严重的社会问题，例如，对"土地财政"和房地产业的过分依赖、高额的地方隐性债务逾期和政府与市场边界不清。

一段时间内，"土地财政"成为我国地方政府财政的半壁江山，部分地方政府具有推高地价的内在驱动，俨然成为房地产业畸形发展的最大受益方。但在当前住房体制改革的形势下，随着土地资源的日渐衰竭和征地成本的大幅提高，土地出让金所能带来的收入已经逐渐萎缩，无法为地方政府提供有力的财政支持。另外，政府对房地产业过多的扶持和依赖，还妨碍了城市规划的科学性和系统性，造成大量城市盲目扩建新区，导致城市的无秩序发展，极大地影响了政府对房地产市场的宏观调控能力：推高地价必然造成房价成本的增加，而房价上涨又与政府的调控职能背道而驰。回顾我国地方政府近年来对房地产市场的调控，房价总能在一片唱衰声中"突出重围"。这种以己之矛攻己之盾的尴尬局面循环往复，不仅加剧了社会财富分配的不公平，还直接导致了政府公信力的下降。

实际上，地方债作为财政收入来源之一，是世界上一些国家地方政府的财政情况"晴雨表"，是财政平衡的重要监测因素，地方债务危机也往往容易演变为地方财政危机，故而应当由完善的法律体系来调节和规范。但是由于我国1994年旧《预算法》中对地方政府财政权力的限制，地方政府缺乏自主发债权，只能利用融资平台公司的形式变相发债。尽管新《预算法》有条件地放松了对地方政府举债的限制，地方政府已经实现了在一定限额内的自行发债，并且可以通过发行地方政府债券，用较低的利息和较长的举债期限，来完成对地方存量债务的置换。但是，由于我国的地方政府债务存量规模巨大，随着基本公共服务均等化建设的推进，基础建设的资金需求会愈加扩大，地方政府的财政支出压力只增不减。近年来的地方政府融资渠道，已经经历了由融资平台公司到 BT 模式、BOT 模式和 PPT 模式（政府与社会资本合作）的发展更替，这些模式在一定程度上减轻了财政资金的支出压力。然而，由于相关法律的缺位，也累积了不少因违规举债而造成的大量隐性存量债务。地方政府专项债券是目前地方政府的主要融资手段，对地方债券的发行和风险控制，依然需要细致地处理和审慎地思考。

我国现行的财政法律体系对地方政府的财政问题着墨不多，中央和地方的财政关系存在一定问题。地方财政收入来源复杂、支出责任划分不明朗的情况下，仅依靠《预算法》来实现地方财政的平衡显然是远远不够的，还需要建立与之相匹配的相关法律制度，提高其执行性和可操作性。地方财政基础法律的缺位，在很大程度上影响和制约了我国地方政府财政的可持续发展，导致我国地方财政失衡。新《预算法》的实施，进一步理顺了政府与市场的关系，然而想要提高我国地方政府的财政能力，促进地方政府履行职责，保障公共基础设施建设和社会福利、公共服务的提供，首先需要解决因财税法律体系不健全而引发的诸多现实问题。

财政体制是一国政治和经济情况的主要反映，在深化财税改革的过程中，政策不可避免地会出现变化和摇摆，而我国的财税法律体系本身也还不够完善，因此很难为地方政府的财政提供充分有效的法律保障。地方政府的财政问题涉及但并不限于预算法、财政收入法、财政支出法和财政平衡法等的相关内容，在中央与地方财政关系再调整期间，地方财政的相关问题，较好地诠释出财税体制改革"牵一发而动全身"的特点。通过对地方财政失衡相关法律问题的研究，可以达到"管中窥豹"的效果。例如，理顺政府与市场的关系，明确政府的职能，有助于对中央和地方政府之间关于财政事权和支出责任做出合理划分，建立公共财政体系；而完善地方税体系建设，稳妥地解决"土地财政"和地方债带来的债务风险，避免地方政府违规融资，可以提高地方政府的财政能力，并且有效地遏制腐败的滋生，降低其陷入财政困局的可能性。以完善基本财税法律制度为路径，研究地方财政失衡的法律问题，提出相应的解决办法，是本书的理论意义和现实意义之所在。

三、文献综述

避免政府陷入财政困局，一直是各国学术界，尤其是财政学界研究关注的重点，世界上大部分实行公共预算的国家都已经建立了较为完备的地方财政法律体系。因此，国外学术界对该问题的研究主要是以公共产品理论、财政分权理论和公共财政理论为核心，根据一些国家自身的历史情况和政治法律制度，针对其地方政府发生的财政危机，寻求地方财政危机处置之道。而就我国目前的情况来说，学术界对于地方政府财政平衡的研究大部分是从财政学、行政学、管理学和经济学的角度出发，多是站在国家和中央政府的立场上，探讨财政体制改革在宏观层面上的架构，缺乏从微观角度即地方政府视野出发的研究，尽管地方政府的财政收支行为和地方政府的财政平衡之间是相互影响的动态统一体，但法学界对地方财政问题的研究又多局限在单一领域，对整体的把控不够全面和深入。

（一）国外研究综述

西方的财政分权理论和公共产品理论，是研究地方政府财政平衡相关法律问题的基础。如果缺乏对这两种理论的理解，就无法对政府间的财政法律关系做出合理的确定，进而无从以政府职能的角度来界定地方政府的法定支出责任，也就遑论地方政府财政的平衡。除此之外，国外学者对此问题的研究还多集中在以下方面，如地方市政基础设施建设的法律融资模式、市政破产法案的具体操作、政府对公共物品市场的干预限度和关于地方财政的危机处置（预警机制）的法律制度的建立与完善等。

1. 财政分权理论

财政分权理论是相当成熟的理论，备受国内外学者的推崇。该理论以各级政府对公共产品的提供效率为切入点，论证了一个国家政治体制中多级政府存在的必要性和不同层级的政府间财政分权的模式。

传统的财政分权理论最先是由美国的经济学家提波特（Charles M. Tiebout）提出的。1956年，他在《美国政治学杂志》上发表《地方支出的纯理论》，提出了赫赫有名的"用脚投票"的观点。他认为："人们为了使自己效能实现最大化，会选择到一个能够将公共产品提供和征税进行最佳组合的地方政府的辖区内生活，当每个人都能得到他或她所需要的公共产品，并且对该地的税收水平感到满意时，人群将不会再继续流动，从而实现帕累托均衡。"① 此外，他还提出，由于"用脚投票"的存在，不同的地方政府之间存在着竞争，居民的流动可以有效导向地方性公共产品的提供。随后，施蒂格勒（George Stigler）提

---

① Charles M. Tiebout. A Pure Theory of Local Expenditures [J]. The Journal of Political Economy, 1956, 64 (5).

出了地方政府存在的合理性原则:"一是与中央政府相比,地方政府更接近于自己的民众,因此地方政府就更了解它所管辖的公民对公共产品的偏好与需求;二是同一国国内不同的人们有权对不同种类和数量的公共产品和服务进行投票表决"①。他指出,与中央政府相比,地方政府能够更有效率地进行资源配置。之后,马斯格雷夫(Richard A. Musgrave)和奥茨(Wallace E. Oates)对上述理论做出了进一步的补充和扩展。马斯格雷夫提出了财政的三大功能和税收划分的七项原则,奥茨的分权定理则论述了中央与地方政府在提供公共服务和公共产品上的效益差距,从而形成了传统的财政分权理论。

新财政分权理论则是基于公共选择理论发展而来,与传统的财政分权理论相比,新的财政分权理论认为:"分权有助于形成市场保护型的财政联邦制,在这种体制下,中央政府与地方政府明确划分彼此的权责利,并由地方政府承担发展本地经济的主要责任"②。新财政分权理论颠覆了传统意义上的政府与选民之间的关系,两者之间已不再是管辖与被管辖和权力让渡的关系,而是一种新型的"委托-代理"关系,这种关系可以促使地方政府强化对预算的硬约束,保护选民的利益。

财政分权理论是研究地方政府财政问题的基础理论,不仅论述了地方政府存在的必要性,而且在中央与地方之间财政关系的调整方面也具有深远的理论意义,对世界上大多数国家的财政体制构建产生了巨大的影响。然而,需要指出的是,虽然财政分权是西方国家的一致选择,但随着国际经济环境的变化和一些国家情况的发展,分权的模式并不是一成不变的,一切都应当以实际情况为基础。财政分权理论是以联邦制国家美国为研究对象发展起来的,它的一些论述对单一制国家来说,并不具备特别强的指导意义。弗罗林(Oprea Florin)认为,欧盟通过在国家层面采取财政联邦主义,在欧盟层面采取财政分权以提高欧盟对经济的管理能力,当前,财政竞争与税收和谐是不断扩张的欧盟所面临的两个主要问题,通过对财政联邦主义与财政分权的相似性和差异性的对比研究,得出了如下结论,即中央集权已变成欧盟目前的潮流,但中央集权应审慎实施,不能因过分减少或消除国别差距而引发欧盟内部成员国"分层"的可

---

① George Stigler. The Tenable Ranges of Function of Local Government [R] //Washington D. C. Joint Economic Committee. Federal Expenditure Policy for Economic Growth and Stability, 1957.

② 钟晓敏,叶宁. 中国地方财政体制改革研究[M]. 北京:中国财政经济出版社,2010:11.

能性或危险性①。

2. 公共产品理论

从1896年瑞典经济学家维克赛尔提出"纯公共物品理论"开始，到1954年美国著名的经济学家萨缪尔森（Paul A. Samuelson）在《公共支出的纯理论》中提出的"灯塔"理论，再到布坎南（James McGill Buchanan）的"俱乐部理论"和特里希（Tresch）的"偏好误识理论"，公共产品理论经历了长期的发展与完善。

萨缪尔森对公共产品本质的定义是："任何人对该物品的消费都不会减少其他人对该物品消费。"②而且由于私人物品的价格竞争在市场的自我调节的政策下，任何一个人都可能出现因为市场失灵而抢夺自私利益的希望，而政府活动和公共产品所固有的"外部经济效益"或"共同需求"使得优化方程式不可能拥有特定的零点模式，导致自由放任竞争在理论上成为可能③。因此，公共产品必须由政府来调节配置。布坎南提出的"俱乐部模型"则被用于确定政府提供准公共产品和公共服务的基本依据，特里希从信息掌握的方面从另一侧面论证了地方政府存在的必要性。

公共产品理论是政治经济学和公共管理学的核心内容，也是建立公共财政国家的理论基础。根据公共产品理论，公共产品、公共服务和基础设施应当由政府负责提供，这就为政府职能的确定和在不同层级政府间的职能划分提供了基本依据。公共产品理论与财政分权理论相配合，为公共财政的构建提供了理论支持。

3. 地方自治理论

要讨论地方政府的财政平衡问题，就不得不研究西方国家的地方自治理论，因为国际上绝大多数国家政府间的财政法律关系和中央与地方的财政分权，都是以该国的地方自治制度为轴心而进行的。一般来说，联邦制国家大多数实行

---

① Florin, Oprea. Fiscal Federalism and Fiscal Decentralization in an Enlarged European Union [J]. Annals of the University of Oradea, Economic Science Series, 2010, 19 (2): 623-628.

② George Stigler. The Tenable Ranges of Function of Local Government [R] //Washington D. C. Joint Economic Committee. Federal Expenditure Policy for Economic Growth and Stability, 1954 (36): 387.

③ George Stigler. The Tenable Ranges of Function of Local Government [R] //Washington D. C. Joint Economic Committee. Federal Expenditure Policy for Economic Growth and Stability, 1954 (36): 389.

较为彻底的"人民自治"。如美国，根据美国《宪法》及其修正案的相关规定，美国的联邦政府仅在《宪法》授权的范围内行使行政权力，所有未经授权的权力属于州和人民；而在其他单一制国家，地方自治的表现形式一般为"团体自治"，如日本的地方公共团体。结合一些国家财政法律体系的实际情况，不难看出，地方自治程度的高低，直接影响到地方政府财政权力的大小，地方自治程度高的国家，地方政府的财政权力就比较大，反之则较小。

虽然地方自治是西方宪政的核心，但是，在经历了经济危机、次贷危机和金融危机之后，一些国家的中央预算在公共支出中占比提高不少，财政体制也开始出现由分权化向集权化靠拢的趋势。

4. 地方财政危机的预防

对地方财政危机的预防，是国外学者研究的重点，而对地方财政危机的处置则是大部分国家地方财政法律体系的核心，财政法律体系完备的国家基本上都设立了专门的法律或法令，以规范对地方政府的财政危机处理，如南非的《市政财政管理法案》就对地方政府的财政复苏计划做出了详尽的规定。美国学者大卫教授（M. David Gelfand）通过其1978年发表在《明尼苏达州法律评论》上的文章，以纽约市财政危机为契机，对债务上限、税收限制和法定财政支出的限制进行重新评估，在回溯历史和考察纽约市和亚利桑那州地方政府的财政控制机制之后，他指出："最初，以债务限额、税收限制和支出限制等干预手段来预防对财政的不当管理并没有得到当地政府足够的重视"[①]，从而引发了纽约市财政危机。因此他重申，债务限额、税收限制和支出限制的缺位可能会导致严重的财政后果，这些相关的限制应当成为防止地方财政失衡的重要法律工具。

5. 地方政府破产的制度

相当数量的一些国家和地区都采取了地方政府破产的法律制度，以期解决地方政府财政失衡且短期内无法恢复的问题，最具代表性的是美国的《破产法》第九章"债务调整"，根据相应的规定，当地方政府财政陷入危机之时，地方政府可以申请进入市政破产（municipal bankruptcy）程序。除了美国之外，地方政府破产的制度还被南非、日本和我国的台湾地区采用了，但是，地方政府的破产并不是直接使地方行政机构消失，而是寄望于通过破产程序，保全地方政府现存的公共资产，接受上级政府对地方财政的重整与复苏，延长逾期债

---

① M. David Gelfand. Seeking Local Government Financial Integrity through Debt Ceilings, Tax Limitations, and Expenditure Limits: The New York City Fiscal Crisis, the Taxpayers' Revolt, and Beyond [J]. Minn. l. Rev, 1978.

务的偿债期限，以达到对债权人权益的保障目。然而，遗憾的是，地方政府的破产制度并非是彻底解决地方财政失衡的灵丹妙药，就算是被视为最为科学和完备的美国市政破产法律制度，也存在着或多或少的缺陷。

早期美国学者的研究，主要围绕市政破产的合宪性进行。如载于1976年的《哈佛法学评论》中的《市政破产、宪法第十修正案与新财政联邦主义》一文就着重论述了由市政破产引发的联邦和州之间的权力制衡与博弈，强调了破产法第九章的合宪性[1]。芝加哥大学法学院的麦康纳教授（Michael W. McConnell）和皮克教授（Randal C. Picker）在《当城市破产时：市政破产的概念性介绍》中系统阐述了与市政破产有关的基本问题，通过对《破产法》中关于市政破产的法律条文的考察，探究"城市"的法律结构和城市与居民、州政府、债权人和破产法院的关系。他们认为，《破产法》第九章为州和地方政府自身留下了控制权，联邦破产法院缺乏对地方政府浪费支出、虚浮公共服务与合同和不足的税收系统进行管辖的权力，这将使地方财政的问题延续下去，治标不治本。因此，应当在州一级设立权力更大的破产法院，并对破产的城市进行更为彻底的清算[2]。学者丹尼尔（Daniel J. Goldberg）在《市政破产：扩张第九章的需要》一文中指出，美国《破产法》的第九章受限于市镇的自愿妥协协议和债务延期，但是近年来美国地方政府的财政情况已经变得十分复杂，单纯的债务妥协协议已经无法解决问题了，因为其只能达到减免债务或推迟期限的效果，无法从根本上解决市镇的财政危机。只有通过对市镇财政的综合重组，才能化解地方政府的财政危机。然而，现实情况是，破产法院在现行的《破产法》第九章规定之下，无权对市镇财政实施综合重组。因此，他提出了对《破产法》第九章的相关改革建议，包括适度扩张破产法院的司法权力，对地方政府的财政和预算进行有效的司法控制，建立州政府对地方财政复苏的监督和审查等[3]。在他看来，《破产法》第九章的本质并不仅限于对市镇债务做出调整，而是对陷入财政危机的市镇财政进行救赎和复苏。因此，上述建议并未超过《宪法》和《宪法》第十修正案的限制，国会必须扩大联邦法院的权力。纽约大学法学院吉列特教授（Clayton P. Gillette）在《财政联邦制、政治意愿和市政破产的策

---

[1] Colin, McGrath. Municipal Bankruptcy and the Limits of Federalism [J]. Penn Law: Legal Scholarship Repository, 2016, 18 (4).

[2] Michael W. McConnell, Randal C. Picker. When Cities Go Broke—A Conceptual Introduction to Municipal Bankruptcy [J]. 60 U. Chi. L. Rev. 1993: 425-495.

[3] Goldberg, Daniel, J. Municipal Bankruptcy: The Need for an Expanded Chapter IX [J]. University of Michigan Journal of Law Reform, 1976, 10 (1): 4.

略运用》中指出，目前，已经有越来越多的美国地方政府在陷入财政危机之后倾向于根据《破产法》第九章的规定，申请进入破产程序，这其中除了对地方财政真正无力回天的地方政府之外，大部分都缺乏采取难度较高的资源调节措施的政治意愿[①]。由于进入破产程序的地方政府，仍然拥有处理本辖区内财政事务的权力，因此地方政府在做出申请破产的决定时，会对其他地方政府或上级政府造成巨大的财政影响，这种外部效应会诱使中央政府对财政失衡的地方政府进行紧急救援，但是这种对财政失衡地方政府的双轨救济制度（紧急救助或破产）客观上放任了地方政府以申请破产为要挟，要求中央政府进行紧急救助的情形。为了避免由此引发的道德危害问题，需要中央政府修改对地方财政进行紧急救助的条件。他强调，应当允许破产法院对地方财政进行资源调整，使地方官员申请破产的行为中立化，并鼓励地方政府遵照财政联邦主义的要求，将相应的行为和支出内在化。

6. 地方财政的相关法律规定

纵观大部分已经实施公共财政和建立现代财政制度的国家或地区，其与地方政府财政相关的立法都较为全面和系统，不仅在《宪法》中确立了"财税法定原则"和中央与地方之间的财政分权，还通过《预算法》《财政法》等财政法律构建起较为完备的地方财政法律体系。对地方财政立法的重视除了体现在《宪法》或财政基本法的原则性规定之上，还辅之以《地方财政法》《地方债法》《财政平衡法》等相关配套法律制度，强化对地方财政预算的约束，完善对地方政府财政行为和财政平衡的规范。

(二) 国内研究综述

目前，法学界对地方财政研究的重点偏向于单一方面的法律制度完善，如《预算法》的修订、财政转移支付的立法、地方税法律体系建设、政府间财政法律关系重构和地方债法律调整等，缺乏从整体上对于地方政府财政可持续发展的法律体系构建的研究。因此，本书还参考了一部分财政学学者的研究成果，以期从宏观上增强对地方政府财政可持续发展的整体把握。

1. 公共财政与财政法律体系构建

地方政府财政平衡的相关法律问题研究，涉及地方政府的财政行为和国家财政法律体系的各个方面，作为经济法体系的重要构成部分，财政法是国家政

---

① Clayton P. Gillette. Fiscal Federalism, Political Will, and Strategic Use of Municipal Bankruptcy [J]. The University of Chicago Law Review, 2012 (79): 1.

治、经济的基石。李曙光教授在其主编的《经济法学》中将财政法定义为："建立在民主宪政基础上，以增进全民福利和社会发展为目标，调整财政关系的法律规范的总称。"[①] 同时将财政法的调整对象划分为财政管理体制关系、预算管理关系、税收关系、国家信用管理关系和财政监督管理关系[②]。刘剑文教授等在《财政税收法》一书中，对《财政法》与《税法》的相关理论知识进行了全景式介绍，并提出了财政法律体系的组成部分应当包括预算法、财政支出法、财政收入法和财政平衡法[③]。熊伟在《公共财政、民主法治与法治国家》一文中论述了公共财政与我国财政改革的目标，指出公共财政是经济、政治和法律的综合载体，财政权应当以公民的财产权为前提，在财政改革中要注重对民主和法治的协同发展[④]。刘剑文教授等在《公共财政与财税法律制度的构建》一文中提出，公共财政是财税法律制度的核心与基石[⑤]。随后，刘剑文教授等在《财税法总论论纲》一文中强调，财税法应当以公共财产为核心，贯彻财税法定原则、财税民主原则和财税平衡原则，完整的财税法体系应当包括预算法、财政收支划分法、税法、非税收入法、公债法、财政转移支付法、财政采购法、财政投资法、财政贷款法、财政拨款法、财政监督法、政府会计法、国库管理法和审计法[⑥]。可是，据财政部条法司课题组于2003年发表的《财政法律体系研究》一文的分析[⑦]，尽管我国现行的财政法律体系得到了一定的发展，但就基本的公共财政体制法律框架而言，相关财政立法层次较低，质量不高，基本的财政法律法规依然缺位，还有进一步完善的空间。因此，朱大旗教授等在《财政入宪的规范分析》一文中提出了将财政关系作为财政入宪的核心，贯彻财政民主、财政法定和财政正义的理念，健全财政收入和支出法律关系，加快我国财政体制改革的步伐[⑧]。陈晨在其硕士学位论文《我国公共财政法律体系完善研究》中比较了美国、日本两国的公共财政法律体系，主张我国推动财政立宪和完善财政收支、平衡法律制度[⑨]。

---

① 李曙光. 经济法学 [M]. 北京：中国政法大学出版社，2007：117.
② 李曙光. 经济法学 [M]. 北京：中国政法大学出版社，2007.
③ 刘剑文，熊伟. 财政税收法 [M]. 北京：法律出版社，2014.
④ 熊伟. 公共财政、民主政治与法治国家 [J]. 财税法论丛，2004，5（03）：2-10.
⑤ 刘剑文. 公共财政与财税法律制度的构建 [J]. 政法论丛，2012（01）：23-29.
⑥ 刘剑文，陈立诚. 财税法总论论纲 [J]. 当代法学，2015，29（03）：113-124.
⑦ 财政部条法司课题组. 财政法律体系研究 [J]. 财政研究，2003（08）：21-26.
⑧ 朱大旗，胡明. 财政入宪的规范分析 [J]. 经济法论丛，2013，25（02）：165-180.
⑨ 陈晨. 我国公共财政法律体系完善研究 [D]. 合肥：安徽大学，2011.

2. 分税制改革的不完善与政府间的财政关系

分税制改革不完善和相关财政法律的缺失，是造成我国地方政府财政失衡的客观原因。马一民在《中国财税体制改革问题研究》一文中指出，我国现行财政体制存在的主要问题是政府投资冲动强烈、地方债务风险显现、土地财政金融盛行与收入分配差距拉大，造成上述问题的原因在于预算软约束长期化、转移支付不够规范、再分配调节机制失灵，更直指分税制已不适合国情①。杨志勇在《中国财政体制改革理论的回顾与展望》一文中回顾了我国财政体制改革的历程，总结了多位学者对进一步完善分税制改革的意见和建议②。赵晓宏在《关于中央与地方政府间财政关系问题的思考》一文中提出，中央和地方的财政自分税制改革以来，在支出上互有"越位"和"缺位"，中央频繁出台法律法规要求地方保证的"硬性"支出过多③。刘洪铎在《财政分权导致地方政府赤字规模的膨胀吗？——来自分税制改革后中国省级的观察和经验证据》一文中指出，地方政府日益膨胀的财政赤字规模是现行财政体制下财权和事权的割裂、公共融资问题、横向策略互动以及"政治锦标赛"引发的激励扭曲和为增长而过度竞争等因素的综合产物，分税制改革以来地方政府财政赤字规模的持续扩大，是中国式财政分权模式所内生出来的政治激励效应到地方政府间赤字偏向的支出竞争行为，从中折射出地方政府扩张偏向的财政政策是现行财政体制与缺乏良好的制度约束互动所致④，必须重视地方政府支出政策的可持续问题。刘华在《中国地方政府职能的理性归位——中央与地方利益关系的视角》一文中指出，现行财税体制存在的部分财权与事权配置上的不恰当，在相当大的程度上促成了各级地方政府在引导与推动地方经济发展中的非理性行为，而且如果这种状况长期得不到扭转的话，实现我国经济增长方式的根本转变会充满困难与阻力。只有明晰中央政府与地方政府各自的职责权限划分，使中央与地方关系进一步法治化，构建护理有序的中央与地方关系，催化地方政府职

---

① 马一民. 中国财税体制改革问题研究 [J]. 扬州大学学报（人文社会科学版），2014，18 (02): 34 – 41.

② 杨志勇. 中国财政体制改革理论的回顾与展望 [J]. 财经问题研究，2006 (07): 11 – 17.

③ 赵晓宏. 关于中央与地方政府间财政关系问题的思考 [J]. 山东经济战略研究，2003 (08): 25 – 27.

④ 刘洪铎. 财政分权导致地方政府财政赤字规模的膨胀吗？——来自分税制改革后中国省级的观察和经验证据 [J]. 上海经济研究，2011 (09): 98 – 109.

能优化①。李文星的《关于地方政府财政能力的几个基本理论问题》一文通过介绍传统的财政分权理论、新财政分权理论,并阐述了地方政府财政能力的概念。他认为,我国财政体制现存的最大难题就是各级政府的事权划分问题,由于各级政府的事权混沌不清,各级政府的职能边界不明,这是划分各级政府的财政能力、财政权力缺乏科学性的依据②。

中央和地方政府间的财政分权是分税制改革的核心,也是财政学研究的重点,如崔运政的《财政分权与完善地方财政体制研究》、李齐云的《分级财政体制研究》、王旭伟的《宪政视野下我国中央与地方财政关系研究》和周杰的《中央与地方事权划分的风险原因研究》等文章,都对我国政府间的进一步财政分权做出了有益的探索,要求给予地方政府更多的权力。然而,刘承礼翻译的美国学者科尔曼《政府分权促进了政策创新吗?》则以社会学学习的模型分析指出,如果地方政府相对同质或数量较大,中央集权将会带来更多的政策创新③。

另外,台湾学者廖钦福、王劲力在《台湾2012年"财政收支划分法"修整草案之立法借镜与展望》一文中论述了地方自治、地方财政权保障和财政收支划分的关系,并对台湾地区2012年财政收支划分法修正草案进行了剖析,提出了重新进行行政区域划分、完善"中央"政府与地方政府的统筹分配税制度和加大地方税权等建议④。郑燕霞的学术论文《财政分权下印度地方财政赤字的产生机制及其影响分析》和谷志辉的《印度地方政治制度》一文则通过对印度财政体制与地方政治制度的分析,研究印度地方政府的财政失衡⑤。

3. 地方债的法律问题

地方债是国际上地方政府财政收入的重要组成部分,但受法律的限制我国地方政府采取了利用融资平台公司变相发债的方式,这虽然在客观上弥补了财政赤字,但却留下了极大的债务风险隐患。贾康等在《我国地方政府债务风险

---

① 刘华. 中国地方政府职能的理性归位——中央与地方利益关系的视角 [J]. 武汉大学学报(哲学社会科学版), 2009, 62 (04): 502-507.

② 李文星. 关于地方政府财政能力的几个基本理论问题 [J]. 南亚研究季刊, 2000 (04): 73-76.

③ 科尔曼·S. 斯托鲁莫夫. 政府分权促进了政策创新吗? [J]. 刘承礼, 译. 经济社会体制比较, 2006 (02): 3-11.

④ 廖钦福, 王劲力. 地方自治与财政收支划分之财政法课题——台湾2012年"财政收支划分法"修正草案之立法借镜与展望 [C] //财税法论丛(第13卷), 2013: 405-432.

⑤ 郑燕霞. 财政分权下印度地方财政赤字的产生机制及其影响分析 [D]. 沈阳: 辽宁大学, 2013.

和对策》一文中就详细介绍了我国地方债务的基本情况，对地方债务的成因和发展态势进行了分析，通过借鉴美国、日本、韩国、巴西和哥伦比亚等国的地方债务管理经验，提出了化解我国地方债务、防范财政风险的思路和建议①。

因为地方债务是导致地方政府发生财政危机的主要原因，蒋永甫、弓蕾的《我国地方政府债务问题研究前沿聚焦》一文通过列举学者们对地方债务的研究成果，总结了地方债务的构成和成因，进行风险分析与评估，提出改革分税制、给予地方一定的发债权、建立风险预警机制和偿债机制、改革地方政府预算会计制度和投融资体制、建立独立的信用评级机构和提高地方债务相关信息透明度，并完善地方债务的监管体制②。张留禄、朱宇在《美、日地方债发行经验对中国的启示》一文中回顾了我国地方债发行、风险控制和监管的发展历史，介绍了美国与日本的地方债发行经验，提出要完善法律制度，明晰政府责任和推行多管齐下的监督方式来治理我国的地方政府债务③。除此之外，还有马改艳的《我国地方债务风险隐患成因及化解对策》、贺俊程的《我国地方政府债券运行机制研究》和林力的《印度地方政府债务融资研究规模结构及监管实践》等论文。

从经济法的角度出发，关于地方债务和融资平台公司的主要研究成果有：王世涛、汤喆峰的《中国地方债的宪政机理与法律控制》、戴传利的《我国地方政府债务融资监管法律问题研究》、盛梦雪的《我国地方政府债务资产证券化法律制度研究》、冯果的《地方政府融资平台的财政法救赎》、王法忠的《地方政府融资债务风险及对策》、赵健的《地方政府债务法律规制研究》、杜仲霞的《公共债务法律制度研究》、郭航的《我国地方政府债务问题的法律对策研究》、林旷达的《中美地方债制度比较研究》、王世涛的《中国地方债的宪政机理与法律控制》和谢群的《中国地方政府债务研究》等论文。这些研究都强调了要稳妥解决存量地方债务，严格控制地方政府新增债务，通过完善信息披露制度和地方债发行制度，建立地方政府财政的风险预警机制。

4. 地方税相关法律问题

就地方政府的财政收入来说，地方税是地方政府收入的主要来源。刘剑文

---

① 贾康，刘微，张立承，等. 我国地方政府债务风险和对策[J]. 经济研究参考，2010（14）：2-28.
② 蒋永甫，弓蕾. 我国地方政府债务问题研究前沿聚焦[J]. 湖北行政学院学报，2014（2）：34-39.
③ 张留禄，朱宇. 美、日地方债发行经验对中国的启示[J]. 南方金融，2013（5）：47-52.

教授在《地方财源制度建设的财税法审思》一文中就指出,分税制改革以来我国地方税权薄弱,导致地方财政的收入得不到稳定保障,应当优先明确中央与地方的事权划分,推动地方财税法治建设①。许建国主编的《中国地方税体系研究》系统地介绍了地方税系的基本理论,回顾了我国现行地方税体系的形成与发展历程,评估了现行地方税体系的运行情况,通过对国际地方税体系的比较与借鉴,提出了构建中国地方税体系的总体思路以及对地方税体系配套措施的改革与完善②。杨怀军在《关于完善我国地方税体系的探讨》一文中提出:"目前我国的税收制度中缺乏税收的基本法律,现有立法层次不高,应当尽快制定税收基本法,合理划分中央与地方之间的税收管理权限,优化地方税制结构,合理确定地方税主体税种,同时统一内外税制,合理划分地方税种,规范预算外资金管理,加快税制改革。"③ 学术界对地方税立法的研究相当充分,在此就不一一列举了。

5. 土地财政的相关法律问题

由土地出让金、土地税和土地费组成的"土地财政"是我国地方政府财政收入的重要来源。然而,在大力推进城镇化建设的背景之下,由于土地资源的不可再生性,近年来地方政府可以用来出让的土地已经大幅度减少,房价又远超居民承受能力,党的十九大更是提出了要建立"租购并举"的住房制度,对房地产市场调控提出了新的要求。对于地方政府来说,其既是实行"土地财政"的既得利益者,又是房地产调控的主体,更需要妥善地处理与土地财政相关的问题。

学术界对土地财政相关问题的多从政策、资源保护和财政学的角度出发,缺乏对土地财政法律问题的探讨。牟燕、钱忠好在《破解地方政府土地财政困境的路径选择研究》一文中提出了"土地财政"的三种口径规模,比对分析了全国31个省份地方政府对土地财政的依赖程度,建议由中央出台相应政策,指导地方破解财政困局④。李郇、洪国志和黄亮雄在《中国土地财政增长之谜——分税制改革、土地财政增长的策略性》一文中综合了分税制改革、地方竞争等理论,认为分税制改革并不是导致地方土地财政问题疯长的唯一原因,地

---

① 刘剑文. 地方财源制度建设的财税法审思 [J]. 法学评论,2014,32(02):25 – 32.

② 许建国. 中国地方税体系研究 [M]. 北京:中国财政经济出版社,2014.

③ 杨怀君. 关于完善我国地方税体系的探讨 [J]. 商业研究,2002(14):100 – 102.

④ 牟燕,钱忠好. 破解地方政府土地财政困境的路径选择研究 [J]. 中国土地科学,2015(12):18 – 25.

方间的竞争和对地方官员的政绩考核体系也是导致土地资源铺张浪费的重要因素，应当用提高浪费土地的政治成本来遏制土地的低效率使用①。薛翠翠、冯广京和张冰松在《城镇化建设资金规模及土地财政改革——新型城镇化背景下土地财政代偿机制研究评述》一文中通过综合分析多位学者对于城镇化建设所需的资金规模和来源的研究，探讨了土地财政在城镇化建设进程中的地位和作用，总结了土地财政的完善方向，提出通过税制改革和市政融资等方式来建立土地财政的代偿机制②，为从法治角度出发解决地方政府的土地财政问题提供了有益的经验。

通观学者们的研究，不难发现，"土地财政"的相关法律问题与地方债、地方税和地方财政支出紧密相连，妥善解决土地财政衍生出的财政难题，构建与地方财政运行相适应的财政法律制度已经迫在眉睫。秦勇在《"土地财政"法律规制改革》一文中对如何改革现行的土地出让和土地税费法律制度提出了设想。他指出，除了对上述制度进行改革之外，还需要完善中央和地方的财政权力划分，改善财政转移支付和现行的土地制度，这样才能使"土地财政"问题得到妥善的解决③。

6. 地方财政支出的法律问题

地方政府的财政支出是政府职能和一国财政体制的综合反映。刘尚希等在《明晰支出责任：完善财政体制的一个切入点》一文中通过考察2008年以来河北省从财政支出的角度深化财政体制改革的实践，细化中央与地方政府的支出责任划分，理顺和规范政府间的财政关系，提出应当通过立法确立财政支出责任划分的法律地位④。地方基础设施建设是地方政府的主要支出事项。徐丽梅的《地方政府基础设施债务融资研究》一书在总结国际经验的基础上，分析了我国现有的投融资体制和经济环境限制，以及现有融资模式的局限性，在现有的法律框架下，探讨创新地方投融资平台的做法与"准市政债券—市政债券"的发展路径，对未来资本市场的发展和市政债券融资的趋势提出建议，地方财政的支出行为除了投融资和进行纵向的转移支付外，还包括提供基础设施建设、

---

① 李郇，洪国志，黄亮雄. 中国土地财政增长之谜——分税制改革、土地财政增长的策略性 [J]. 经济学（季刊），2013，12（04）：1141-1160.

② 薛翠翠，冯广京，张冰松. 城镇化建设资金规模及土地财政改革——新型城镇化背景下土地财政代偿机制研究评述 [J]. 中国土地科学，2013，27（11）：90-96.

③ 秦勇. "土地财政"法律规制改革研究 [D]. 重庆：西南政法大学，2011.

④ 刘尚希，马洪范，刘微，梁季，柳文. 明晰支出责任：完善财政体制的一个切入点 [J]. 经济研究参考，2012（40）：3-11.

公共产品、公共服务和社会福利等支出责任①。在地方政府投融资法律制度的研究方面,有孙琪的硕士论文《地方政府融资风险管理法律制度研究》,其通过对美国、加拿大、波兰、日本的政府融资风险管理制度进行考察,提出了健全地方政府融资风险管理立法,建立具体的信息公开制度,信用、风险评级制度与责任制度的构想②。

7. 地方财政平衡的实现路径

在财政转移支付方面的研究,以徐阳光的《财政转移支付制度的法学解析》一书较为全面。他通过对财政转移支付制度的历史考察,借鉴当代主要国家的财政转移支付法律制度,反思了我国财政转移支付制度的立法现状和运行方式,提出了我国财政转移支付制度的改革方向和相应法律草案③。倪志龙在《财政转移支付法律制度研究》中通过借鉴国外财政转移支付法律制度的成功经验,结合我国具体国情,探索完善财政转移支付法律制度的对策,意图实现全国范围内的基本公共服务均等化,改善地方政府财政④。叶平的《我国财政转移支付法律问题研究》在分析我国财政转移支付现状的基础上,概括财政转移支付中法治因素的功过得失,重新展现财政转移支付所坚持的法学基础理论,探寻法治精神规制下财政转移支付制度的具体构建⑤。

8. 地方财政相关法律的修改与完善

刘剑文教授在《财税法治的破局与立势———一种以关系平衡为核心的治国之路》一文中指出:"我国财税法治的完整落实不仅要求在制度层面实现财税之法制,更要从理念层面厘清其推进纳税人全力保障和社会公平正义目标之积极意义。"⑥ 要构建财税民主和预算公开制度,促进人大对政府财政预算的监督,协调中央与地方的财政分权。朱大旗教授在《科学发展与我国〈预算法〉修订应予特别关注的五大问题》一文中也指出,对《预算法》的修改应当转变预算观念,建立全口径预算管理原则和复式预算体系,简化预算级次、赋予地方政府举债权力,实现中央和地方财力与事权相匹配,同时完善预算权在政府

---

① 徐丽梅. 地方政府基础设施债务融资研究 [M]. 上海: 上海社会科学院出版社, 2013.
② 孙琪. 地方政府融资风险管理法律制度研究 [D]. 重庆: 重庆大学, 2012.
③ 徐阳光. 财政转移支付制度的法学解析 [M]. 北京: 北京大学出版社, 2009.
④ 倪志龙. 财政转移支付法律制度研究 [D]. 重庆: 西南政法大学, 2009.
⑤ 叶平. 我国财政转移支付法律问题研究 [D]. 北京: 中国政法大学, 2009.
⑥ 刘剑文. 财税法治的破局与立势———一种以关系平衡为核心的治国之路 [J]. 清华法学, 2013, 7 (05): 21.

和人大之间的合理配置,明确预算公开制度①。在新《预算法》颁布实施之后,朱大旗教授又在《新〈预算法〉面面观》和《新〈预算法〉的进步》等文中肯定了新《预算法》取得的相应法律进展,也指出了不足之处,如《预算法》的定位缩减了其规范的范围,预算的审查时间和程序过短,法律条款弹性较大、可能出现约束力不足的情况②。《预算法》对地方政府财政收支的影响是显而易见的,但仅仅依赖《预算法》并不能够解决地方政府财政平衡的相关法律问题。韩灵丽在《中国财政预算"软约束"法律问题研究》一文中指出我国财政预算的软约束问题与传统上以政府财政预算权为核心构建预算法律制度与预算管理体制有直接的联系,人大及其常委会对同级政府的财政预算缺乏实质性的制约③。从王小红的《新〈预算法〉对地方政府债务管理的影响》、李经纬的《新〈预算法〉及其配套政策法规实施背景下的地方融资平台转型与发展》和孙磊的《新〈预算法〉与我国新一轮财税体制改革》等文中可以看出,对地方债、地方税、地方财政融资和土地财政等法律问题的解决,需要不同财政法律的配合与完善,因为税收调控不能代替财税改革,地方政府的财政平衡,涉及地方政府财政全方位的收支行为。因此,对地方政府财政相关问题的研究,应当从多角度出发,完善相应的法律、法规,构建地方政府财政平衡的有机法律体系。

四、研究内容与研究方法

本书涉及的内容和理论众多,存在法学和政治学、经济学、公共管理学之间的学科交叉,主要研究内容是地方政府财政相关问题。通过比较不同政体的国家在处理地方政府财政收支问题时所采取的政治法律制度,结合我国财政体制改革的历史与现状,从法律的角度研究我国地方政府的财政收入和支出,旨在以法治手段解决我国地方政府的财政困局,如通过立法完善政府间的财政分权,兼论新《预算法》在地方政府财政可持续发展方面的进一步修改空间,配合地方税、地方债和相关公共基础设施建设的融资法律制度的建立并完善,对我国地方政府财政相关问题进行研究与探讨。

---

① 朱大旗. 科学发展与我国《预算法》修订应予特别关注的五大问题 [J]. 政治与法律, 2011 (09): 2-16.
② 朱大旗. 新《预算法》面面观 [J]. 中国经济报告, 2014 (10): 42-45.
③ 韩灵丽. 中国财政预算"软约束"法律问题研究 [D]. 长沙: 中南大学, 2013.

(一) 研究框架及内容

导论。明确本书选题的背景和意义，提出要解决的主要问题，即地方财政的相关法律问题。

第一章，我国地方政府财政的基本问题。本章通过界定地方政府的概念，并介绍财政学意义上的财政平衡概念，结合当前的政策形势和我国地方政府的财政现状，分析我国地方政府财政的困局状态，提出因此而产生的法律问题。

第二章，我国地方财政失衡的原因探析。本章通过回顾我国财政体制改革的历史，结合当今的政策，发掘导致我国地方政府陷入财政困局的因素，突出我国当前财政体制改革和法律制度建设的重要性与紧迫性。

第三章，我国地方财政支出的法治化回归。经过上一章对财政体制的有关论证，提出应当先明确地方政府的职能，再从法治层面上避免地方政府的财政失衡。地方政府的财政平衡，受政府职能和支出责任的影响。本章通过对西方公共产品理论、公共财政理论和财政分权理论的介绍，借鉴一些国家中央与地方的财政事权划分经验，以明确地方政府的职能为出发点，论证财政支出法定的重要性，完善对我国地方政府财政支出法律制度的构建。

第四章，我国地方政府财政收入的法律保障。本章首先介绍世界上一些国家地方政府财政收入的来源，通过对我国地方财政收入规模的分析，回溯"土地财政"的成因，结合新形势下的住房体制改革和当前的房地产市场调控，对比评析世界上一些国家和我国港澳台地区的房地产税制度，从法治角度解决饱受诟病的"土地财政"，并对房地产税立法提出建议。

第五章，我国地方债法律制度的构建与完善。地方政府的债务风险过大势必会造成地方财政危机，引起财政失衡。本章通过介绍地方债务的性质，借鉴一些国家地方政府债务发行和管理的经验，对我国目前处理地方政府债务的措施做出相应评价，探讨我国地方政府债务相关的法律问题。

第六章，实现我国地方财政平衡的法律保证。通过上文中对我国地方财政收入法律制度、财政支出法律制度的分析，本章从政府间财政平衡的角度出发，总结我国财政转移支付制度的发展，结合新形势和《预算法》中的已有规定，对财政转移支付提出相应建议。

结论。通过对现有的法律做出思考和评析，从财政收入、财政支出和财政平衡三个方面出发，研究我国地方政府财政失衡的相关法律问题，得出对新《预算法》和相关财政法律制度的完善建议，以期为预防地方政府财政失衡，保障政府有效履行职责提供有益参考。

（二）研究方法

本书主要采用理论研究法和比较研究法，介绍和分析与地方政府财政平衡有关的相应基础理论，并进行综合考量，从法律层面出发，寻求地方财政失衡问题的解决之道。另外，由于地方政府的财政失衡并非是我国独有的问题，所以本书通过对一些国家的相关法律措施进行比较和分析，并结合我国的实际情况，为我国地方财政法律体系的完善提供参考。

五、主要创新与不足

本书从地方政府的角度出发，通过对地方财政失衡导致的若干法律问题进行研究与探讨，寻求健全与完善财政法律制度的措施，探索地方政府财政可持续发展的法治化道路。

本书的创新之处有以下几个方面：

第一，对相关资料、观点的梳理与整合。就我国目前的情况来说，学术界对于地方财政相关问题的研究大部分是从财政学、行政学、管理学和经济学的角度出发，多是站在国家和中央政府的立场上，探讨财政体制改革宏观层面上的问题，缺乏从微观角度，即体现地方政府微观视野的研究。另外，通过对相关文献资料的搜索与整理，笔者发现，法学界对地方政府财政问题的研究又多局限于对单一问题的考量，少有对造成地方政府财政失衡原因的有机整合，而地方政府的财政收支行为和地方政府的财政平衡之间是相互影响的动态统一体，若是以实现地方财政的可持续发展为最终目标的话，那么就不能脱离政府间的财政权力划分来孤立地谈论财政平衡，也不能只片面地关注政府的单一财政行为。因此，本书汲取了政治学、经济学等的基础理论，参考了部分财政学和财税法学的研究成果，梳理并整合相关内容与观点，以期从宏观上增强对地方政府财政问题的整体把握，为构建地方政府相关的财政法律制度提供参考。

第二，对一些国家和我国港澳台地区的财政法律制度进行了较为全面的介绍和比较，探寻可供借鉴的经验。例如，系统介绍英国和我国香港、澳门和台湾地区的房地产税制度。根据 2014 年新《预算法》和房地产税试点改革的相关内容，结合实际情况，与目前的房地产税立法状况相联系，为进一步完善财政体制改革提出意见和建议。在地方债治理和地方财政危机处置方面，本书总结了美国、日本、澳大利亚和南非采取的相关制度和措施，为处置我国地方政府债务问题提供借鉴和参考。

第三，整合了我国近年来对地方政府财政的政策和监管措施，指出我国目前仍然处在深化财税体制改革攻坚时期，新政策会不断涌现并根据实际情况频繁修正，宜以修订《〈预算法〉实施条例》的方式，实现对新《预算法》的完善，强化对财政行为事中和事后的监管，待财税体制改革基本完成之后，再全盘梳理，打通关节，完善对地方政府财政平衡的法律构建。

由于本书涉及多个学科的交叉，受个人研究水平、研究能力、研究时间的限制，书中必然会存在诸多的不足。在理论研究方面，本书大部分是对既有研究的概述与总结，因为涉及面广，所以对相关问题的研究不够深入，只是从宏观上提出原则与建议，创新不足，需要在今后的研究中不断改进和深化，这也是笔者今后研究的方向和目标。此外，由于个人的一些原因，导致本书的写作周期较长，一些政策的走向发生了变化，因缺乏实践经验，对问题的理解和解决也仅停留在理论层面，这也是今后继续研究的方向和努力的目标。

第一章　我国地方政府财政的基本问题

要探究造成地方政府财政困局的原因，首先要考虑到对地方政府和财政失衡这两个基本概念的界定，本章首先从政治学、财政学的角度界定地方政府、地方财政和财政失衡的概念，并根据我国大部分地方政府目前的财政状况，指出因地方政府财政失衡而造成的问题。

第一节　地方政府与财政失衡的概念

地方政府是一国政治体系的有机组成部分。虽然各个国家的政治体制因历史、地理和文化差异而各不相同，但所有国家的行政架构都是中央政府与多个下级政府的有机配合，地方政府的财政能力与地方政府的财政平衡是决定该政府是否能有效提供公共产品和社会服务的主要因素，也是地方财政法律体系构建的出发点与落脚点。

一、地方政府概念的界定

对地方政府概念的界定千差万别，在西方地方自治程度较高的国家中，地方自治团体就是地方政府；在中央集权程度较高的国家，地方政府一般被视为中央政府的派出机构，为中央在地方区域内实现行政管理[1]。在联邦制国家，州（邦）政府并不是地方政府，地方政府是专指州以下的行政单位。例如，美国的市政府（municipal）或县（county），地方政府、州（邦）政府和联邦政府共同构成国家的行政机构。而在单一制国家，地方政府一般就是中央政府的对称。

（一）政府概念的界定

"政府"对应的英文是"government"，起源于希腊语 κυβερνάω[2]，这是柏拉图在《理想国》中对政府做出的隐喻，他将对城市的统治比喻为海上航行的

---

[1] 沈荣华. 我国地方政府职能的十大特点 [J]. 行政论坛, 2008 (04): 16–19.

[2] The Encyclopaedia Britannica. A Dictionary of Arts, Sciences, Literature and General Information [M]. Encyclopaedia Britannica Company, 1911.

船舶，即所谓的"ship of state"。《牛津英语辞典》对"government"的定义则是管理组织社群的系统或人群集合。《哥伦比亚百科全书》则将政府定义为"一种实施社会管理的系统，这种社会的特别群体有权制定并实施法律"①。《韦伯法律词典》中对"government"的定义层次很丰富，主要是指获得授权的机构进行管理的过程或行动，即组织、团体或是机构以政治单位的形式持续地行使授权的权力并履行其职能。在第十版《布莱克法律辞典》中，"government"的意思是行使政治权力的组织。

对政府本质的探索，可以追溯到亚里士多德的政治学理念。他根据统治权力的掌握方式，将政府分为君主制、贵族制和民主制。英国的哲学家托马斯·霍布斯（Thomas Hobbes）在其经典著作《利维坦》中对此进行了扩充。霍布斯认为，政府的出现是因为社会的契约，普通民众放弃了在自然状态下所拥有的自由，通过与政府的契约来换取主权统治者提供的保护②。随后，英国哲学家约翰·洛克（John Lock）在《政府论（下）》中宣称，所有个人都拥有一些自然（或不可让渡的）权利，包括生命、自由和财产权。他认为，这些权利属于政府建立之前自然状态下的人民所有，人们聚集在一起是为了获得只有组织起来的政府才能提供的保护，他们的自然权利既没有被政府剥夺，也不是政府所授予③。法国哲学家卢梭（Jean Jacques Rousseau）将社会契约论扩大到了人民主权，他提出，人人生而平等，但又无往不在枷锁之中。他的《社会契约论》主张，自然状态下的人民是单纯而幸福的，因此，人民愿意接受的唯一适当的政府就是得到人民同意，并为了人民的利益而统治的政府，从而得出，唯一合法的政府就是为人民的共同利益，或如他所说的为"公意"而服务的政府④。美国哈佛大学政府学院的托马斯·帕特森教授认为："政府是这样一些机构、过程和规则，他们被设计来加强对特定地理区域及其居民的控制。所有的政府只有两个共同点，一是取得收入的能力，二是强迫居民遵守政府规则的能力。"⑤

联合国对政府的定义则是"一个创造公共价值的机关"。广义上的政府是决定和实施政策的工具，应当包括立法、司法和行政机构。但狭义上的政府主

---

① Gale Group. Columbia Encyclopedia：6th edition［M］. Columbia University Press，2000.
② ［英］霍布斯. 利维坦［M］. 黎思复，黎廷弼，译. 北京：商务印书馆，1985.
③ ［英］洛克. 政府论（下）［M］. 瞿菊农，叶启芳，译. 北京：商务印书馆，1982.
④ ［法］卢梭. 社会契约论：第3版［M］. 何兆武，译. 北京：商务印书馆，2003.
⑤ ［美］托马斯·帕特森. 美国政治文化［M］. 顾素，吕建高，译. 北京：东方出版社，2007：19.

要是指行政机构。例如，在联邦制国家，政府就仅指代行使行政权力的机关。本书采取狭义的定义，即从公共管理的角度来讲，政府就是行使公共权力、对社会公共事务进行有效管理的行政机关。从民主政治的角度来讲，政府的存在，就是为了给公众提供公共服务。

（二）地方政府概念的界定

在英国的《不列颠百科全书》中，政府分为国家政府、区域政府和地方政府（local government），地方政府是指对所在区域进行直接治理的政府。《美利坚百科全书》与《布莱克法律辞典》类似，严格区分地方政府（local government）和州政府（state government）。在《布莱克法律辞典》中，地方政府是行政层级低于州政府的地方行政机关；在《美利坚百科全书》中，联邦制国家的地方政府则是"成员政府"[①]的分支机构，单一制国家的地方政府就是中央的分支机构。《布莱克维尔政治学百科全书》则将地方政府定义为"权力或管辖范围被限定在国家的一部分地区内的一种政治机构"，并指出其"经过长期的历史发展，在一国政治机构中处于隶属地位，具有地方参与权、税收权和诸多责任"。据《加拿大百科全书》，地方政府是省级以下政府，不同于省级的地方行政办事处，地方政府由地方选举产生，并对选民负责。《麦克米伦百科全书》则指出地方政府是地方的管理机构，根据不同的原则而组成[②]。

本书所指的地方政府，无论其是由选举产生的还是基于法律授权而产生的，都是指在自己辖区范围内进行公共事务管理的地方行政机构。需要指出的是，目前世界上绝大多数的国家，对地方政府的定性已经逐渐趋同，地方政府被认为是公众的政府，由社会公众授权，在一定辖区范围对公共事务和社会经济进行管理，同时落实中央政府的相关政策。

（三）地方政府的产生形式

作为国家政治制度不可或缺的组成部分，地方政府的产生方式各有特点，有的是经由选举产生，有的是基于国王或者法律的授权。

在英国，地方政府的产生是传统与法治的相结合，历史上的英国地方政府基于国王的"特许状"而诞生，教区、郡、市镇是英国传统的地方政府单位。目前，英国新出现的现代地方政府类型，如教区唯一政府、伦敦区和大都市区

[①] 以美国为例，联邦制国家现有各州政府，再根据《联邦宪法》由各州让渡一定的权力产生联邦政府，因此各州政府是中央政府的"成员政府"。

[②] 上述定义源自中国知网的辞典板块相关条目。

这三种则是通过一系列立法完成的。不论是基于国王的"特许状"还是法律授权，英国所有关于地方政府的权力、职能、责任和运行模式的内容都是由法律所规定的。

地方自治（local autonomy）是美国政治文化的精髓之一，地方自治的目的在于赋予地方政府在政策方面享有较大的自由空间。美国的地方政府，即州政府以下的政府层级，是由州政府授权产生的，并由州政府限定其权力范围。在美国，各州因为不同的历史原因和州宪法的规定，地方政府的结构和责任都存在着很大差别，地方政府的主要类型有县政府、市政府、城镇和镇区、学区、特区和大都市政府。其中，县政府是美国地方政府最古老的形式，县是州的下级行政部门，它们覆盖了整个州；在农村地区，县政府是最佳的地方治理单位。在所有的地方各级政府中，市政府是最基本的单位。在美国的大部分地区，地方政府的主要单位是自治市，自治市一方面是实施州政府的活动，但最主要的还是为其居民提供服务，它根据州政府颁发的特许状来运作。市政府的另一种形式是特区（special district）。特区是在涉及水的供应、土壤保护、废物处理等等一些政策需求的地方治理机构应运而生的。

虽然各州政府对地方政府的治理依赖于特许状[①]，但是这种控制模式也存在一定的局限性，因为一个适用于几百万人口城市的特许状极有可能不适用于只有几百口人的农村，所以相应地，各州也赋予了地方政府一定程度的自由裁量权。谈到美国的地方自治，就不得不提到著名的"狄龙规则"和"库利原则"。美国的政府层级为3级，即联邦政府、州政府和地方政府。狄龙规则是由法官约翰·狄龙（John F. Dillon）提出的，他主张，地方政府是州政府的创造物，从理论上来说，州政府甚至有权取消地方政府。该术语被用来描述州和地方政府之间的关系。狄龙认为，这些（地方）政府享有的权力仅仅是州政府明确授予它们的权力，或者是必然隐含或伴随于上述权力的权力。根据狄龙规则，地方政府必须在州政府所强加的限制范围内采取行动，州政府甚至可以要求地方政府提供某项特定的服务，例如，威斯康星州就要求它的每个城市必须拥有固体垃圾处理设备。库利规则由密歇根州的法官托马斯·库利（Thomas Cooley）在1871年People v. Hurlbut[②]一案的判决中明确提出。他宣称，城市应该是自治的。1875年，密苏里州出现了地方自治的第一次尝试，它允许地方政府涉及和修改自己的特许状，但要受制于州的法律和宪法的规定，并接受州的否决。

---

① 特许状详细说明了地方政府的职权范围，规定了地方政府可以做什么、不能做什么。
② Case Citation Code：People v. Hurlbut［G］. 24 Michigan, 1871：44.

（四）我国地方政府概念的确定

不同于联邦制国家中地方政府的概念，在我国，除了中央政府之外，其他所有层级的政府都是地方政府。在《中华法学大辞典宪法学卷》和《中华实用法学大辞典》中，地方政府是中央政府的对称，其专门负责地方各级行政区域内的行政事务。这样的解释，在我国的很多工具书中比比皆是。《辞海》和《简明政治学辞典》都将地方政府解释为地方行政机关。《税收大辞典》将地方政府定义为地方各级国家权力机关的执行机关或地方各级国家行政机关。《中外政治制度大辞典》提出了广义与狭义的两种解释：狭义的地方政府指地方行政机关；广义的地方政府则是由地方代议机关与行政机关组成的整体。沈荣华认为，对地方政府的定义，应是从管辖区域范围、权力纵向来源、管辖事务的性质、政治层级的划分和以中央政府为对应参照物的角度出发而得出的。他分析得出了"地方政府"的概念："广义的地方政府概念缺乏政治学的理性思辨，过于单一和本土化，不适合解读其他国家类型的地方政府。我国地方政府应当是狭义的、法律意义上的地方政府。"[①]

1. 我国地方政府层级的历史变迁

"以史为鉴，可以知兴替。"我国早在春秋时期就出现了地方政府的雏形：县和郡。秦始皇统一中国后，废除了西周的分封制，实行了郡、县两级行政的郡县制，这也是我国中央集权统治开始的标志。西汉时，随着疆域的扩大，汉武帝在郡之上增设了州监察区，行政长官为刺史或州牧。这是州郡县制的雏形。东汉末年正式设立了州监察区，中央政府授予州牧军事、财政和行政大权，郡、县两级变为州、郡、县三级。南北朝时期州郡数量大增，中央对地方逐步失去控制，中央集权瓦解。隋文帝统一中国后，取消了郡，实行州县两级制，隋炀帝合并州县并效仿汉代改州为郡，唐代又改郡为州，并设监察区——道，对州（郡）加以巡察。安史之乱后，唐在全国范围内设立藩镇，随后藩镇与道结合，逐渐形成了采访使（观察使）、州、县三级制。宋朝初期采用州县二级制，后设置一级新型行政区划"路"[②]，以巩固中央集权。元代则实行多级体系，最多时达省、路、府、州、县五级。明代效仿宋代，还是采用了巡抚和总督制度，明后期至清，形成了省、府、县三级制，省还能设派出机构"道"，分管府县。民国初采取的省、道、县三级制，由于受各省军阀的阻挠，把省变为监察区的

---

① 沈荣华. 我国地方政府职能的十大特点 [J]. 行政论坛, 2008 (04): 16-19.
② 路，是直辖于中央并高于府、州、军、监的一级监察区。

目的没能实现。南京政府成立后,采用了省、县两级制度,而后又设置了省的派出监察机构——专区。新中国成立后,我国沿用省、县两级制,经过不断改革与摸索,目前,我国采用的是多对一的"中央—省—市—县—乡"5层垂直政府级次,我国的各级地方人民政府,一般分为省(自治区、直辖市)、县(自治县、市)和乡(民族乡、镇)三级。实际上,按照各级行政区划设置,我国的地方政府有省、自治区、直辖市人民政府,自治州、县、自治县、市人民政府,乡、民族乡、镇人民政府。

2. 我国地方政府概念的界定

根据1982年《宪法》第95条、第105条和第107条的规定:"我国的地方各级人民政府是地方各级国家权力机关的执行机关",是中央政府(国务院)统一领导下的地方各级国家行政机关,由本级人民代表大会选举产生,对本级人民代表大会和上一级政府机关负责。除了一般的行政区划外,我国还有实行有限地方自治的民族自治地区与实行高度地方自治的香港特别行政区、澳门特别行政区。这两个特区的政府,也都是我国的地方政府,接受中央政府的统一领导,只不过港澳政府在"一国两制"方针和遵循基本法的前提下,实行自治,有单独的政治、法律体系;而民族自治地区可以依照《宪法》和《民族区域自治法》的相关规定行使有限的自治权,可以根据地方的实际情况制定相应条例,贯彻执行国家的法律、政策。

因此,本书所称"我国地方政府",指在国务院统一领导下的地方各级国家行政机关,是由地方各级人民代表大会选举产生的,对本级人民代表大会和上一级政府机关负责并报告工作,包括一般的地方政府和民族区域自治地方的政府,不含特别行政区政府。

二、地方财政失衡的界定

从经济学的角度出发,财政失衡(fiscal imbalance)是与财政平衡(fiscal balance)相对应的概念,财政平衡体现的是财政收入与财政支出在一定期间内的总量关系,是一级政府财政状况的直接反映。就财政法的角度而言,财政平衡主要涉及政府间的财政关系划分和财政转移支付,仅体现出地方政府财政收支的一部分,并不能够细致说明地方财政收支的整体情况,虽然学术界对地方政府财政的关注侧重不一,但实现特定期间内的财政平衡是各级政府的首要目标。不可否认的是,财政失衡是一定的,因此,以"财政失衡"为切入点,结合财政赤字(fiscal deficit),可以直接反映出本级政府的财政收支规模。这是探讨财政失衡引发的法律问题的前提。

(一) 地方财政平衡概念的界定

通常认为,对财政收支统计口径的选择,即是否将赤字纳入预算,会直接影响一级政府的财政平衡。按照传统的财政学和经济学的观点,财政平衡是预算收支在总量上的对比关系:收大于支,则为盈余;收小于支,则为赤字;收支相抵即为平衡。显然,政府财政不可能存在绝对的平衡。一般来说,财政平衡分为周期性平衡、动态平衡、综合平衡和整体平衡。世界上存在多种计算财政赤字的口径和方法。美国采取的小口径硬赤字计算方式,将债务收入和债务支出列入计算,这是明显的财政赤字计算方法。日本采用的则是隐蔽的财政赤字计算方法,即仅计算财政收入与支出的差额,是大口径的计算方式,如 2015 财年,日本政府的财政赤字为 20.2 万亿日元,约等于国民生产总值的 3.8%[①]。

我国在分税制改革之前采取的是前者,改革后采用后者计算财政赤字,不过并未将债务利息列入支出,直到 2000 年才开始将债务利息支出列入财政经常支出,但也仅限于国家财政,并不包括地方财政。为了实现地方政府在财政年度内的预算收支平衡,我国中央政府先后采用了"以收定支""以支定收""定收定支"和"划分收支"等方式。可以看出,在我国,基于对财政分配功能的追求,地方政府的财政平衡,主要体现为以预算完整性为主的整体平衡,即一级地方政府的全部财政收入和全部财政支出,在预算年度内达到数量上的大致相等。

(二) 地方政府财政能力概念的界定

既然对地方财政平衡的考察,主要从财政收入和财政支出两个方面进行,二者是直接影响地方财政平衡的因素,那么地方政府的财政能力 (fiscal capacity) 就直接影响到它的财政平衡状态。财政能力一般被认为是政府在履行财政职能时必备的能力,其核心是获取财政收入、平衡本级财政支出。

王绍光、胡鞍钢认为:"政府能力包括财政汲取能力、宏观调控能力、合法化能力与强制能力,其中财政汲取能力是最主要的国家能力。"[②] 这是我国学者对政府财政能力的最早研究。尚元君、殷瑞锋将财政能力定义为:"一级政府为提供公共产品和服务从辖区内获得财政收入的能力。"[③] 李文星综合阿尔蒙德、特来、布朗、施贝斯曼、科尔曼和兰兹等国外学者的主要观点,认为地方政府

[①] 资料来源于日本内务办公室,公布日期:2016-12-22。
[②] 王绍光,胡鞍钢. 中国国家能力报告 [M]. 沈阳:辽宁人民出版社,1993.
[③] 尚元君,殷瑞锋. 美国财政能力衡量方法述评 [J]. 中国财政,2009 (04):67.

的财政能力"是地方政府在与区域环境的互动关系中完成其职能规定的目标和任务，获取必需的资源，用以满足其公共权力范围内公民的需求，并维护其合法性能量和能力的总和"①。龙竹认为，财政能力是政府为实现社会公共利益、发展经济和维持自身存在而必须从社会资源中汲取财力的能力②。贾智莲从转型期地方政府职能转变的视角重新界定了地方政府财政能力的内涵，指出地方政府的财政能力应包括回应能力、公共品供给能力、财政汲取能力和制度创新能力等③。王雍君将政府的财政能力表述为财政自给能力。他认为："财政自给能力是每级政府都必须为公共支出筹措资金，在不依赖高层级政府财政援助的情况下，各级政府能够独立为本级支出筹措收入的能力。"④钞鹏则认为，地方政府财政能力不仅关系到本地的公共服务水平和经济发展，还与全国的经济发展、社会稳定关系密切⑤。

结合新《预算法》彰显出的"公共财政"理念，本书采用李文星和蒋瑛对财政能力的定义版本，将地方政府的财政能力明确为："地方政府的财政能力是指地方政府以公共权力为基础而筹集财力、提供公共产品以满足区域内公民的公共需要、稳定地方公共经济、合理进行再分配的能力的总和，其中，财政资源的汲取能力、地方性公共产品或服务的提供能力是地方政府财政能力的核心。"⑥

（三）影响地方财政平衡的因素

若是财政能力较强，则能获取较多的财政收入；而财政能力较弱，则容易陷入财政失衡。因此，影响地方财政能力的因素，也可以被视为影响财政平衡的因素。影响地方政府财政能力的因素主要有以下几方面：

---

① 李文星. 关于地方政府财政能力的几个基本理论问题 [J]. 南亚研究季刊，2000 (04)：73+0.
② 龙竹. 对乡镇财政能力综合评价指标体系的整体设计研究 [J]. 科技进步与对策，2004 (05)：34-36.
③ 贾智莲. 地方政府财政能力解析：基于财政维度的逻辑顺序 [J]. 科学与管理，2010，30 (01)：24-27.
④ 王雍君. 地方政府财政自给能力的比较分析 [J]. 中央财经大学学报，2000 (05)：21-25.
⑤ 钞鹏. 我国地方政府财政能力研究综述 [J]. 洛阳理工学院学报（社会科学版），2013，28 (04)：37-41.
⑥ 李文星，蒋瑛. 地方政府财政能力的理论建构 [J]. 南开经济研究，2002 (2)：74.

1. 经济发展水平

受地理环境、历史条件和政策倾斜的影响，各地的经济发展水平存在着巨大的差异，受经济发展起点、市场成熟程度、资源环境因素和经济结构安排等因素的制约，地方政府所能获得的财政收入也天差地别，而特定地方政府的财政能力受财政收入的影响最为直接。在经济发展水平高的地区，其财政收入来源充足，地方政府比较容易实现财政的自给自足；而在经济发展水平较低的地区，地方政府的财政收入来源相应地较为单一和狭窄，因此其财政能力就会相对较弱。

此外，地方政府的财政能力也会对各地区经济的发展起到反作用。财政能力强的地方政府，在完成基本公共事务的管理之外，还能有余力进行市场建设和投资，调整地区的经济结构，开辟新财源，对公共产品和公共服务进行优化与升级，培养高素质人才，开启推动经济进一步发展的良性循环。然而，财政能力弱的地方政府，如我国的"老少边穷"地区[①]，曾经出现工资都无法足额按时发放的情况，连基本的政府职能都难以履行，又何谈经济的后继发展？另外，我国东部沿海地区的地方政府的财政能力，普遍优于西部边疆省份。

2. 政策与法律的影响

分析中央政府在分税制改革前后的财政状况，就能很好地理解这一问题。在分税制改革之前，我国明显呈现出"弱中央、强地方"的财政态势，中央政府的财政能力明显弱于地方政府；在实施了分税制以后，伴随着1994年《预算法》对地方财政收入的限制和财政支出的增加，地方政府的财政能力开始下降，而与之相对的是中央政府财政能力的大幅度加强。

财政收入作为地方政府财政能力的"应许之地"，是最为重要的参考指标，直接对政府的财政能力造成决定性影响。一个地方的政府所能获取的财政收入越多，它的财政能力也就越强。此外，政府间财政支出的分配也是影响地方政府财政能力的原因。例如，在甲、乙两个地方政府所获得财政收入一致的情况下，若甲政府承担着较多的财政支出责任，则其的财政能力相应地就弱于乙。因为政府的财政收入与财力供给总是有限的，但居民对公共产品、基础设施建设和公共服务的需求欲望是无限的，政府间财权与事权的划分必然会导致地方政府财政能力的变化，而财政预算管理制度就是对地方政府的财政收入和支出责任的统一部署与规划，直接关系着政府间财权、事权的分配和政府间的转移支付。以转移支付为例，层级越是低的政府，对转移支付的依赖越大，那么在

[①] "老少边穷"地区是指革命老区、少数民族聚集地区、边疆地区和贫困地区。

承受着相似的财政压力的同级政府之间,谁获得的上级政府转移支付资金较多,谁的财政能力就相对更强。

综上所述,在经济发展水平一定的情况下,财政管理体制和相应的财政法律体系,会对一级政府的财政能力产生决定性的作用,从而影响该级地方政府的财政平衡。张千帆教授认为:"健全的法律体系将给人们的经济活动及其未来规划带来确定性和可预测性。"[1] 所以,如果与地方政府财政平衡相关的制度不是只为应付问题的临时性政策,而是稳定性和连贯性较好,且有较为完善的财政法律体系,那么地方政府的财政能力就是可预期的,能有效预防地方政府陷入财政失衡,从而避免产生畸变的法律问题。

(四)地方财政失衡概念的界定

受旧《预算法》规定的影响,我国的地方政府既不能发债,地方财政也不列赤字,这种对财政预算与赤字的软约束,使得债务风险无法体现在政府财政预算中,客观上导致了地方隐形债务急剧飙升,造成了我国地方政府的财政失衡,并引发了众多法律问题。随着新《预算法》的实施,"地方政府财政赤字"首次出现在了 2015 年的政府工作报告和财政预算中,当年拟安排的财政赤字共计 1.62 万亿元,其中地方财政赤字为 5 000 亿元,"2017 年,我国的地方财政赤字为 8 300 亿元,2018 年拟安排的地方财政赤字与 2017 年持平,通过发行地方政府一般债券来弥补,地方政府的一般债务余额限额 123 789.22 亿元"[2]。

根据我国的现实情况和目前对地方财政平衡的调整方式,本书认为,我国地方政府的财政失衡,表面上是预算年度内财政收入与财政支出之间的巨大鸿沟,本质上则是地方政府无法依靠自身来达到财政的周期性平衡。

第二节 我国地方政府财政的现状

1994 年的分税制改革标志着我国进入现代财政国家,它奠定了中央与地方财政分权的基本框架,为我国公共财政制度的建立提供了帮助,其取得的成绩应当予以肯定。但是,回顾我国地方财政在分税制改革之后的境况,分税制改革的不彻底客观上造成了财权的上移与事权的下放的不匹配,造成了地方财政

---

[1] 张千帆. 宪政、法治与经济发展 [M]. 北京:北京大学出版社,2006:104.
[2] 中国政府网. 关于 2017 年中央和地方预算执行情况与 2018 年中央和地方预算草案的报告(摘要)[EB/OL]. (2018 – 03 – 07). http://www.gov.cn/xinwen/2018 – 03/05/content_ 5271234. htm.

能力的下降，再加上1994年《预算法》对地方政府发债的禁止性规定，限制了我国地方政府财政的融资渠道，使得地方财政极易陷入困局。

一、地方财政收入占比情况

我国地方政府的财政收入来源主要是税收收入。从表1-1中可以看出，从1978年改革开放到分税制改革实施之前，我国地方政府的财政收入规模增长迅速，地方政府的财政收入占全国财政收入的占比均达60%以上，最高时甚至达到80%以上。地方政府财政收入占比的居高不下，从侧面反映出了中央财政收入的萎缩。因此，为了扭转"强地方、弱中央"的财政状况，分税制改革应运而生。分税制改革通过对税种的划分，重新调整了中央与地方的财政收入，客观上削减了地方财政的税收收入。在实施分税制改革之后，地方政府财政收入在全国财政收入的比重下降至最低点，仅为44.3%。随后都维持在50%以下，2011年提高到50.6%，首次超过50%，之后虽然连年缓慢上升，但始终在55%以下徘徊。

表1-1　1978—2021年我国地方财政收入及比重

年　份	全国财政收入（亿元）	地方财政收入	
		总量（亿元）	占全国财政收入比重（%）
1978	1 132.26	956.49	84.5
1980	1 159.93	875.48	75.5
1985	2 004.82	1 235.19	61.6
1990	2 937.1	1 944.68	66.2
1993	4 348.95	3 391.44	78
1994	5 218.1	2 311.6	44.3
1995	6 242.2	2 985.58	47.8
2000	13 395.23	6 406.06	47.8
2002	18 903.64	8 515	45
2005	31 649.29	15 100.76	47.7
2010	83 101.51	40 613.04	48.9
2011	103 874.52	52 547.11	50.6
2012	117 253.52	61 078.29	52.1

续 表

年 份	全国财政收入（亿元）	地方财政收入	
		总量（亿元）	占全国财政收入比重（%）
2013	129 209.64	69 011.16	53.4
2014	140 349.74	75 859.73	54.0
2015	152 269.23	83 002.04	54.5
2016	159 604.97	87 239.35	54.7
2017	172 592.77	91 469.41	53.0
2018	183 359.84	97 903.38	53.4
2019	190 390.08	101 080.61	53.1
2020	182 895.00	100 143.16	54.7
2021	202 539.00	111 077.00	54.8

资料来源：根据国家统计局网站相关数据整理。

近年来，地方财政收入在全国财政收入中的占比的确稳步攀升，但基本与中央财政平分秋色。客观上来说，造成这种上升的主要原因是国民经济总量的提高，地方财政以往的强势地位已不复存在。表1-2显示的是2012—2021年的地方财政主要收入，图1-1显示的是2020年地方政府财政收入的分类占比情况。综合两者可以看出，尽管我国地方政府的财政收入逐年上升，规模逐年扩大，但是从收入结构和数据来看，税收收入依然是地方财政收入的主要来源。

表1-2 2012—2021年我国地方财政主要收入

（单位：亿元）

年 份	总 额	税收收入	非税收入					其他非税收入
			专项收入	收费收入	罚没收入	国有资本经营收入	国有资源有偿使用收入	
2012	61 078.29	47 319.08	2 819.96	4 202.34	1 519.46	1 335.91	2 740.31	1 141.23
2013	69 011.16	53 890.88	3 122.22	4 497.35	1 613.34	1 183.63	4 315.23	1 288.51
2014	75 876.58	59 139.91	3 304.76	4 840.37	1 632.89	1 146.34	4 187.65	1 624.66

续　表

年　份	总　额	税收收入	非税收入					其他非税收入
			专项收入	收费收入	罚没收入	国有资本经营收入	国有资源有偿使用收入	
2015	83 002.04	62 661.93	6 410.36	4 412.08	1 762.90	690.76	5 220.74	1 843.27
2016	87 239.35	64 691.69	6 186.88	4 416.50	1 851.51	857.65	6 652.43	1 707.51
2017	91 469.41	68 672.72	6 520.16	4 305.20	2 162.10	567.06	6 922.29	2 319.88
2018	97 903.38	75 954.79	7 197.44	3 520.89	2 492.18	356.26	6 286.87	2 094.95
2019	101 080.61	76 980.13	6 849.93	3 483.38	2 929.31	1 061.49	7 344.01	2 342.36
2020	100 143.16	74 669.06	6 927.08	3 419.43	2 969.06	966.06	8 651.94	2 541.53
2021	111 077.00	—	—	—	—	—	—	—

资料来源：根据国家统计局网站相关数据整理。

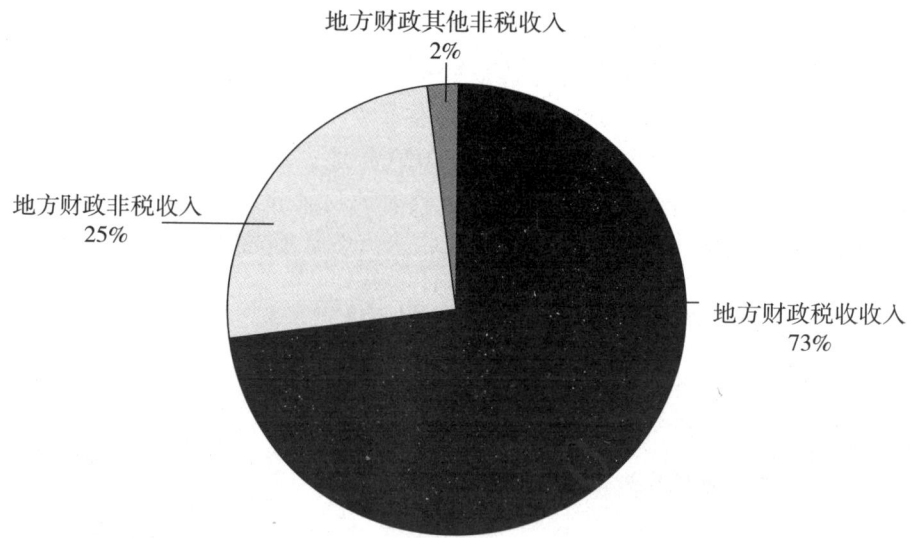

资料来源：根据国家统计局网站相关数据整理。

图 1-1　2020 年我国地方政府财政收入分类占比情况

地方财政所获取的税收收入主要是中央与地方的共享税，营业税也曾是地方财政税收的重要组成部分，可是随着为企业降负的"营改增"政策的实施，在我国当下的地方税体系缺乏长期稳定的地方主体税种的情况下,地方政府的已有税收收入水平被打了折扣,而现行的法律也并未赋予地方政府足够的税收立法权限,不利于地方税种的发现与培育,从而无法及时对财政收入"加油"。

另外,随着我国对政府职能的重新定位和转变,一系列行政性收费的取消与减免,加上法律对非税收入的严格控制,地方政府的费收入也开始出现萎缩,由于经济下行,国有资产的收益也大幅度缩减。因此,不论是从规模还是增长速度上来看,我国地方政府的财政收入都显得后继无力。

二、地方财政支出行为不规范

政府的财政支出行为具有特殊性,应当受到法律的规定和社会公众的监督。但是,由于我国长期以来对地方政府财政收支行为的监督不到位,加上相关法律制度的不健全,这不仅引发了财政问题,还严重损害了政府的公信力。虽然《预算法》赋予了地方人大对每年的地方政府预决算报告审批和监督的权力,但是与预算编制和预算审查有关的规定都比较粗糙,加之1994年《预算法》并没有规定相应的违法责任,这就导致地方政府在使用财政资金的期间,出现了随意调配、挪用和浪费财政资金的现象。尽管新《预算法》强化了对政府财政预算的硬约束,增强了人大的审批权和监督权,再配合中央的反腐工作,地方政府原先粗放的财政支出行为虽然已经收敛了许多,但在惯性作用下还是存在不少的"历史遗留问题",距离实现法治化和规范化还有很长的一段距离。

(一) 财政支出的越位与缺位

分税制重新划分了我国政府间的财政事权,无疑加大了地方政府的财政支出责任。2015年,地方财政收入占全国财政收入的54.52%,而地方财政支出就占了全国财政支出的85.46%。除了"事权下放"的问题之外,因为对自身的定位不清,我国的地方政府特别是基层政府,仍然延续着过去"大家长式"的行政风格,在财政收入不变的条件下,这种"全能型"做派造成地方政府对市场干预过度,导致支出项目繁杂,挤占了本应得到财政资助的事项,造成财政的越位与缺位。尽管后续的财税体制改革对政府职能的转变提出了具体的要求,新《预算法》也对此进行了调整,我国地方政府的财政支出也已经向着法治化、规范化和科学化的方向而努力,但在目前,财政支出的越位与缺位,仍然是地方财政的重要问题。

1. 财政支出的越位

尽管事实证明,自由资本主义主张的"有限政府"是对市场自身调节机制的过分神话,市场经济的健康发展离不开来自政府的干预,政府通过"看得见的手"从宏观角度对市场缺陷进行调节可以有效地弥补市场的缺陷，保障社会公共利益的最大化。但是，政府对市场的干预和调节，也需要遵循一定的度，并不是说政府非要插手所有的经济事务，并且直接参与到市场竞争中去。1988年，我国提出了要转变政府职能，促进机构改革；2001年申请加入WTO时也提出过要完成由管制型政府向服务型政府的转变，把不该归政府管的事项交还给企业和市场。

经过长期的努力，由政府投资办企业直接参与市场竞争这种既当运动员又当裁判员的做法已经被明令禁止了，但是政府职能的转变距离服务型政府的要求还有很大的差距，地方财政支出的越位依旧十分明显。其中一个突出的表现就是地方财政对"僵尸企业"①提供的资金支持，在大部分已披露的僵尸企业中，国有企业和集体企业所占比例最高，这些企业都依赖政府提供财政补贴，勉强维持。尽管2017年的《政府工作报告》已经强调，要运用市场化法治化手段处置僵尸企业，但在清理过程中，仍然有地方政府对其进行救助，原因在于：一是僵尸企业尽管不生产效益，但可以为地方政府带来税收和GDP。若是僵尸企业真的破产，地方财政之前投入的资金、税收优惠、信贷扶持等都将"血本无归"。二是僵尸企业能提供就业。一些地方政府迫于对失业率的卡控和社会维稳的需求，依赖僵尸企业来维持地方的虚假繁荣。另外，近年来野蛮生长的一些地方政府融资平台公司，虽说其成立的目的是为了替地方政府融资变相发债，但地方政府以对其划拨土地、进行财政补贴的方式注入资本，也是地方政府财政支出越位的表现。

地方政府财政支出越位的另一个突出表现就是对国有银行的注资和补贴。例如，云南省2015年的财政预算安排中，金融支出预算安排较2014年有明显的下降（安排0.6亿，下降幅度78.8%）。究其原因，是因为财政对国有金融企业富滇银行的税收补助政策到期。除此之外，地方财政还承担着对本级国有企业亏损的填补，而这种因自身经营不善造成的亏损，实在不应该由纳税人为此埋单。

以上种种政府财政支出行为，主要是由财政支出目的缺乏法定造成的，对融资平台公司和国有企业的补贴、亏损弥补，与对僵尸企业输血续命，加上对

---

① 根据《中国僵尸企业研究报告——现状、原因和对策》，僵尸企业是指那些长期入不敷出，只能靠政府或银行"输血"才能维持的企业。资料来源于搜狐财经《中国首份僵尸企业报告：谁不想让僵尸死掉？》，http://business.sohu.com/20160801/n461948111.shtml，访问日期：2016-10-17。

建设 – 移交模式（build – transfer，简称 BT 模式①）、政府和社会资本合作模式（Public – Private Partnership，简称 PPP 模式）的违规操作，都极大地影响了市场的正常调节机制，侵害了纳税人的权益。

2. 财政支出的缺位

长期以来，我国地方财政的突出问题是在对教育、医疗、文化、卫生等关乎人民生计的支出安排上选择性的失明。地方政府在安排财政支出时，都将支出的大头集中在行政管理支出之上，即所谓的"三公经费"，高昂的行政管理支出挤占了关乎民生的公共产品和基础设施建设支出，民生资金和基础公共服务资金安排的匮乏，导致了我国基层地方政府特别是偏远地区的教育和民生水平十分落后，贫困地区的基本公共产品和公共服务得不到本级财政资金的支持，几乎全部依赖于中央政府或上级政府的财政转移支付，这也加重了上级财政和中央财政的负担。

以曾经的国家级贫困县云南省大关县为例，地区内教育和医疗卫生的财政支出金额增加的主要原因是上级拨付了专项转移支付和财政补贴，而在 2017 年云南省财政下达均衡性转移支付和县级基本财力保障资金 42 614 万元之后，安排给教育的支出仅有 2 658 万元，行政管理费用支出则高达 30 651 万元。从这个例子可以看出，我国地方财政支出的另一个主要问题就是支出的结构性失衡，这与臃肿的行政机构设置密不可分。因为一级政府所能支配的财政支出总额是固定的，在财政资金一定的情况下，行政管理费用所占财政支出资金的比例越大，财政支出的越位行为越多，可分享给教育、医疗、和社会保障等基础的公共产品的支出份额就十分有限了。

（二）财政支出规模膨胀速度过快

根据云南省财政厅公布的消息，2017 年全省地方一般公共预算支出为 5 713 亿元，较 2016 年增长 13.8%。其中，增速最快的是债务付息支出，高达 112%；其次是教育支出、科学技术支出、社会保障和就业支出、交通运输支出、医疗卫生与计划生育支出的增长也比较明显；只有农林水支出和文化体育与传媒支出有所下降。2017 年云南省的行政管理性支出金额高达 310.78 亿元，

---

① BT 融资模式的实质为委托建设并逐年回购，其具体操作流程是：地方政府通过合同约定，将拟建设的某个基础设施项目分包给投资方，由投资方融资建设，竣工验收完毕之后投资方将项目有偿移交给地方政府，政府按约定比例分期偿还投资方的融资及建设费用。该模式涉及地方政府、BT 投资建设方和相关融资渠道，如银行、社会资本等，曾为我国地方的基础设施建设提供了大量资金，是一种广义上的 PPP 模式。

较 2016 年增长 31%，政府性基金的支出则以国有土地出让收入相关专项支出大幅增长为主，且国有土地使用权出让收入的相关支出（即征地拆迁安置支出）同比增长 57.3%①。财政支出规模增速过快，容易造成地方财政的巨额赤字，这也是为什么地方政府违规变相融资行为屡禁不止的原因。

（三）支出结构内部失调

随着政府职能的转变和对"三公消费"的清理，公共产品和公共服务已经逐步成为地方政府财政支出的首要项目。根据 2016 年我国地方财政支出的数据，教育支出、社会保障和就业支出与社区事务支出已经成为地方财政支出的前三位。这说明我国地方政府财政正朝着公共性的方向良性发展。2017 年云南省公布的省级"三公经费"预算安排为 58 671 万元，同期的教育支出预算安排为 894 亿元，支出结构失调的大问题基本上已经得到了解决，地方政府的财政支出也将公共产品和基础设施建设作为财政支出安排的重点方向，逐步踏上了公共财政的轨道，但在同一公共产品的支出内部，依然存在有结构失调的问题。

以云南省的教育财政支出为例，2017 年共计支出 894 亿元，去掉约为 13 亿元的行政管理支出，剩下的财政资金里，普通教育支出达 745.72 亿元，成人教育、职业教育、广播电视教育、特殊教育、其他教育支出和进修及培训支出所占资金的比例都十分有限，农村中小学的校舍建设和教学设施的支出仅有 12.4 亿元。图 1-2 展示的就是云南省 2017 年的普通教育支出。实际上，这一现象是全国性的，普通教育尤其是小学教育所获得的财政资金支持是最多的，地方财政对学前教育的支持则较少，这一现象的成因主要在于教育是一种具有外部性的准公共产品，可以由社会资本来提供。在财政资金紧张的情况下，将义务教育作为教育支出的主要部分本来无可厚非，但在对社会资本或个人资本办学的相关监督法律法规尚不成熟的当下，若是放任这种内部结构失调的状况盲目发展，必然会产生恶劣的后果，比如 2017 年年末轰动全网的红黄蓝虐童事件与携程幼儿园的虐童事件，特别是在我国的人口红利已经消失，少子化和老龄化问题凸显的情势下，我国人口出生率的下降和生育率下降的部分原因就是学前教育资源的严重匮乏，而教育支出内部结构的不协调，导致财政资金的安排偏向于义务教育，对学前教育的照顾明显不足，根本无法配合国家的"全面二孩"政策，达到刺激人口增长的效果。

---

① 云南省财政厅. 云南省 2017 年财政收支情况报告 [EB/OL]. (2018-01-16). http://www.yn.gov.cn/zxzx/czsj/201801/t220160180105_535617.html.

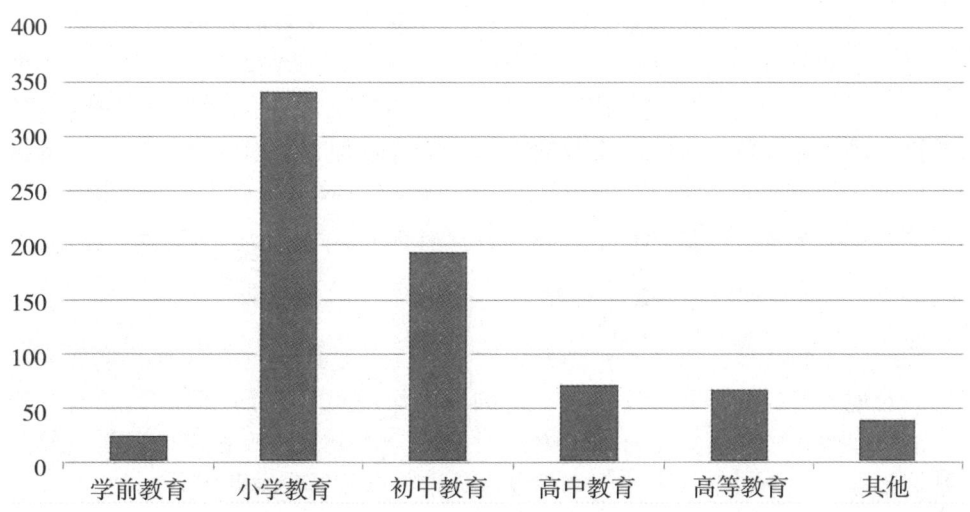

资料来源：根据云南省财政厅网站公开资料整理。

图1-2　云南省2017年普通教育支出（单位：亿元）

第三节　我国地方财政失衡引发的问题

中央与地方的财政关系在1994年分税制实施之后，又经历了多次调整，虽然是以保障地方现有财政利益为基调，但是政府间财政支出责任划分的不完善，导致地方的财政能力在一定程度上被削弱。近年来，随着政府机构的不断改革，公共财政建设和新《预算法》的出台实施，地方财政的小金库和其他预算外收入被大量清理，又受全球经济疲软的影响，财政收入锐减，但同时地方政府承担着全国绝大部分的公共支出任务。2012年起，批量地方政府债务到期，对地方财政来说无异于是雪上加霜。中央政府与地方政府之间在财政收支划分上的不明朗，造成了地方财政支出与收入的不对等。在缺乏政府融资法律规范的情况下，为冲出困境，一些地方政府转而投向了靠"土地财政"和融资平台公司挖掘资金，从而引发了一系列严重问题。

一、土地财政：非税收入的恶性膨胀

在特定的历史条件下，非税收入对我国地方政府而言，可以它说是地方财政的救命稻草。由于税收立法权和自主发债权的缺乏，在面临冗杂的财政支出时，对非税收入的获取在一定程度上能够提高地方的财政自主权，调动其理财积极性。

对于实施公共财政的国家，地方政府对各种费用和政府性基金的征收，应当体现"财政公权和财产私权的利益交换与平衡"①，但是由于我国地方主体税种收入不充足，无法为地方财政提供稳定充足的税收来源，而现行的财政法律虽然没有赋予地方政府相应的税收立法权，却允许地方政府享有较大的收费权力，助长了地方政府以相对冒进的方式来获取财政收入的行为，"土地财政"和"税不够、费来补"已然成为一些地方政府维持财政能力的主要方式。

（一）非税收入的法律监管缺失

收费收入和其他非税收入作为我国政府，尤其是地方政府财政的重要组成部分，对地方财政的可持续发展有一定的积极作用。但由于现阶段我国对收费收入的法律监管机制不健全，地方财政对这部分资金的依赖和庇护也使对其监管长期不够到位，甚至中央政府都难以对其进行有效的宏观调控。

地方政府的非税收入存在诸多乱象，例如，费用收取与使用过程的不透明，收费名目众多和资金浪费严重，等等。乱收费、乱罚款的现象时有发生，结算前突击消费的做法也是屡禁不止。造成这些乱象的主要原因是缺乏法律的约束。而地方政府收取非税收入的做法，极易导致社会公众和企业对地方政府的不信任。尽管新《预算法》已经提出将政府的全部收入纳入预算，要硬化预算约束，进行全口径管理，为非税收入的管理和控制指明了法治化和规范化的道路，但这仅仅是政府财政观念和方向上发生的转变，还有众多细化的法律设计需要完成，并不意味着非税收入问题的圆满解决。

（二）"土地财政"与房价调控的两难

一段时间内，土地出让金和与土地、房产有关的各类繁杂税费几乎成为我国地方政府的"第二财政"。"2009年政府性基金收入约占地方政府可用收入的21%，其中国有土地使用权出让收入占政府性基金收入的79%，相当于占地方政府可用收入的16%左右；房地产相关税收与国有土地使用权出让收入，占地方政府可使用的25%，另外，据国土资源部公布的数据显示，2011年全国84个重点城市抵押土地面积为38.08万公顷，抵押贷款4.80万亿元，抵押面积和抵押贷款同比分别增长16.5%和36.3%。全年抵押土地面积净增4.19万公顷，抵押贷款净增1.27万亿元，同比增长12.1%和37.6%。"②

---

① 刘剑文. 民主视野下的财政法治［M］. 北京：北京大学出版社，2006：103.
② 杨川仪. 论地方政府投融资法律制度的建立与完善［J］. 经济问题探索，2013（06）：32-36.

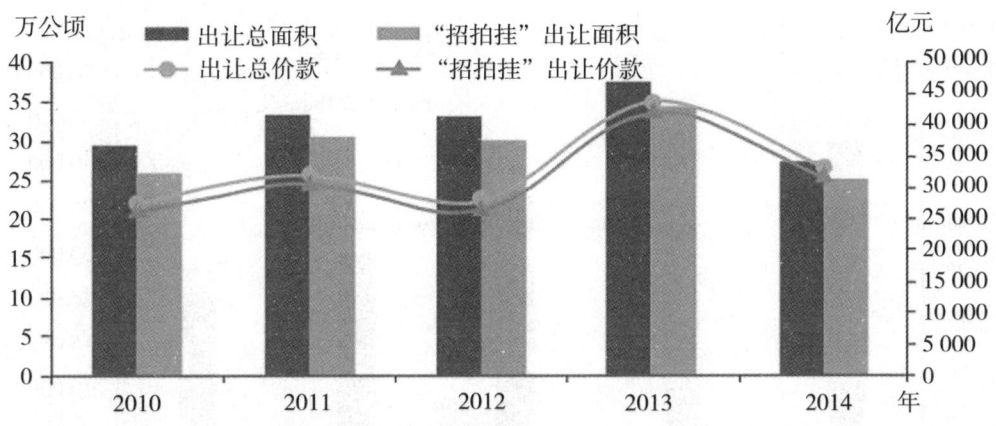

资料来源：根据 2016 年中国国土资源公报数据整理。

图 1-3 2010—2014 年国有建设用地出让面积和出让价款变化情况

根据图 1-3，"2014 年我国的国有建设用地出让面积为 27.18 万公顷，出让合同总价款 3.34 万亿元，同比分别减少 27.5% 和 27.4%。其中，招标、拍卖、挂牌出让土地面积 25.15 万公顷，占出让总面积的 92.5%；招标、拍卖、挂牌出让合同价款 3.18 万亿元，占出让合同总价款的 95.3%"①。

作为不可再生资源，土地的总量是一定的，土地出让面积的减少，并不等于地方政府对土地财政的依赖程度有所缓解，根据 2016 年《中国国土资源公报》的相关数据，"2015 年全国出让国有建设用地面积为 20.82 万公顷，出让合同价款收入 3.56 万亿元，同比分别下降 5.9% 和增长 19.3%"②。从图 1-4 可以看出，我国的国有建设用地出让面积正在逐渐萎缩，而土地出让价格却不断攀升，这恰恰反映出我国地方政府对于土地财政的依赖程度依然有增无减，而可供出让的土地库存量的减少，也预示着"土地财政"所能提供的财政收入也即将触底。

---

① 国土资源部. 中国国土资源公报（2014 年）[EB/OL].（2015-4-22）. http://data.mlr.gov.cn/gtzygb/2014/201506/t20150616_1354558.htm.

② 国土资源部. 中国国土资源公报（2016 年）[EB/OL].（2017-05-04）. http://data.stats.gov.cn/files/lastestpub/gjnj/2016/indexch.htm.

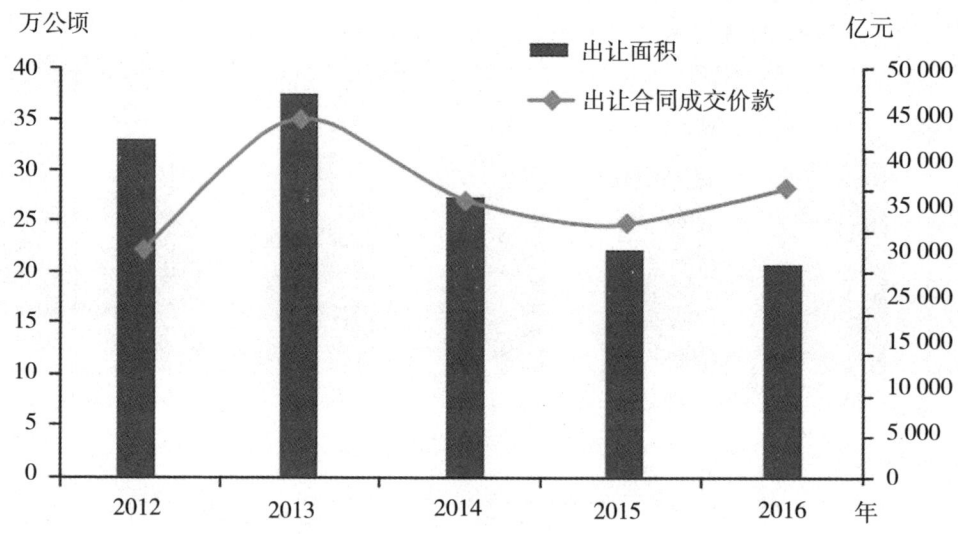

资料来源：根据2016年中国国土资源公报数据整理。

图1-4 2012—2016年国有建设用地出让面积和出让合同成交价款的情况

根据国务院办公厅2006年《关于规范国有土地使用权出让收支管理的通知》（国办发〔2006〕100号）的规定，土地出让收入的适用范围被限定为征地和拆迁补偿支出、土地开发支出、支农支出、城市建设支出和其他支出，主要用途应当是与土地相关支出和社会保障性住房的建设，但在我国地方财政吃紧的情况下，地方政府依靠"土地财政"获取的收入实际上主要用于补贴地方财政的一般性支出，只有极少的部分被投入到国土资源保护和社会保障性住房建设。在2014年针对全国的土地出让金大范围的审计检查中发现，不少地方政府并未充分贯彻实施对土地出让金的"收支两条线"管理，侵占挪用、"体外循环"和权力寻租的事件频发，使巨额的土地出让收入游离在监管之外。

一般来说，抛开政策和市场供需关系，商品房的静态成本主要由地价、建安成本、税费、开发商融资成本、销售成本和预期利润等部分构成。综合众多房地产企业年报和历年来国土资源部的主要城市地价监测报告数据，地价和税费几乎占房价成本的一半。2008年地价占房价的比例基本保持在20%—40%之间，29个重点城市的地价房价比均值为31.8%。2010年远洋地产以2.4万元/平方米的土地成本拿到大望京一号地，销售均价为6.5万元/平方米，土地成本占售价的36%左右。到2011年第四季度，扬州万科城的土地成本为4 865元/平方米，销售均价是9 000元/平方米，土地成本已经占售价的54%。

根据全国工商联房地产商会在 2012 年发布的《关于我国房地产企业开发费用的调研报告》，房地产开发商的直接成本主要为土地成本，大约有 49.42% 的开发项目支出流入了政府，政府成为房地产业的最大受益方。因此，政府具有推高地价的内在冲动。推高地价必然造成房价成本的增加，而房价上涨又与政府的调控职能背道而驰。回顾近年来我国地方政府对房地产市场的调控措施，房价总能在一片唱衰声中"突出重围"，这种以己之矛攻己之盾的尴尬局面循环往复，不仅加剧了社会财富分配的不公平，还直接导致了政府公信力的下降。

正因为如此，近年来，中央在限制地价不断上升方面采取了系列措施，取得明显成效。

二、地方债务：财政危机的风险剧增

发行地方政府债券是国际上大多数地方政府在进行基础设施建设时经常采用的融资方式。这不仅可以解决资金的来源，还是对政府财政平衡的有效修正。不过受 1994 年《预算法》的影响，我国的地方政府并没有自行发债的权力，在地方财政吃紧但是支出责任巨大的情形下，地方政府设立的地方融资平台公司便粉墨登场，成为替地方政府变相举债的重要载体。在新《预算法》实施之前，地方政府的财政赤字并不会在预算中显现，这种变相融资的做法在明面上处于监管体系之外，因而无法对其进行有效监管，存在极大的隐患，非常容易引发系统性风险。

根据全国人大常委会预算工作调研组编纂的《关于规范地方政府债务管理工作情况的调研报告》，"截至 2014 年末，全国地方政府债务（政府负有偿还责任的债务）余额 15.4 万亿元，比 2013 年 6 月底净增 4.5 万亿元，增幅达到 41% 左右，其中，省级、市级和县级（含乡镇）分别为 2.1 万亿元、6.6 万亿元和 6.7 万亿元，占比分别为 14%、42% 和 44%。地方政府或有债务 8.6 万亿元（包括政府负有担保责任的债务 3.1 万亿元，政府可能承担一定救助责任的债务 5.5 万亿元）。2014 年末地方政府债务余额是 2014 年地方一般公共预算收入的 1.2 倍，约为 2014 年地方一般公共预算支出、政府性基金预算支出和国有资本经营预算支出决算汇总数的 86.3%"[①]。一方面，由于投融资平台公司带有明显的"官办"色彩，作为主要债权人的银行很难及时掌握其负债规模，无法准确评估其偿还能力，甚至有可能迫于政治压力发放贷款，客观上增加了银行

---

① 全国人大常委会预算工作调研组. 关于规范地方政府债务管理工作情况的调研报告 [J]. 中国人大，2016（05）：19-23.

的坏债风险。另一方面，与其他市场主体相比，地方融资平台公司往往更容易获得政策扶持与银行贷款，不利于完善市场竞争，还极大地挤压了其他主体的融资空间，从而影响国民经济的健康发展。

发行地方债务的主要目的是筹集基础设施建设资金。城镇化建设，配合近年来提出的要实现基本公共服务均等化，都进一步提高了对基础设施建设的需求。近年来，我国的基础设施用地规模已经连年扩大，所以地方政府的新增债务也将持续增加。目前，我国的地方政府债务存量规模巨大，增长速度较快。尽管财政部已经下达了一系列文件清理地方融资平台公司和推进存量债务置换，但就目前情况来看，对地方债务的处置仍然停留在依赖政策的被动安置阶段，大多数地方政府都有可能发生财政危机。

三、腐败问题：危及国家治理的根本

《国际统计年鉴（2016年）》的数据显示，"中国2013年中央政府的社会保障支出为43.00%，教育支出为2.0%，卫生保健支出为0.11%，住房和社区设施建设支出为0.33%"[①]。到《国际统计年鉴（2020年）》的数据显示，中国2017年中央政府的社会保障指出为43.00%，公共服务支出为8.10%，教育支出为2.0%，经济事务支出为12.20%，环境保护支出为0.30%[②]。通过对比以上两个年度的《国际统计年鉴》统计数据，不难发现，社会保障支出一直是我国中央政府的首要支出，但我国的教育和公共服务支出水平低下，不仅远低于世界平均水平，还低于低收入国家。与之相对的，是地方各级政府在上述支出项目上的勉力支撑，而我国幅员辽阔，东西部发展不均衡，地方政府的财政能力更是天差地别，不同地区所能提供的公共产品和公共服务虽然类型相似，但品质却截然不同。与之相伴的另一个问题是，我国地方政府，尤其是对缺少税收收入的基层县（乡）级政府而言，本级行政的维持几乎完全依赖于上级政府的财政转移支付资金，而目前我国的财政转移支付，缺乏科学的机构配比和合理的计算依据，对促进政府间的横向财政平衡"心有余而力不足"，政府间的横向竞争现象还时有发生。当官员需要依靠跑部门、求人情来获取财政资金时，就极易滋生出腐败行为。同时，人大和审计部门对于财政资金的去向只能通过事后的报告或审计来进行监督，很难在第一时间发现问题，特别是由中央或省

---

① 国家统计局编. 国际统计年鉴（2016年）[OL]. http：//data. stats. gov. cn/files/lastestpub/gjnj/2016/indexch. htm.

② 国家统计局编. 国际统计年鉴（2020年）[OL]. http：//data. stats. gov. cn/files/lastestpub/gjnj/2020/indexch. htm.

下拨到基层地方政府的财政补贴或转移支付，在相关法律保障较薄弱的情况下，很容易被腐败分子蚕食瓜分。

根据审计署披露的信息，2013—2015年，江苏省泗洪县车门乡等乡镇涉嫌通过伪造资料、虚构标的物等方式，套取农业保险保费财政补贴1700多万元；2012—2013年，四川省兴文县林业局涉嫌使用虚假发票套取林业专项资金70多万元。除了违规套取财政资金、专项资金之外，行政事业单位对财政资金的突击消费、浪费情况也很严重。同时，工作人员的法律意识不强，疏于职守，也容易导致政府财政资金的流失和浪费，例如2012—2015年云南省共有11个县的扶贫办公室因审核把关不严导致680多万元扶贫资金被骗取。

政府财政的收支行为是动态、长期和完整的过程，地方政府在获取资金和使用资金的过程中，不可能一直处于被监督之下。虽然顺应电子化、互联网化的办公要求，各个地方政府基本上都建立了官方网站，开设了官方微博和微信账号，根据《政府信息公开条例》的有关规定，政府的财政预决算报告、政府集中采购项目的目录、标准及实施情况以及扶贫、教育、医疗、社会保障、促进就业等方面的政策、措施及其实施情况，这些与政府财政收支行为息息相关的信息，均在应主动公开的范围之内，并且还是需要重点公开的信息，而这些信息的公开日期应当在形成或变更之日起20个工作日以内[①]，但是在实践中，相关信息的公开却经常出现延误，有时根本遍寻不得，不利于社会公众的查阅和对政府行为的监督。

如果公开化、透明化监督机制缺乏，必然会引起政府和官员财政行为的非阳光化、非法治化。陷入财政失衡的地方政府，一般都急于摆脱财政赤字的影响。一方面推挤着"胆大的"官员铤而走险，谋求资金，如对BT模式、PPT模式的违规操作；另一方面则是让这些地方政府加大力度，以税收优惠、土地优惠招商引资，权力寻租。如果细心查探原因，不难发现，大多数腐败问题的根源在于地方财政的失衡。十八大以前对地方政府官员的考核主要集中在政绩、财政收入、GDP和招商引资上，是部分官员的短视造成了地方财政的失衡，而地方财政的失衡、相关法律的缺失，又导致部分官员采取违法违规的方式，影响财政收支。从这层意义上来说，地方财政失衡与腐败问题互为因果。而腐败带来的严重后果是既糟蹋了大量的公共财产，又极大地败坏了政府的信誉，危害国家的长治久安。因此，对地方政府财政相关法律体系的完善，刻不容缓。

---

① 详见《中华人民共和国政府信息公开条例》第10条。

第二章 我国地方财政失衡的原因探析

当地方政府获取的财政收入无法满足财政支出的需求时,就会出现财政赤字,若处理不当,必会导致地方财政失衡,而地方财政失衡可能会引发一系列的严重后果。我国地方财政的失衡主要是由分税制改革的不完善和相关财政法律制度的缺失所造成的。本章主要回顾我国财政体制的历史沿革,简要评述相关财政管理政策和现行的地方财政法律制度,强调建立健全相关地方财政法律制度对预防地方政府财政失衡的重要意义。

第一节 财政体制:分税制改革的不完善

财政体制是一个国家政治制度、经济制度的重要体现,是财政权力在各级政府间的具体安排与管理,具有鲜明的政治性。财政体制直接对地方政府的财政能力产生作用,影响其能力的强弱。在中华人民共和国成立之后,我国的财政体制经历了不少的尝试与改革,最终确立了分税制。但随着国际经济形势的发展与政府职能的转变,实施多年的分税制暴露出了不少缺陷,不再适应当前地方财政的发展需要,演变为引发地方财政失衡的主要原因。

一、我国财政体制的历史沿革

纵观我国的财政体制演变(见表2-1),中央与地方之间的财政关系深受特定历史时期政治抉择的影响,其与经济状况和经济体制的关系极为密切。以实行改革开放和分税制改革为分水岭,我国政府间的财政关系为配合当下的经济发展,总体上可以分为三个阶段,即统收统支阶段、分灶包干阶段和分税制阶段。各阶段的财政体制均带有鲜明的时代印记,由高度集权走向适度分权,总的来说是符合社会发展规律的。

表2-1　我国财政体制的沿革及政策依据①

阶段	实行时间	财政体制	政策关键词
统收统支阶段	1950	高度集中、统收统支	经济工作、收支财政②
	1951—1957	划分收支、分级管理	财政收支系统划分③
	1958	以收定支、五年不变	财政体制（草案）④
	1959—1970	收支下放、计划包干、地区调剂、总额分成、一年一定	财政体制、银行信贷⑤
	1971—1973	定支定收、收支包干、保证上缴、结余留用、一年一定	财政收支包干⑥
	1974—1975	固定比例留成、另定分成比例、支出按指标包干	改进管理体制⑦
	1976—1979	定收定支、收支挂钩、总额分成、一年一变	—
分灶包干阶段	1980—1985	划分收支、分级包干（对福建、广东两省实施定额上交、定额补助、定额一定、五年不变）	《关于实行"划分收支、分级包干"财政管理体制暂行规定》《关于改进"划分收支、分级包干"财政管理体制的通知》
	1985—1988	划分税种、核定收支、分级包干	同左⑧
	1988—1993	财政包干	《关于地方实行财政包干办法的决定》

---

① 李娟. 我国公共财政支出可持续性研究［D］. 北京：首都经济贸易大学，2014.
② 详见《关于统一国家财政经济工作的决定》和《关于统一管理1950年度财政收支的决定》。
③ 详见《关于1951年年度财政收支系统划分的决定》。
④ 详见《关于改进财政管理体制的规定（草案）》。
⑤ 详见《关于进一步改进财政管理体制和改进银行信贷管理体制的几项规定》。
⑥ 详见《关于实行财政收支包干的通知》。
⑦ 详见《关于改进财政管理体制的意见（征求意见稿）》。
⑧ 详见《关于实行"划分税种、核定收支、分级包干"财政管理体制的规定》。

续　表

阶　段	实行时间	财政体制	政策关键词
分税制阶段	1994至今	分税制	《预算法》《关于实行分税制财政管理体制的决定》
	2002		《所得税收入分享改革方案》《财政部关于完善省以下财政管理体制有关问题的意见》
	2014		新《预算法》
	2016		国务院《关于推进中央与地方财政事权和支出责任划分改革的指导意见》
	2017		国务院《关于印发"十三五"推进基本公共服务均等化规划的通知》
	2018		国务院办公厅《关于基本公共服务基本公共服务领域 中央与地方共同财政事权和支出责任划分改革方案的通知》

（一）计划经济体制时期："统收统支"与"统一领导、分级管理"

在中华人民共和国成立初期，我国实行的是"统收统支"的中央集权型财政体制。当时，财政体制作为计划经济体制的附庸，全国的财政开支统一由中央政府进行管理和安排，除批准征收的地方税收和地方附加粮外，所有公粮、关税、盐税、货物税、工商业税的一切收入，国营企业收入和公债收入等均由中央人民政府财政部统一调度使用①。各级地方政府仅作为中央政府的派出机构，在组织财政收入时必须严格按照中央的要求与规定，地方的征收行为与支出是相互独立的，互不影响。1950年，政务院通过了《关于统一国家公粮收

---

① 这是根据当时政务院颁布的《关于统一国家财政经济工作的决定》和《关于统一管理1950年度财政收支的决定》文件精神确立起来的财政安排。

支、保管、调度的决定》。该决定规定，中央政府享有对国家公粮、税则和税率的决定权，地方政府只能遵从，不得自定或修改。另外，公粮的具体征收工作由政务院根据各地的实际情况分别安排。当时所有的财政管理权限都集中在中央政府手中，在高度集权的财政管理体制下，地方只能被动地接受中央的安排，完成中央交代的事项。

"统收统支"作为中华人民共和国成立之初的过渡财政体制，有其存在的历史价值。在经历了连年战乱之后，国家可支配的财政收入有限，新政权需要巩固、人民生活需要恢复，由中央政府集中财政并对全国的财政收支进行统一管理，是符合当时的历史条件的。待国家政治稳定和经济复苏之后，以1951年政务院发布的《关于进一步整理城市地方财政的决定》为标志，"统收统支"的财政体制就逐渐被"统一领导、分级管理"的财政体制取代了，并且一直沿用到改革开放前夕。虽然在此期间国家也对其进行了多次调整，但分权的程度是十分轻微的。1953年，在坚持中央统一计划和领导的前提下，根据行政区划，对中央与地方的财政收支进行了初步的划分，实行中央、省和县的三级财政管理。到1954年，将全国的财政收入划分成三类：中央和地方各自的固定收入、中央和地方按固定比例分成的收入和中央与地方的调剂收入。对地方实行收支挂靠，相对地扩大了地方政府的财权。1951—1957年，我国中央与地方的财政分权开始萌芽，并且奠定了分类分成的基础。

中华人民共和国成立以来，我国第一次大规模的财政分权发生在1958年。根据《关于改进财政体制管理的决定》，"一是地方政府可以和中央分享辖区内中央企业的利润，扩大了地方的财源"[①]；二是减轻了地方财政的压力，将地方政府从提供基本设施建设的出资责任中解放出来。另外，通过实行"以收定支，五年不变"的财政管理制度，促使地方财政的从长计议，增收节支。但是在当时的经济情况下，地方政府的大规模分权过于超前，地区间的财政悬殊，原本计划实施五年的"以收定支"执行还不满一年，同年9月便被"腰斩"。自1959年起我国开始实行"收支下放，计划包干，地区调剂，总额分成，一年一变"的财政管理体制，简称为"总额分成，一年一变"[②]，直到1970年。在此期间，我国经历了"大跃进"和"文化大革命"，政治形势和经济发展状态都很不稳定，财政体制也遭受严峻考验。20世纪70年代末期，我国开始探索"收支包干"的财政体制，再次尝试对中央和地方财政的分权，将企业管理权

---

① 崔运政. 财政分权与完善地方财政体制研究 [D]. 北京：财政部财政科学研究所，2011：66.

② 详见《关于进一步改进财政管理体制和改革银行信贷管理体制的几项规定》。

限下放到县级，财政上实行层层包干，结果导致地方政府财政能力过于分散，平级政府间财政悬殊。为解决该问题，国家从1974年开始又实行了至少两次的财政体制改革。

总的看来，从中华人民共和国成立伊始到改革开放前夕，在实行高度集权的计划经济体制的前提下，这三十年间我国的财政体制经历了多次的循环调整。期间虽然有过短暂的权力下放，但是受"部分服从全体、地方服从中央"的原则暗示，中央与地方没有对财政收支进行严格的区分，分类分成、总额分成和支出包干都还蕴藏着统收统支、大锅吃饭的特点，财政分级管理的尝试实际上雷声大雨点小，地方政府实际上并未享受到切实的财政自主权力。

（二）分级财政体制的雏形：财政包干体制

1978年开始实施的改革开放政策，带动了我国从经济政策到财政体制的翻天覆地的变化，随着计划经济体制的瓦解，具有中国特色的社会主义市场经济开始发展，在"放权让利"思想的引导下，"分灶吃饭"逐步取代了以往由中央负责的"统收统支"，地方政府的财政权力也开始不断扩大，这种财政包干体制以"划分收支、分级包干"为主，形式多样，符合当时的社会主义市场经济发展客观规律，也标志着我国的财政管理体制进入新纪元。

与以往的"统收统支"财政体制高度集权管得过死，地方缺乏积极性的情况不同，"划分收支，分级包干"通过划分中央与地方财政收支的范围，在确保中央必不可少的开支的前提下，明确了各级财政的权责关系。首先，财政收入按类别被分为固定收入、固定比例分成收入和调剂收入，地方财政在划分的收支范围内以收定支，自求平衡[①]。根据各地方的具体情况，开始实行四种"分灶吃饭"的办法。随后，"分级包干"进行了相应的微调和改进[②]。之后，随着1983年和1984年"利改税"工作的完成，为适应财政收入的新变化，国务院于1985年2月颁布《关于实行"划分税种、核定收支、分级包干"财政管理体制的规定》，基本上以利改税后的税种设置作为划分收入的依据，并重新核定基数，完成了由税利并重向税收国家的转变。但是，从1985年以后，中央财政开始出现收入的连续下滑，地方财政的收支矛盾也在一部分地区争相涌现。为此，国务院实行六种不同的地方包干办法："收入递增包干、总额分成、总额

[①] 详见1980年2月国务院颁布的《关于实行"划分收支，分级包干"财政管理体制暂行规定》。

[②] 详见1982年国务院颁布的《关于改进"划分收支、分级包干"财政管理体制的通知》。

分成加增长分成、上解额递增包干、定额上解、定额补助等"①。

分级包干财政体制是在我国经济体制转轨时期所采取的一种带有过渡性色彩的现实选择，它打破了中央高度集权的财政"统收统支"，通过给予地方政府一定的财政权力，不但提升了地方的财政能力，还促进了国民经济的发展，为改革打开了突破口。除总额分成以外，这些规定适时地调整了中央与地方之间的财政分配关系，地方可以从增收或超收中多留下收入，从而充分调动了地方政府的积极性，增加了地方政府的财政资金。但是，随着经济的发展，包干财政体制的弊端也渐渐显现出来。其中，最主要的问题是，地方的财政收入规模连年扩大，中央的财政能力却不断下降，导致宏观调控能力减弱，加大了风险，无法保障国民经济的稳定增长；另外，对分级包干的时间限定虽然有助于地方政府长期财政计划的制订与实施，但本质上仍然存在财政体制发生变动的不确定性；再者，财政包干将以往的"条条"改为"块块"，然而不同地区间的包干办法不一，它不仅违背了公平原则，造成地区之间的竞争不平等、发展不均衡，还容易导致地方保护，无法体现效率，不利于统一市场的构建和产业结构的优化。

综上，财政包干体制是我国分级财政体制的雏形，其为改革开放和社会主义市场经济的发展扫清了制度障碍，在特定时期内发挥了历史效用。但随着时间的推移，财政包干体制已经无法体现出法治化、公平化、公开化和制度化的现代市场经济要求，而且地方的财政权力过度膨胀也不利于国家宏观上的健康发展。因此，从1992年下半年起，我国便在9个地区进行了分税制改革的试点，并借此明确了市场化取向的改革。

（三）分级财政体制的改革与完善：分税制

国务院在1993年颁布的《关于实行分税制财政体制管理体制的决定》，拉开了我国分税制改革的序幕。根据文件精神，"分税制财政体制的主要内容包括分税、分权、分管三个方面。分权就是确定中央和地方政府的事权范围，以此来划分各级政府的支出范围。分税就是按照财权和事权相统一的原则，把税种划分为中央税、地方税和中央地方共享税，将维护国家权益、实施宏观调控所必需的税种划为中央税，将同经济发展直接相关的主要税种划为中央与地方共享税，将适合地方政府征管的税种划为地方税。分管就是分设中央和地方两套

---

① 崔运政. 财政分权与完善地方财政体制研究 [D]. 北京：财政部财政科学研究所，2011：76.

税务机构,分别负责中央税和地方税的征收管理工作。同时,按分税后地方净上划中央的收入数额,作为中央对地方的税收返还基数全额返还地方,以保证地方既得利益"①。我国的分税制采取了中央与地方划分税种的方式,结合我国财政体制改革过程中的经验教训,通过"三分一转一返还"的形式初步确立了具有中国特色的分级财政体制框架。

根据我国的政府收支分类科目,在分税制财政管理体制下,中央财政主要承担国防、外交、调整国民经济结构与宏观调控所必需的支出、中央直接管理的事业支出和中央国家机关运转的必要支出,地方财政主要承担本地区行政机关运转所需的支出以及与本地区经济、事业发展有关的支出(见表2-2)。

表2-2 分税制时期中央与地方政府的财政支出②

中央财政支出	地方财政支出
国防费	地方行政管理费
武警经费	公检法支出
外交和援外支出	部分武警经费
中央级行政管理费	民兵事业费
中央通管的基本建设投资	地方统筹的基本建设投资
中央直属企业的技术改造和新产品试制费	地方企业的技术改造和新产品试制费
地质勘探费	支农支出
由中央财政安排的支农支出	城市维护和建设经费
由中央负担的国内外债务的还本付息支出	地方文化、教育、卫生等各项事业费
中央本级负担的公检法支出和文化、教育、卫生、科学等各项事业费支出	价格补贴支出

为了保障分税制改革的顺利进行,我国的第一部《预算法》(即1994年《预算法》)得以出台,这是我国财政预算管理的第一部法律,标志着我国的政府预算初步实现法治化。该法第8条明确规定"我国实行中央和地方的分税

---

① 崔运政.财政分权与完善地方财政体制研究[D].北京:财政部财政科学研究所,2011:78.

② 根据国务院1993年12月25日颁布的《关于实行分税制财政管理体制的决定》内容整理而成。

制"。随后，国家通过出台各种政策对分税制进行完善。例如：2002年，以《所得税收入分享改革方案》实施了所得税收入分享改革，根据《关于完善省以下财政管理体制有关问题的意见》调整和完善了省以下财政管理体制和政府间财政转移支付制度；2004年，开展了出口退税分担机制改革。至此，我国中央与地方之间的财政分权关系稳定下来，分税制确立了政府间财政收入与支出的划分框架，调节了各地区之间的利益分配，在确保地方财政权力的前提下，提高了中央政府的财政收入，保障了中央的宏观调控能力，又通过中央对地方的税收返还和转移支付，平衡不同地区间的财政能力。更为重要的是，分税制确立了国家财政的分级预算制度，加强了对财政收支行为的管理，提升了地方政府的财政平衡法律意识。

二、分税制改革存在的问题剖析

政府间的财政关系、财政权力的分配直接影响地方政府的财政能力。我国在1994年实施的分税制改革，是对西方财政分权理论进行的本土化尝试，是具有中国特色社会主义的财政分级制度，目的是为了实现政府层级财政的相对独立，自求平衡。然而，西方的财政分权理论是建立在地方自治的基础之上的，国际上大多数国家都实行彻底的分级财政制度，地方政府和地方议会是通过当地居民直接投票选举产生的，享有高度的自治权，与中央政府在法律地位上平等。从这个角度看，我国分税制必然与国际上主要国家的财政分权存在根本差异，我国的政治情况和历史政策具有特殊性与复杂性，不可能照搬国外的做法，中央与地方政府间存在事权高度重叠的问题。

第一，地方政府缺乏足够的财政管理权力。从政治体制和政府层级权属看，我国地方政府隶属于中央政府，中央与地方政府之间的财政分权并不彻底，即便是在实行区域自治的民族自治地区，其所能享有的自治权力也是有限的，这就导致地方政府的财政自主权力受到极大限制。在分税制改革实施后，地方政府不仅缺乏相应的税收立法权，还需要承担大量的由中央下放的财政支出责任，财政收支的严重失衡导致地方政府财政面临前所未有的严峻考验。

第二，相应配套制度的缺失，不利于政府间横向的良性财政竞争。在我国，中央与地方之间是行政上的隶属关系，国家权力的行使依靠的是"中央决策、地方执行"，而且政府层级较多，受单一制整体的影响，加上不同地方政府的权力基本都是来自中央政府的无差别授权，虽然我国地方政府的数量规模巨大，但同级政府间所提供的公共产品、公共服务和基础设施建设都趋于相同化，没有明显的差别。如果某一地方政府能够争取到上级政府更多的财政资金支持或财政补贴，其财政能力就会变强，就能提供更优的公共服务、公共产品和基础设施建设,在招商引资时就能得到企业更多的青睐。在完善、科学的财政转移支付制度缺乏的情况下,我国政府间的横向竞争客观上加剧了财政资源配置的不平衡。

第三,财政监督机制不够完善,缺乏对政府财政支出行为的有效监督。行政体制上的集权体制导致我国实行的分税制实质上也是自上而下的分权,地方政府是由上级政府授权产生的,对地方官员的考核也主要以辖区的 GDP 和经济增长为主,这就导致地方政府在安排财政支出时,会优先考虑促进经济增长的项目。另外,受我国严格的城乡二元户籍制度的限制,公民的迁徙自由权缺乏应有的保障,加之我国幅员辽阔,准确获取各地财政政策和信息的难度较大,不可能实现无成本或低成本的"用脚投票",更加深了地方政府对本地居民偏好需求的忽视。

第二节 法律制度:地方财政法律体系的不足之处

"法律规范之可被适用,不仅在于它由机关所执行或由国民所服从,而且还在于它构成一个特定的价值判断的基础。这种判断使机关或国民的行为成为合法(根据法律的、正当的)或非法(不根据法律的、错误的)行为。"① 我国地方政府财政之所以长期处于失衡状态,是因为相关地方财政法律体系存在不足,无法为政府、企业和社会民众提供具有指向性和规范性的帮助,必然导致地方政府财政的失衡。

一、地方财政法律体系的界定

根据财政部条法司课题组对财政法律体系的研究,一个完整的财政法律体系应当包括财政基本法、财政收入法、财政支出法、财政管理法和财政监督法②。财政基本法调整的对象是财政的基本问题,例如财政法的原则、财政权力的分配和政府间的财政关系等等。就公共财政法律体系而言,社会保障法和财政平衡法是公共财政的重要体现,其中财政平衡法一般包括政府间财政收支划分法和财政转移支付法。

除非有专门的地方财政法律体系,否则就一国整体的财政法律制度来说,

---

① [德] 凯尔森. 法与国家的一般理论 [M]. 沈宗灵, 译. 北京: 中国大百科全书出版社, 1996: 51. 转引自朱大旗, 胡明. 财政入宪的规范分析 [J]. 经济法论丛, 2013, 25 (02): 171.

② 财政部条法司课题组. 财政法律体系研究 [J]. 财政研究, 2003 (08): 21-26.

涉及地方政府财政的内容都是比较分散的。地方政府的财政收入与支出（包括债务利息支出）是财政学中计算财政赤字的必需参考变量，而且根据财政法定主义，财政活动的全过程都要接受法律的监督。因此，对地方政府财政收入行为和支出行为的调整和规范，应当作为构建地方财政法律体系的起点。另外，除本级的财政收支外，政府间的财政转移支付也会对地方政府的财政平衡产生重要影响，故政府间的财政权力划分和财政转移支付同样是地方财政法律的调整对象。

以日本为例，日本地方公共团体的财政法律体系是比较完备的。以《地方自治法》作为地方公共团体财政的基本法，在第九章"财务"中规定了地方的预算、收入、支出、决算和财产等基本事项。至于地方公共团体的财政，以及中央和地方之间财政关系的调整，则是依靠《地方财政法》对公共团体年度间的财源调整、公积金处理、地方债、公营企业的经营、剩余金等的规定来实现。在财政收入方面主要有《地方税法》《彩票法》和《地方交付税法》，后者实际上是日本的财政转移支付法。

二、我国地方财政法律体系存在的问题

我国并没有与地方财政直接相关的专门立法，《预算法》因为有少部分涉及地方财政的规定而被视为调节地方财政法律关系的"万金油"。实际上，《预算法》也仅是确定地方财政收支的范围，并对财政转移支付做出了原则性规定，且偏重于对政府财政预算在技术方面的探讨。目前，地方财政法律体系中，只有所得税（中央与地方共享税）和环境保护税（地方税）的专门立法（《环境保护税法》2018年1月1日起施行）和中央与地方通用的《政府采购法》与《招标投标法》，其余就只有与地方财政收入、支出和平衡有关的条例、规章，例如地方零星税种的征收只能依靠《税收征收管理法》和地方性的条例、办法，政府间的财政事权划分和财政转移支付制度，也都是依赖于国务院和财政部的各种行政规范性文件。

随着公共财政理论的发展和全球政治经济一体化，世界上大部分国家都实行强调公平性、公共性和公益性的公共财政体制，我国早在2003年就提出了建立与国际接轨的社会主义公共财政体制的要求[①]，并且要"以公共产品理论为核心，以满足社会公共需要、提供公共产品为出发点和落脚点，以社会服务的

---

① 详见党的十六届三中全会通过的《中共中央关于完善社会主义市场经济体制若干问题的决定》。

全民均等化为目标",对分税制进行合理地调整。公共财政的一个主要特点就是"法治性",即财政收支活动要受法律法规约束,依法治税、依法理财[1]。但是直到现在,我国的公共财政法律体系建设还不够完善。例如,财政基本法的空缺,财政收入、财政支出和财政转移支付方面的立法也有待完善,导致与公共财政相关的主要领域都存在缺乏法律保障的现象;目前已有的法律、法规法律效力层次低,有的内容存在冲突,需要修订。

(一)财政基本法律中缺乏对地方财政原则性的规定

财政基本法律是对一个国家财政的基本问题做出规定的法律,是财政法律体系中的顶层设计,地位崇高。遗憾的是,我国缺乏专门的财政基本法,《宪法》中对财政问题的规定寥寥无几,作为经济宪法的《预算法》在实行20年之后终于得到第一次修订,虽然在各方面都取得了重大进展,但还是留下了不少有待完善和解决的问题。

第一,《宪法》。"现代财政制度无论是在政治领域还是经济领域进行调整,其往往涉及国家政治权利的分配和公私财产权的节分,而这都属于一国最根本的、宪法性的规范"[2],虽然《宪法》对公共财产、人大的监督权做出了原则性规定,但是我国《宪法》对财政税收的有关规定仅有4条,除了强调纳税人义务之外,缺乏对财政基本问题和原则的规定,以"违宪"为由对政府的财政收支行为做出判定,现阶段似乎依然难以实现。从地方财政平衡的角度来说,《宪法》中应当对国家财政管理体制、中央与地方之间财政权力的分配和财政关系调整进行明确的原则性规定,如此才可为下位法的进一步延展提供基础。

第二,《预算法》。1994年的《预算法》确立了分税制,立法目的是为健全国家对预算的管理,但是其并未将政府的全部收入和支出纳入预算范围,这就导致了地方政府对大量预算外资金的追求,"土地财政"和行政事务高收费、乱收费现象得以发生。另外,1994年《预算法》的第28条规定:"地方各级预算按照量入为出、收支平衡的原则编制,不列赤字,除法律和国务院另有规定外,地方政府不得发行地方政府债券。"这是对地方政府发债的直接限制,在巨大的财政支出责任面前,为了维持政府的正常运转,完成上级政府指派的各项财政事权,地方政府只有通过成立地方融资平台公司来变相举债,而财政预算不列赤字掩盖了地方政府的实际债务,导致严重的地方隐性债务得不到足够的

---

[1] 刘剑文. 公共财政与财税法律制度的构建 [J]. 政法论丛, 2012 (01):24.
[2] 刘剑文,侯卓. 现代财政制度的法学审思 [J]. 政法论丛, 2014 (02):17.

重视，系统性风险不断累积。

为了解决上述问题，全面贯彻党的十八大和十八届三中全会精神，同时也是配合深化财政体制改革的需要，我国的新《预算法》历经四次审议，终于在2014年8月31日获得了全国人大常委会的表决通过，1994年《预算法》终于在出台20年后，完成了首次修改。新《预算法》政府的全部财政收入纳入预算，体现了全口径管理，为我国建立健全公共财政体制提供了法律基础，也从不同侧面回应了上述问题。但是，新《预算法》对上述问题只能做出基本的原则性规定，仅靠一部新《预算法》难以解决所有问题。地方政府财政有许多未尽事宜，新《预算法》不可能面面俱到。

（二）地方财政收入相关法律不完善

一般来说，地方政府的财政收入来自税收、费用、债务和财政的转移支付，但是目前我国仅有几部专门的税法出台，并没有完整的地方财政收入法律体系，对地方财政收入的规范，大部分只能依靠《预算法》和财政部的通知、文件和其他行政命令，缺乏专项的法律对各类收入进行规制。下面主要列举新《预算法》对地方财政收入各方面的规范。第一，首次将长期游离在外的预算外收入纳入政府预算，并将原先的预算范围扩大到"四本预算"，实现对政府全部收入和支出的全口径预算管理，从原则上强调了对非税收入的监管。第二，有条件地放松了对地方政府发债的限制，"经国务院批准的省、自治区、直辖市的预算中必需的建设投资的部分资金，可以在国务院确定的限额内，通过发行地方政府债券举借债务的方式筹措"[①]。同时通过第14条、第34条和第48条对举债主体、举债方式、举债规模、债务收入用途、债务风险和债务管控等方面做出了原则性规定，进一步规范了地方政府举债的行为，为已存在的债务风险化解提供了机会。第三，新《预算法》第一次对"财政转移支付制度"做出了较为系统的规范，为进一步完善分税制和中央与地方之间的财政收支划分提供了法律基础。第四，新《预算法》针对预算的编制、管理、调整、执行和监督等各环节，提高了人大的预算监督审察权力，并通过强化法律责任，对容易出现问题的事项，做出了必要的增加与补充。

（三）地方财政支出相关法律滞后

我国地方财政的支出领域之所以问题频出，就是因为缺乏系统的财政支出

---

① 详见新《预算法》第35条。

法律体系加以规范，只有《预算法》和《政府采购法》，其他对财政支出行为的规范大部分是规范性文件，缺乏系统性和连贯性。

新《预算法》是我国切实贯彻财政支出法定原则的里程碑，取得了许多重要的法律突破。它通过对公共财政预算的支出责任和支出范围的规定，将政府的全部收支都纳入预算管理，极大地硬化了对支出行为的约束，也加强了人大的审查权和监督权。然而，新《预算法》对预算执行和预算调整的规定还不够细致，并未赋予人大预算调整权，且预算的编制仍然采用公历纪年编纂，未采取跨年度预算编制程序，"与人大会的时间不协调，导致预算年度与预算案相冲突"①，对财政支出缺乏有效的监管。此外，新《预算法》虽然规定了两种问责类型的机制，但更偏重内部的行政问责，震慑力不足，可能阻碍法律的顺利实施。

尽管《政府采购法》与《政府采购法实施条例》建立了我国的政府采购制度，但我国的政府采购制度发展起步晚，各方面还不够成熟与规范。《招投标法》与《政府采购法》在一定程度上存在冲突，实践中政府采购行为也受到限制。根据《政府采购法》，政府的采购行为是"使用财政性资金采购依法制定的集中采购目录以内的或者采购限额标准以上的货物、工程和服务的行为，采购方式共有公开招标、邀请招标、竞争性谈判、单一来源采购、询价和国务院政府采购监督管理部门认定的其他采购方式"。《政府采购法》要求政府采购时应当主要选择公开招标，但是公开招标确实具有成本高、耗时长、采购效率低的缺陷。另一方面，我国目前对政府采购行为的监督还很薄弱，《政府采购法》的规定还不够透明清晰，采购人可以自行选择采购代理机构，但这可能导致腐败行为发生。同时，采购代理机构出于业务需要，或许会以采购人的喜好为主，而难以公正、中立地完成采购业务，这在一定程度上也加大了腐败的隐蔽性。另外，我国自2007年开始申请加入WTO的诸边协议《政府采购协定》（GPA，the Government Procurement Agreement），并在2011年提交的第三份出价（政府采购开放范围）清单中首次开放了地方政府采购市场，目前已经到了第六份（2014年）出价清单，将大学、国有企业、医院列入出价，并在2014年修订了《政府采购法》，将政府采购的主体范围扩大到了"各级国家机关、事业单位和团体组织"，以配合GPA谈判，但仍然将国有企业排除在外。

《招标投标法》是对我国政府财政支出行为进行规范的法律，随着市场经济的不断发展和新型城镇化建设的推进，政府的财政支出行为已经不仅限于采

---

① 蒋悟真. 中国预算法的政治性和法律性[J]. 法商研究，2015，32（01）：12.

购服务了，更多的是对基础设施资本性投资，这已然成为现阶段我国地方政府的主要财政支出，地方政府的融资模式也在逐步演进为："融资平台公司、BT/BOT模式、地方自行发债、与社会资本合作的PPT模式"，急需出台相应的法律法规对此进行规范，如《政府投融资法》《地方债法》《PPP条例》等。

据相关统计，2016年全社会固定资产为60.6万亿，其中民间投资约占三分之二，其余都是国有投资，而在国有投资中，政府投资约占15%左右，总量有数万亿[①]。《政府投资条例》自2001年起草开始，终于在2018年12月经国务院第33次常务会议通过，于2019年7月1日施行。然而，我国仍未出台《政府投资法》。长期以来，政府的投资行为得不到法律的规范，存在决策不科学、管理和监督不明确，成为腐败行为发生的温床，仅依靠零碎的通知、意见，根本无法解决问题。PPP项目曾被大力推广，但由于当时缺乏高位阶法律文件的规范与约束，相当一部分地方政府的投资决策过程和投资行为依然没有受到有效的监督，导致许多PPP项目异化为"第二代融资平台公司"，加剧了地方财政的隐性债务负担。

（四）财政平衡法的缺失

政府间的财政平衡主要依靠财政转移支付制度来实现，前提是已经实现科学的政府间财政权力划分。我国的分税制财政体制，并不是真正意义上的财政分权，而是财政权力在各级政府间的分散化，地方政府的财政权力主要来自中央政府的行政授权，政府间的财政事权划分，直接影响到地方政府财政的支出范围和规模，而财政转移支付是避免地方财政陷入失衡的关键手段。

现阶段，我国中央与地方政府间事权的重叠问题，是由于政府依然处在职能转变的改革过程中，对政府职能的界定还不够清晰所导致的。《政府财政收支划分法》至今尚未出台，造成政府间财权、事权的划分无法可依。另外，1994年我国实行分税制改革时虽然提出了要实施政府间的财政转移支付制度，但是囿于政府间事权划分的不清不楚，到目前为止，我国的财政转移支付制度缺乏专门立法，主要依靠财政部的各项通知和意见，这极大地制约了财政转移支付的作用，在发展过程中历经了不少弯路与曲折。在城镇化建设和基本公共服务均等化的政策要求下，直到2014年才通过新《预算法》中的简短条文对财政转移支付予以确认和简单规范，完善财政转移支付的法治化已经是刻不容缓，本

---

① 人民网. 政府投资条例今年有望出台 [EB/OL]. (2017-06-01). http://finance.people.com.cn/n1/2017/0601/c1004-29310777.html.

书将在第六章对此做出详细的阐述。

三、对我国地方财政法律体系的分析与评价

"财税法定"是公共财政的特征,是现代财政制度的基础,是政府履行职能的前提和基础。党的十八大明确了财政是国家治理的基础和重要支柱,明确了要"建立现代财政制度"和"落实税收法定原则",促进了我国财税体制的深化改革和地方政府财政法律体系的完善。但是,"公共财政的建立不仅仅是财政支出结构的改变,而是一项以调整财政支出为主,涉及财政收入、预算管理、转移支付制度、政府职能转变等多个方面的一体多翼的综合化系统工程"[①]。

目前,我国与地方政府财政相关的基本法律,除《预算法》、少数几门税收专门法和国务院的行政法规之外,与实际情况相适应的地方财政法律体系尚未建立,导致地方政府长期依赖财政部的各项通知和各级政府部门的行政命令进行"文件理财",而不是"依法理财",极易出现上级部门朝令夕改、主管部门随意摊派的情形。这也是我国地方财政失衡并畸变出各种法律问题的直接原因。

长期以来,我国财政立法的滞后,客观上为一些地方政府提供了钻空子的可能,致使其沉迷追逐"低成本、高风险"的违法违规融资,过分依赖于"土地财政"和地方隐性债务,造成了地方财政管理上的混乱与投机。我国地方政府财政法律体系的另一个问题是,已有法律规定的滞后与老旧和各种规范性文件之间的冲突。以对存量地方债务的处理为例,在2018年国务院机构改革之前,多个部门都有权对地方债进行监管,如财政部已经三令五申要剥离平台公司的融资功能,但在同时期的银监会文件中却依然允许平台公司作为贷款主体,地方债问题并未得到完满的解决。

需要指出的是,我国当下正处于财税体制改革的攻坚时期,政府间的财政关系还处于调整阶段,涉及微观、细部的具体政策安排可能还会出现不小的变动,但与地方财政相关的基础性原则和措施宜尽快以法律的形式加以确立,这不仅是"财税法定原则"的体现,也是进一步深化财税体制改革的前提。

---

① 李娟. 我国公共财政支出可持续性研究[D]. 北京:首都经济贸易大学,2014.

第三章　我国地方财政支出的法治化回归

随着公共财政理念的推行，从理论上把政府的职能具体化为提供公共产品和公共服务，但地方财政支出的结构和规模仍然深受政府间财政事权划分的影响。本章借助公共产品理论、财政分权理论和公共财政理论，对比一些国家的地方政府的职能，结合我国地方政府职能的历史变迁，探讨公共财政时期我国地方政府财政支出范围与方式的法治化。

第一节　公共财政视野下政府职能的界定

我国在1998年的全国财政工作会议上就提出了要建立与社会主义市场经济向匹配的"公共财政制度"，党的十八大提出了要建立"现代财政制度"。本书认为，两者其实各有侧重，并不矛盾，公共财政强调的是公共性，是对市场经济缺陷的弥补，对政府财政活动性质的要求，对政府职能定位与转变的引导；而现代财政制度则强调国家治理的与时俱进，呼唤财政制度的法治性、均衡性，实质上是对公共财政制度的继承与拔高。若是从探讨地方政府职能和财政支出责任的角度出发，更适合运用公共财政的相关理念。

一、政府职能定位的理论基础

公共财政（public finance），是一门研究政府在经济中所扮演的角色的学科[1]，它作为经济学的一个分支，主要对政府的财政收入和财政支出进行评估与研究，并以此为调整方式来达到治理效果[2]。学术界普遍认为，外溢效应、公共产品、信息优势、经济规模和网络效应可能会导致"市场失灵"，影响资源的合理配置，而公共财政是针对"市场失灵"的补救措施。公共财政植根于市场经济，要求政府克服"市场失灵"的影响，承担提供公共产品（public good）和公共服务（public service）的责任，以达到对资源的有效配置，调节收

---

[1] Gruber, Jonathan. Public Finance and Public Policy [M]. New York: Worth Publications, 2013.

[2] AS Blinder. The Economics of Public Finance [M]. Washington: Brookings Institution, 1974.

入和稳定宏观经济，从而实现社会福利最大化的最终目的。公共财政管理体系的核心组成部分是资源获取、资源分配和资源利用，此外还包括公共支出、公共收入、公共债务、财政管理和联邦财政等。

从赫赫有名的"灯塔"开始，到 K. J. 巴顿对公共产品非竞争性和排他性的概括，再到 1997 年 Hulten 和 Schwab 提出了"对于纯公共产品和准公共产品的非经营性建设，国家应该提供资金补助，以缓解市场失灵"[①]，由政府负责提供公共产品与公共服务的理念早已深入人心，公共产品理论有助于政府职能的廓清，并为政府财政支出范围的确定提供依据。

（一）公共产品理念的溯源

回溯公共产品理论的发展，可以追溯到 1896 年。这一年，瑞典经济学家威克塞尔在其著作《财政理论研究》中将边际成本定价等设计应用于公共事业服务、带有垄断性的寡头产品等，以此开创了"纯公共品理论"。1919 年的"林达尔均衡"则认为公共产品的价格并非取决于某些政治选择机制和强制性税收，个人对公共产品的供给水平以及它们之间的成本分配可以进行讨价还价，并实现讨价还价的均衡[②]。

1954 年，因在《经济学和统计学评论》发表了《公共支出的纯理论》一文，美国的萨缪尔森（Paul A. Samuelson）被认为是首位发展公共产品理论的经济学家。萨缪尔森论述了私人产品与公共产品的区别。他将两者分开并给出了经典的公共产品的定义："任何人对该物品的消费都不会减少其他人对该物品消费。"[③] 他认为，因为"私人物品的价格竞争在市场的自我调节政策下，任何一个人都可能出现因为市场失灵而抢夺自私利益的希望，而政府活动和公共产品所固有的'外部经济效益'或'共同需求'使得优化方程式不可能拥有特定的零点模式，导致自由放任竞争在理论上成为可能"[④]。所以，公共品必须由政府来调节配置。

---

① 徐丽梅. 地方政府基础设施债务融资研究 [M]. 上海：上海社会科学院出版社，2013：5.

② 马庆钰. 关于公共服务的解读 [EB/OL]. (2013 - 01 - 28). http：//theory. people. com. cn/n/2013/0128/c355075 - 20348776 - 4. html.

③ Paul Anthony Samuelson. The Pure Theory of Public Expenditure and Taxation [J]. Review of Economics and Statistics，1954（36）：387.

④ Paul Anthony Samuelson. The Pure Theory of Public Expenditure and Taxation [J]. Review of Economics and Statistics，1954（36）：389.

1956年，提波特（C. M. Tiebout）发表的《一个地方支出的纯理论》也讨论了个人选择公共产品的模式。1965年，布坎南（James McGill Buchanan）提出的"俱乐部"理论解释了非纯公共产品的基本配置，成功拓展了公共产品的外延范围。他认为："一家俱乐部排除非会员不需要成本；俱乐部里的会员不致受到其他会员的歧视；会员分摊相同的成本和收益。"① 这成为确认公共服务概念的关键依据。

（二）公共产品的分类

公共产品是与私人产品完全相反的概念，纯公共产品就是指具有非排他性和非竞争性的产品，换言之，就是该产品人人都可使用，且个体的使用并不影响其他人的使用。但是，由于非竞争性和非排他性的程度有浮动的空间，因此同时具备两种特性的公共产品并不多见，介于私人产品和纯公共产品之间的准公共产品则更为普遍（见表3-1）。

表3-1 公共产品定义模型

	排他性	非排他性
竞争性	私人产品	公共泳池资源
非竞争性	俱乐部产品	纯公共产品

纯公共产品指的是面向全体社会成员提供的公共产品，这种公共产品在消费上不具有竞争性、收益上不具有排他性，如国防、外交和灯塔等。纯公共产品可能出现的问题是"搭便车"现象，即消费者可以不付费享用公共产品。如果太多的消费者决定"搭便车"，那么维持公共产品的花费就会超过其带来的收益，从而导致公共产品或服务的低下甚至是消失。

准公共产品，是仅具有一种特性的产品，由于它的性质介于私人产品和纯公共产品之间，所以又被称为混合产品。以研究生教育为例，任何人都可以申请获取研究生教育，甲的申请并不导致乙不能申请，但是甲乙之间存在竞争关系。因此，研究生教育是典型的准公共产品，因其是非排他性和竞争性的统一。实际上，除基础教育之外，其他类型的教育产品都是准公共产品。常见的准公共产品有"公共泳池资源"，如渔业资源、木材、煤炭等，以及"俱乐部产

---

① James M. Buchanan. An Economic Theory of Clubs [J]. Economic New Series, 1965, 32 (125): 1-14.

品"，如电影院、卫星电视等。俱乐部产品可以排除"搭便车"，但是公共泳池资源可能引发"公地的悲剧"。

（三）公共产品供给主体的抉择

对于纯公共产品来说，政府是其唯一的供给主体，责无旁贷。但是需要指出的是，受信息、居民偏好、政府的"经济人"本质和约束激励的限制，由公共部门，即政府作为纯公共产品的供给主体，不一定能保证实现社会福利的最大化，因此需要法律的授权和严格的规制。对准公共产品来说，因为其是私人产品和纯公共产品的混搭，所以供给主体可以是私人部门，也可以是公共部门，至于如何选择供给主体，主要从成本和收益出发，由能带来更多收益的部门提供。一般来说，排他性程度越高的准公共产品更适合由公共部门提供，因为如果交由私人提供，可能会产生垄断而导致高收费。

（四）公共产品与政府职能的关系

传统意义上对政府职能的分类，是按照其对政治、经济和社会领域的治理进行的。如果按照这个分类，国防、外交、司法与公共安全就属于政府的政治职能，经济政策、计划的制订和对市场的宏观调控就是政府的经济职能，而教育、基础设施、卫生与医疗保健、文化和社会保障等则是政府的社会职能。根据公共产品理论，国防、外交、公共安全、公共政策、社会保障、资源和环境保护属于纯公共产品的范畴，需要政府作为供给主体，承担支出责任；而基础设施、教育、公共卫生与医疗保健、公共文化、公共工程、等属于准公共产品，也偏向于由政府提供，或者是与社会资本合作。

二、联合国的政府职能分类体系参考

政府职能分类体系（Classification of the Functions of Government，以下简称"COFOG"）是联合国对世界各国政府职能的总结和归纳，分别从政治、经济和社会三个方面列举了现代政府应该履行的十大职能，基本上涵盖了国家治理和人民生活的方方面面，为政府职能的定位提供了科学基础。除各类别常规设置的"基础研究"和"未另分类的项目"未列入表格之外，COFOG 的具体内容如表 3-2 所示。

表 3-2 联合国政府职能分类体系①

类　别	主要项目
一般公共服务	行政和立法机关
	金融和财政事务
	对外经济援助与对外事务
	各级政府之间的一般性调动
	一般公共服务方面的研究和发展
	公共债务事项
防务	军事防御
	民防
	外国军事援助
公共秩序与安全	警察服务
	消防法院服务
	监狱
经济事务	一般经济、商业事务和服务
	农业、林业、渔业和狩猎
	燃料和能源
	采矿、制造业和建筑
	交通
	通信
环境保护	废料管理
	废水管理
	减轻污染
	保护生物多样性和自然景观

① 据《联合国政府职能分类体系》整理翻译，内容有删减。http://unstats.un.org/unsd/cr/registry/regcst.asp?Cl=4，访问日期：2014-07-03。

续 表

类 别	主要项目
住房和社区福利设施	住房发展
	社区发展
	供水
	街道照明
卫生保健	医疗用品、器械和设备
	门诊服务
	医院服务
	公共保健服务
娱乐、文化和宗教	娱乐和体育服务
	文化服务
	广播和出版服务
	宗教和其他社区服务
教育	学前和初等教育
	中等教育
	中等教育后的非高等教育
	高等教育
	无法定级的教育
	教育的辅助服务
社会保护	疾病和残疾
	老龄
	遗嘱
	家庭和儿童
	事业
	住房
	未分类的社会排斥问题

从表 3-2 可以看出，联合国的 COFOG 体系，是以公共产品和公共服务为

本质来对政府的职能进行分类，具有公共财政的意味。这一体系对我国政府职能的界定具有极高的借鉴意义。通过廓清政府与市场的边界，明确政府的事权和支出责任，可以使政府间的财政分权更加清晰扼要，也易于理解。

第二节 一些国家地方政府职能的评析

"事权，是指政府管理国家事务的权力，是对行政权的一种表现。"[1] 事权的概念具有极强的包容性和扩展性。一般来说，政府承担的职责和公共管理权力就是事权，从这个思路看，政府的职能就约等于政府的事权。因此，"界定政府事权并明确它们在政府间的划分可以转化为界定政府职责或职能并明确他们在政府间的划分"[2]。中央与地方政府间职能的划分，可以在很大程度上反映出政府间财政事权的划分。了解部分国外政府间财政事权的划分情况，可以为我国政府间的财政事权划分提供有益的参考，有助于深化我国政府间的财政关系改革。

一、部分西方发达国家地方政府职能的评析

随着经济的发展和法律制度的日趋完善，西方发达国家的政府职能已经由"管理和控制"转变为"服务与协调"，大部分国家的地方政府主要管理辖区内的城市建设、交通、教育、文化、卫生、消防、环境保护和社会福利等公共事务，地方政府行使的职能由法律或法令授权并加以规范。

（一）英国地方政府职能的评析

英国是实行君主立宪制的单一制国家，内阁及其下属各部门是英国的中央政府，地方政府种类很多，中央与地方之间的财政并不产生直接关联，英国的地方政府要服从中央政府，但又享受一定的自治权。英国学者里奇和斯图尔特主张，英国的地方政府主要有四种作用，分别是提供地方服务项目、对经济事务进行管理、制订本地区发展计划和对本地区进行宣传和支持。1994年7月21日，戴维科里作为保守党部长代表地方政府在英国国会下议院发言，他把地方政府描述为"管理者、服务专员与改革者"[3]。

---

[1] 徐阳光. 论建立事权与支出责任相适应的法律制度——理论基础与立法路径 [J]. 清华法学, 2014, 8 (05): 99.

[2] 刘承礼. 省以下政府间事权和支出责任划分 [J]. 财政研究, 2016 (12): 23.

[3] 详见《汉萨德英国议会议事录》(1994年版), Cols. 616 – 19.

1. 地方政府的职能

1835年，英国的《城市自治体法案》确定了市议会的职责包括治安和公共卫生，教区主要负责法律秩序、公路维护、提供岗位或社会救济，被国王任命的治安官是郡的管理者，其管理责任包括公路桥梁维护、度量和教区的监督等。随着1889年新选举的郡议会的成立，英国地方政府职能的范围扩大为："技术教育、公路维护、小学教育、汽车和驾照管理、学校伙食、母婴救济、就业咨询、心理健康服务、中学教育、家庭关怀计划、图书馆、失业救济、计划和发展控制、社会治安等"[①]，郡以下的区议会也积极推进基础设施建设和提供公共服务。后来，由于经济危机和二战的影响，地方政府的职能大幅度缩减。

1963年，《伦敦政府法》的颁布标志着大伦敦区议会的成立，该议会不仅具备原先的住房、社会服务、城外道路、图书馆等服务职能，还承担了如消防、救护、主要道路维护、垃圾处理等战略性功能。后来，出于精简城市的目的，1985年的《地方政府法》废除了大伦敦议会和6个都会郡，但在1999年11月通过的《大伦敦市政府法案》又成立了大伦敦市政府，主要负责伦敦全市范围内的交通、治安、消防和应急计划、经济发展、文化、环境和卫生等，大伦敦区政府继续对教育、住房、社会服务、地方道路、图书馆和博物馆、垃圾收集和环境健康负责。

随着历史的变迁和发展，根据政府间的分工，英国绝大部分的地方政府承担的主要支出责任为教育、住房、社会公益服务、公路、客运、发展计划、地方规划或开发管理、火灾和救援、图书馆、博物馆、休闲和娱乐、环境卫生等。戴维进一步把地方服务分为四类："第一，需要性服务，包括教育、个人社会公益服务和住房福利，这是政府对一个地区内资源再分配；第二，保护性服务，如火灾和救援、警察等；第三，生活福利设施服务，包括公路、道路清洁、规划、公园和露天场所、环境卫生、垃圾处置、消费者保护和经济发展；第四，设施服务，如住房、图书馆、博物馆和美术馆、娱乐中心、垃圾收集、墓地和火葬场等。"[②]

2. 政府间的财政事权划分

《地方政府法》对中央和地方的事权有比较明确的划分，具体体现在公共支出的安排上。根据《地方政府法》，中央预算支出主要负担国防、外交、高

---

① [英]戴维·威尔逊，克里斯·盖姆. 英国地方政府[M]. 张勇，等译. 北京：北京大学出版社，2009.

② [英]戴维·威尔逊，克里斯·盖姆. 英国地方政府[M]. 张勇，等译. 北京：北京大学出版社，2009：133.

等教育、社会保障、国民健康和医疗、中央政府债务还本付息以及对地方补助支出，地方政府的支出主要是中小学教育、地方治安、公路保养、其他区域性服务和少量的资本开支①。具体来说，英国的中央政府主要负责国防、经济发展和社会保障等，郡的财政事权为教育、交通、规划、消防与公共安全、社会关怀、图书馆、垃圾处理和交易标准，区、市镇、教区的财政事权是垃圾收集与回收、住房税收缴、住房和应用规划，更低一级的经由选举产生的社区和县则主要负责分配、公共钟表、公车站台、社区中心、游玩区域和游玩设施、地方组织拨款和邻里关系建议等方面的事项，并且有权对涂鸦、垃圾、恶犬攻击和传单张贴等行为处以固定的罚金。

3. 评析

英国地方政府的职能和政府间的职能划分，较好地体现了公共财政视野下的财政分权理论，这是由英国的政治制度所决定的，因为其历史上的地方政府是基于国王的特许状产生的，近现代的地方政府则是由法律授权产生的，地方政府在法律允许的范围内享有较高的地方自治权力，除了外溢效益较高的国防、外交和经济发展之外，"根据《地方政府法》，地方政府要履行有关社会治安、环境卫生、公共交通、学校教育、社会福利和娱乐等方面的五十多种职责，即英国国内的绝大部分公共服务要靠地方政府提供"②。

值得一提的是，英国中央与地方之间的财政关系比较复杂和特殊，地方财政预算不列入国家预算，中央财政与地方财政不发生直接联系，对财政关系的调整主要依靠环境部，如果环境部发现某一地方的财政支出过高时，可以出台相应的政策加以调整。

(二) 美国地方政府职能的评析

美国政治制度的本质，是地方自治，即联邦政府与各州之间的分权。按照《宪法》的规定，美国政府分为联邦、州和地方三级。联邦政府与州政府、地方政府之间的权力划分是纵向划分，这种结构被称为联邦主义（federalism）；联邦政府三分支（立法—行政—司法）之间的权力划分是横向划分，这种结构被称为制衡或分立（check and balance）。在横向与纵向之间，政府职能经常出现重合。在美国，政府权力由《宪法》规定并划分。尽管在美国两百多年的历史发展中，联邦权力逐渐扩张，州与州之间的差异逐渐减小，但是，各州及其

---

① 程宗璋. 美英日三国公共财政法律体系及其特点 [J]. 山东理工大学学报（社会科学版），2003（03）: 9.

② 郑楚宣. 英国中央和地方政府的关系 [J]. 广东行政学院学报，1995（02）: 61.

创建的地方政府仍然是美国重要的政治和政策中心。对美国人的日常生活来说，州和地方政府的决策更为重要。

1. 联邦政府的职能

《宪法》是美国联邦政府行使权力的唯一来源。根据《宪法》的规定，联邦政府的权力主要有征税、发行国债、调节国际、州际和印第安部落之间的贸易、货币、国防、外交等十几项内容，联邦政府的主要职责包括："联邦级行政、国防、外交、征税、借款和货币发行、对州或地方政府的补助、规定对内对外贸易政策、制定度量衡、管理全国邮政（建立邮局与邮道）、统一版权与专利、负责社会保障、资助能源、环境、工业、住宅和交通等项目"①。《宪法》第十条修正案规定："本宪法未授予联邦的权力，本宪法未禁止各州行使的权力，保留给各州行使，或保留给人民行使。"《宪法》第十条修正案规定联邦政府有"明确的权力"，联邦最高法院做出的《宪法》解释又赋予了联邦政府"默示的权力"。联邦和州除了各自享有的专属权力外，还共享一部分权力，包括：征税、借款（发行公债）、设立银行与公司、设立法院、制定和实施法律、为公共目的征用财产、举办社会福利等。

2. 地方政府②的职能

根据美国《宪法》第十修正案，州政府拥有"保留的权力"，传统上，各州的权力包括制定州《宪法》、管理州内工商业、建立地方政府、道路、卫生、教育、选举、社会福利和基础设施等。美国具有数目众多的地方政府，就政府职能而言，与联邦政府和州政府相比，地方政府的职能因各州不同的历史文化而彼此差异。由于地方政府经由州政府的授权产生，并由州政府限定其权力范围。因此，地方政府的职能是由州《宪法》和其他相关法律规定的。一般说来，地方政府主要负责当地的教育、警务和消防、公共卫生和供水、污水及垃圾处理，辖区内的高速公路设施等公共福利。虽然受联邦制和地方自治的影响，处于不同州的地方政府，承担的职能在类别上和数量上会有所区别，但其基本上与联合国的 COFOG 体系一致，并且地方政府一般由市长办公室负责统一协调、统筹规划，政府下设置的各部门负责履行职能。

以美国中部城市芝加哥为例，芝加哥市的政府职能主要有动物关怀与控制（包括动物关怀，动物控制与救援）、建筑物管理（包括占有证明、开发商服

---

① 李齐云. 分级财政体制研究 [D]. 厦门：厦门大学，2001：42.

② 在美国，地方政府（local government）专指第三级政府，如，市、郡或学区，不包括第二级政府——州政府（state government）。根据本书对地方政府的定义，在此处，将州政府和地方政府合称为美国的地方政府。

务、电子计划、电梯信息、绿化准许、检查管理、污水处理、交易证照和空置建筑物）、商业与消费者保护（包括商业执照、有线电视、售酒执照、延展教育、公共机动车与公共道路使用）、航空（包括机场地图与客户服务、航班信息、停车场与机场维护）、警察、消防、公共图书馆、文化事务与特殊活动（包括展览、文化规划、节日活动、电影、公共艺术计划、市场与邻里计划、合伙机会与租赁服务）、突发事件管理与沟通（包括芝加哥紧急事件预警、危机管理、公共教育、科技和交通管理）、金融（包括会计和金融报告、债务管理和投资者联系、支付进程、职员工资管理、PPP 事务、税收和供水账单等）、残疾人福利（包括残疾人设施、残疾人住房、残疾人就业机会、培训、交通和停车场服务）、计划与发展（包括经济发展、历史保护、住房和土地使用等）、公共健康（包括环境健康、食品安全、诊所、流感、传染病、公共健康危机事件预警、禁烟和禁止暴力）、道路与卫生（包括林业、涂鸦清除计划、社区邻里服务、鼠类控制、卫生与减少垃圾、道路运行和交通服务）、交通（包括自行车、桥梁、河道、交通建设与维护、行人道、公共交通与车站、街道照明与道路标识和交通安全等）、供水和家庭支持（包括儿童与青年服务、家庭暴力与无家可归者的紧急服务、老年与退役兵福利等）[①]。

作为国际大都市的纽约，除了进行基本的公共管理（如城市规划、公园、公共图书馆、预算管理与控制、文化、就业和天气政策与计划等）和提供公共服务（如公共交通、儿童与老年人服务、民生服务、警察、消防与食品安全、卫生、健康与医疗和建筑与住房保障）之外，其所承担的政府职能就偏重于对商务的协助和与商业相关的顾问服务，重点向金融、劳工关系、税收与破产等倾斜[②]。

底特律市作为美国历史上规模最大的破产城市，尽管已于 2014 年 12 月正式宣布脱离破产，重新从联邦政府手中接回城市财政，但其职能的有效履行仍在恢复过程当中。与芝加哥和纽约相比，底特律市的政府职能就相对逊色不少，主要是维持辖区内的一般公共事务（如市政管理、土地维护、机动车维护、设施管理、公园设计等）和提供基本的公共服务。除此之外，在财政与金融方面

---

① 根据芝加哥市政府网站资料整理。http://www.cityofchicago.org/city/en.html，访问日期：2015-07-03。

② 根据纽约市官方网站资料整理。http://www1.nyc.gov/nyc-resources/categories.page，访问日期：2015-07-03。

加强了财政预算、风险管理和债务管理①。

3. 评析

以上三个美国城市,都极具代表性。虽然各自的财政能力有所差异,但三个城市的政府都须履行基本的职能,诸如公共教育、福利援助、健康和医院、警察和消防、道路、公共卫生、供水、污水、垃圾处理、高速公路设施等。相比之下,财政能力较强的芝加哥市与纽约市,所提供的公共服务更加详细且具体,市政管理也更加合理。由此可见,美国地方政府职能的履行,同样受制于本级政府的财政状况,而且美国作为实行完全地方自治的国家,地方政府可以在法律规定的范围内,自行安排其所需履行的基本职能。例如:底特律市并不承担一般应由市政府负责的退役军人福利事务,而是将其交给了 Wayne 县。

(三) 德国地方政府职能的评析

作为联邦制国家,德国地方政府的层级包括作为基层地方政府单位的镇和乡,作为较高层级的县,以及融合了市和县职能的城市县。按传统,德国的地方政府具有"双重功能"②的特征,其职能范围是:第一,公共设施。地方政府应承担包括水的纯净化处理、废弃物的处理、电的供应及分配、水的供应、气的供应和公共交通等相关基础设施建设与公共服务的提供。第二,基础设施与公共资本投资。在德国政府结构中,州承担大多数的公共任务,公共资本投资由地方政府执行,而非通过国家行政部门,地方政府掌握了近90%的公共资本投资(除去国防开支)。第三,经济发展政策。第四,文化活动,包括地方剧院、交响乐团、博物馆、公共图书福安、成人夜校和音乐学院等文化和休闲活动。第五,其他地方政府职责和活动,比如城市改造、环境保护和失业政策等。

除了上述五项政府事务外,地方政府在实行自治时,县和乡镇还要执行州政府委托给他们的任务与职责,委托任务基本上是"旨在维护公共秩序的行政管理职能,如许可和审核、环境保护、驾照发放、市民登记等"③。此外,地方

---

① 根据底特律市官方网站资料整理。http://www.detroitmi.gov/Government/Departments,访问日期:2015 - 07 - 03.

② 乡镇和县是德国地方政府的两个层级,按照德国法律的规定,它们有各自的职责、权力和义务。地方政府除了要执行地方自治政府事务外,还要执行由联邦或者州政府授权的任务。

③ [德] 赫尔穆特·沃尔曼. 德国地方政府 [M]. 陈伟,段德敏,译. 北京:北京大学出版社,2005:98.

政府还负责法律的实施。据估计，联邦和州大学70%—85%的法律都是由地方政府来执行的。

值得注意的是，在德国，教育和警察是由州政府来负责的，地方政府仅对教学大楼的建设与维修、工勤人员的雇佣等负责，教师的任命与报酬、教学课程的安排由州掌管，警察也属于州政府的职权范围。

(四) 日本地方政府职能的评析

日本是单一制国家，实行地方自治，地方政府一般被表述为"地方公共团体"，全国划分为47个辖区，即1都（东京都）、1道（北海道）、2府（京都府、大阪府）和其他43个县。日本的地方政府是双轨制，都道府县和市町村都是日本的地方公共团体，法律地位平等，且共同承担相应的职能，分工协作。市町村都是直接面对地方居民和进行市政管理的地方公共团体，它们履行相同的职能，仅因人口规模不同而被赋予不同的称谓。

根据《地方自治法》第1条，地方公共团体包括普通地方公共团体和特殊地方公共团体。普通地方公共团体指都道府县与市町村；特别地方公共团体是指特别区、地方公共团体的合作组织、财产区以及地方开发事业团。地方公共团体采用首长制，地方公共团体的首长（主持人）、议会议员、其他官吏均有地方公共团体所在的地方全体居民直接选举，任期为4年。根据《日本国宪法》第94条的规定："日本地方公共团体的职权是管理地方财产、处理地方事务和执行行政权能，并可在法律范围内制定条例。"

根据日本《地方自治法》的规定，地方公共团体的根本任务在于谋求增进居民的福祉，而广泛承担自主地、综合性地实施地方行政事务的职责。例如《地方自治法》第252条第19款列举了"指定城市的权能"[①]，偏重于对社会弱势群体的福利保障。"指定城市的权能"包括：第一，儿童福利；第二，民生；第三，残疾人福利；第四，生活保护；第五，有关旅行病人和旅行死亡人的事务，其中包括社会福利事务和智障者福利的事务；第六，有关母子家庭、老人以及寡妇的福利事务；第七，母子保健；第八，食品卫生；第九，墓地埋葬；第十，娱乐场、旅馆、公众浴场营业的规制；第十一，心理保健及心理障碍者的福利；第十二，结核病预防；第十三，城市规划；第十四，土地区划整治事业；第十五，屋外广告物的规制。

---

① 指定城市，指的是根据政令规定，人口在50万以下的城市。指定城市可以根据政令规定进行管理，都道府县可根据法律或政令的规定，处理全部或者一部分的事务。

特殊地方公共团体是为了与地方政府有关的特定目标成立的，包含特别守卫区、合作社和公共财产区。特别守卫区是为了满足类似东京都之类的大都市的特殊需求而设立的。根据《地方自治法》的规定，与此相关的市政当局可以成立合作社或者区域组织，即特别地方公共团体来配合。以东京都为例，除了23个特别守卫区之外，东京都还包括39个市政当局，即29个市、5个町和8个村，东京都政府与39个市政当局共同履行职能，地位平等，前者处理更宽泛的管理实务，后者具体为当地居民提供服务。根据日本的法律规定，消防和供水一般是被指派给市、町、村市政当局的职能，但东京都为了从更广的角度配置资源，同时也为了减少市、町、村的财政压力，替绝大部分市政当局承担了这两项职能。在以区域为基础，由都政府提供公共服务能更高效的前提下，目前，东京都有29个特别地方公共团体，负责管理垃圾处理点和植物焚烧点，并运营公共医院和盈利项目。

东京都地方公共团体政府的主要职能有12项："第一，一般公共事务，包括灾害预防与恢复、市政计划和管理事务等；第二，公共安全、交通安全与青少年事务；第三，地方金融，包括制订预算和中长期金融计划、公共财产管理、公共建筑物的建设和维护等；第四，税收；第五，居民和文化事务，包括提升社区活动和保障性别平等、消费者保护、私立学校事务和文化事务等；第六，城市发展，包括制定发展规划、基础设施的建立与维护、住房保障与管理和有关驻日美军事务的处理等；第七，环境保护，包括环境提升、自然资源保护、天气变化和能源规划等；第八，社会福利与公共健康，包括医疗政策、健康政策、福利政策、老年人关怀、"少子化"对策、残疾人福利和安全等；第九，东京都医院管理，包括医院管理计划和服务提升；第十，工业与劳务，包括制定就业、商业、工业、农林渔业、旅游业和金融监管的一般事务与规划；第十一，道路、港口的建设与管理；第十二，消防。"① 这12项职能直接由地方政府部门负责，东京都的公共交通、供水和污水处理由地方公共企业负责，教育、公共安全（大都会警察局）则是由行政委员会负责。

作为发达国家的日本，其地方政府的职能偏向于管理和服务。例如：确保经济复苏的公共工程和环境工程，维护地方治安，维持社会秩序，制订本地区社会发展计划、发展文化教育事业、保护消费者权益、保护环境、社会救济、提供社会福利、提供医疗卫生和就业服务等。另外，由于出生率连年下降的关

---

① 根据日本东京都官方网站资料整理。http：//www.metro.tokyo.jp/ENGLISH/ABOUT/STRUCTURE/structure04.htm，访问日期：2016-01-23。

系，日本的许多地方公共团体都承担着应对"少子化问题"的职能，具有鲜明的地域特点。

(五) 澳大利亚地方政府职能的评析

与其他发达国家一样，澳大利亚地方政府的主要职能也是为居民提供公共产品和公共服务。不过，澳大利亚地方政府并不直接为保健和治安负责，其对教育承担的责任也十分有限。一般地，由地方政府提供的核心服务包括："第一，基础设施如道路、桥梁、下水道和垃圾处理设备的建设与维护；第二，在兴建建筑物、食品生产许可及动物和噪音控制方面的管制职能；环境规划和管理；第三，社区娱乐设施和服务的提供；与其他地方政府在提供服务方面的合作；第四，信息中介。"①

通过分析澳大利亚的市政理事会支出结构，可以得出比较全面的地方政府职责范围，包括："1. 日常公共服务；2. 教育；3. 医疗；4. 社会服务；5. 住房；6. 供水；7. 环境卫生与保护；8. 其他社区娱乐设施；9. 娱乐与文化；10. 燃料与能源；11. 开采、制造及建筑；12. 交通运输；13. 其他经济事务；14. 公债交易等。"

澳大利亚所有地方政府的权力和职责均来自州和地区立法机构的法律和规章，各州和地区或许会处于不同的立法考虑规定地方政府的职能。例如，规划是地方政府十分重要的职责之一，但在澳大利亚的北部地区，地方政府却没有此项职能；另外，昆士兰州、新南威尔士农村与塔斯马尼亚州的地方政府有供水和灌溉的职责，其他地方政府则不需要提供。

(六) 加拿大地方政府职能的评析

加拿大是君主立宪制、联邦制和议会制共存的国家，中央与地方政府之间采取的是联邦制度，相较于美国对联邦政府权力的限制，加拿大的联邦政府享有更多的权力，但是中央与地方的分权的基础仍然是地方自治。加拿大有4 600多个城市，狭义上的加拿大地方政府，仅指市级政府，包括市、镇、乡村城市、县以及区域市和大都会市，广义的加拿大地方政府则还包括地方性专门组织，比如警务委员会、地方卫生局、环境保护局和学校委员会等。本书所指的加拿大地方政府，除狭义的市级政府之外，还包含省级政府在内。

---

① [澳] 保罗·梅. 地方政府的合并与虚拟化 [M] // [澳] 多莱里, 等主编. 重塑澳大利亚地方政府——财政、治理与改革. 刘杰, 等译. 北京：北京大学出版社, 2008：87.

根据《加拿大宪法》，联邦政府拥有未规定属于省级政府所有的权力，并在紧急情况下可接手一些权力。当然，除了专属于联邦政府的职能（如国防和外交等）外，三级政府间会就一些具体的公共事务和公共服务展开协作，地方政府的主要职能是服务。加拿大学者桑克顿（Andrew Sancton）将加拿大地方政府所需提供的主要服务总结为："维持治安、消防、交通、停车场、公共照明、电力供给、供水、公共图书馆、公园和娱乐设施、文化设施、工商行政许可、用地规划和管理、通信与电话、污水集中处理和突发事件应对等。"[①] 除此之外，地方政府还承担着制定规划以促进辖区内经济发展和进步的职责。

（七）法国地方政府职能的评析

法国实行中央、区、省和市镇四级行政层级，大区[②]、省和市镇都是法国的地方政府。根据《权力下放法案》的规定，地方三级政府间没有直接的从属关系。在法国，政府的主要职能是：第一，提供非市场服务，即公共服务；第二，对收入和国家财富进行再分配与管理，即调控。

历史上，在被认定为地区性公共机构之前，大区只是行政区划的一种，仅具有咨询功能，直到《权力下放法案》的颁布才使得大区成为地方行政单位，其职能主要是协助中央和对本区的经济、社会进行宏观调控，例如：执行国家的中长期经济计划；制订本地区的5年发展计划；协助国家推行领土整治政策；编制年度职业培训大纲；支持辖区内的市镇经济发展；调整辖区内的投资、工商业和企业发展分布等。

《权力下放法案》赋予了省独立的财政权和行政权，省的主要职能是：制定城镇规划；管理省内的公路运输和港口；发展中小学教育；提供医疗和社会保障等。市镇的主要职能是管理公共财产、公共工程，建设基础设施，管理市镇医院、提供火灾和救援服务等。

法国地方政府最显著的特点是，法人资格可以进行政府管理。法国曾是典型的中央集权国家，后在1982年通过《市镇、省和大区权力和自由的法案》（又称《权力下放法案》），改变了高度集权的政治体制。法案取消了"事前行政监管权"，将中央对地方的监督改为了"事后行政监管"，实行适度分权的地

---

① Andrew Sancton. Provincial and Local Public Administration in Christopher Dunn（ed.），The handbook of Canadian Public Administration [M]. Toronto：Oxford University Press，2002.

② 据《欧洲时报》报道，法国国民议会在2014年11月19日晚，经过激烈辩论之后，通过了《行政区划改革议案》，将22个大区合并为13个新的超级大区，《地方行政组织改革法》草案的宗旨是从2016年起把法国本土22个大区的数目减为13个。

方自治。法案生效之后,地方政府的任一决议或事项只要不违反国家法律,可以不经由中央的批准或授权才生效,而且中央只对已生效地方决议具有监管权,这极大地提升了地方政府的自主权。

二、几个发展中国家地方政府职能的参考

由于历史原因,本书示例中的发展中国家都曾是西方发达国家的殖民地,它们独立后采用的政治制度和财政制度也受殖民统治国家的影响,大部分都采取联邦制的形式,地方自治程度较高。虽然公共财政和财政分权在发展中国家得到了普遍适用,但受到经济发展水平的限制,相较于西方发达国家,大多数发展中国家政府职能的重心还是更偏向于宏观经济的发展。

(一)南非地方政府职能的参考

南非采用的是相互依存的三级政府架构,中央政府、省政府与地方政府在各自范围内均享有独立的立法权和行政权。根据南非《宪法》的规定,省政府可在以下方面与中央政府同时行使职能:农业、赌场及博彩业、文化事务、除去大学和科技大学的其他各层级教育、环境、健康、住房、语言政策、自然保护、警察、省级公共传媒、公共交通、区域性规划与发展、公路交通管制、旅游业、贸易与工业发展、传统权力、城市乡村发展、机动车证照、福利等。除此之外,各省在涉及屠宰场、救护服务、贩卖酒证照、非国家博物馆的博物馆、省级规划、省级文化事务、省级娱乐活动和省级道路与交通方面,享有排他的权力。

另外,《宪法》规定,地方政府的形式为市、区和基层政府,它们负责促进当地经济的增长和提供基础设施与公共服务。根据南非1998年《市政组织法》第84条的规定,区政府具有以下职能:全区发展的总体规划(包括对区域内存在的基层政府的发展规划)、供水、供电、污水净化与污水处理、垃圾收集与处理、道路、乘客交通、机场、健康服务、消防、生鲜市场与屠宰场的建立与控制、当地旅游、火葬场与墓地的建立与管理和其他未提及的相关公共服务。

(二)印度地方政府职能的参考

印度的政府体系源于英国。印度独立之后,根据《宪法》,将政府分为联邦政府、邦政府与地方政府三级。印度的地方政府分为城市地方政府和乡村地方政府。

1992年,根据城乡关系委员的建议,印度批准了第74次《宪法修正案》,修正案确定了城市地方政府的职能,规定地方政府的职能包含必须的职能和可选的职能。其中，必须的职能为：提供干净的水、公共街道的建设与维护、公共街道的照明与洒水、危险贸易品的管理、公共医院的支持和维护、初级学校的建立和维护、出生与死亡的登记、疏通道路堵塞、保护公共街道、桥梁、路名与门牌。可选的职能包括：分区、危险房屋和地方的保护及拆除、公园、花园、图书馆、博物馆、休息场所、孤儿院、妇女的避难所的建设和维护、路边和其他地方树木种植和维护、为低收入人提供住房、组织公共展览、公共娱乐、城市交通设施的提供和城市劳动者福利的提高。

（三）泰国地方政府职能的评析

泰国在1933年颁布了《公共管理法案》，此法案确立了中央政府、府政府与地方政府的三级国家管理结构。府政府以下设县政府、区政府和村政府，各地方政府的职能是类似的。由于地方政府和府政府在管理上有重合，因此泰国地方政府的职能是很有限的，一般分为法定的、自定的和其他立法规定的职能。

泰国地方政府的法定职能有：维护法律和法令、公共交通、卫生服务（供水、废弃物处理、排水）、消防、传染病预防与控制、提供屠宰场、公共警察服务、妇婴福利、公共休闲空间和设施与初等教育。泰国地方政府的可选服务是：市场、港口和码头服务、提供火葬场、医院的建设和维护、公共设施、公园、动物园、休闲地、体育设施、市民居住条件的提高、贫民区居住条件的改善和政府企业的维护。此外，泰国地方政府还根据《声音广告法》《市民登记法》《国家秩序和清洁法》《停车法》《城市规划法》《建筑控制法》和《民防法》等法律的规定，履行特定职能。

三、一些国家中央与地方政府事权划分的启示

他山之石，可以攻玉。尽管世界上不同国家和地区因政治制度的差异，导致对自身政府间财政事权和支出责任的划分呈现出"百花齐放"的态势，但在地方政府的职能上却存在着一定的同一性。实际上，一些国家中央与地方政府间的事权划分，是"财政分权理论"在全球范围内的具体实践。因此，对财政分权理论的认识有助于对国际上政府间事权划分的理解。

（一）地方政府存在的必要性

因为对公共产品和公共服务的提供需要考虑边际成本，一国的公共产品和公共服务全部由中央政府承担显然是不切实际的，设置适量的政府层级，并将事权在中央政府和地方政府之间进行合理的划分，由地方政府承担相应的财政支出，是现代国家治理的理性选择，也是财政分权理论的缘起。

财政分权理论是财政学的奠基石，也是众多公共财政国家中央与地方划分财政权力的重要理论依据，经过财政学长期的发展，加之众多学者孜孜不倦的研究和贡献，财政分权理论的内涵不断丰富和完善。传统的财政分权理论的观点可以概括为：地方政府更了解当地的居民，能够提供高效的公共产品和公共服务，并且居民可以通过自由迁徙，在不同的辖区之间流动，选择最符合自身偏好的组合。新一代财政分权理论乘着经济和法律发展的东风，继承了传统财政分权理论关于地方政府间存在竞争的观点，并以此为基础，肯定了地方政府作为"经济人"的特点。该理论通过引入激励相容和机制设计，论述分权可以对地方政府产生有效的激励，促使其参与竞争。可以说，"财政分权理论的核心是处理中央与地方之间的财政关系，其显著的特征就是独立性、稳定性和规范性"[①]。

传统的财政分权理论认为，因为公共产品和公共服务具有空间性和层次性，所以地方政府是必须存在的，而且相较于中央政府，地方政府更接近和理解自己辖区内的居民需求，可以提供更为高效的公共产品和公共服务，以提波特的《地方支出的纯理论》、施蒂格勒的《地方政府功能的有力范围》、马斯格雷夫的政府职能划分和奥茨的《财政联邦主义》为主要代表性观点。

1. 竞争有助于资源配置的优化

美国经济学家提波特提出了经典的"用脚投票"模型。他认为，只要存在足够多的辖区供居民选择，并且居民可以获得各地区税收、公共产品和公共服务组合的全部信息，这些公共产品、公共服务和税收的组合都是各辖区以最低的平均成本提供的，不会引发外部经济和外部效应，如果居民的流动不受就业机会的约束和限制，那么居民就会"用脚投票"，选择符合自身偏好的辖区并且自由流动，从而达到帕累托均衡[②]。这一模型是以流动性成本为零而假设的，较为理想化。在这一模型中，居民可以自由地表达对地方政府提供的税收与公共服务组合的真实偏好，地方政府之间存在着竞争，只有按照居民的偏好提供相应的组合才能赢得居民的芳心。因此，地方政府的公共产品的资源配置会比由中央政府统一提供的更加有效率。

2. 地方政府可以提供多样化的公共产品

奥茨提出的"完美一致（Perfect Correspondence）"理论认为，联邦政府提供公共服务的最优模式是针对公共产品消费的每个人口子集，都有一级政府，在这种理想化的模型中，每一级别的政府都对自身人口子集的喜好有完全的认

[①] 张千帆. 宪政、法治与经济发展 [M]. 北京：北京大学出版社，2006：217.

[②] Charles M. Tiebout. A Pure Theory of Local Expenditures [J]. Journal of Political Economy, 1956, 64 (5): 416-424.

知,并且都追寻居民福利的最大化,如此便可从优势价格中获取实现帕累托效率的资金支持①。但是,该理论并不一定能证明地方政府存在的必要性,中央政府同样可以考虑公共产品的外部性范围和低成本服务提供,从而针对人口子集的不同需求做出合适的回应。

因此,奥茨在分权理论中加入了新的限制。他假定:现在有 A 和 B 两个人口子集,A 与 B 的需求偏好截然不同,但是 A、B 子集的内部偏好相同。此时,社会上存在两种纯粹的私有产品,X 与 Y,且 X 和 Y 可以被所有的社会成员消费,只不过 Y 恰好是由政府提供(抛开其私有产品的特性不理)。假设,社会的收入分配已经达到最优,即两个子集可以被视为只包含一个单独的个体,在这种模型中,通过一系列的验算,奥茨得出了地方政府是促使社会福利最大化的更合适的行政架构的结论。"由于两个人口子集的偏好不同,中央政府统一提供产品时无法达到社会福利最大化,而地方政府根据子集的人口子集的偏好提供公共产品,能够实现社会福利最大化。"②根据奥茨的分权理论,地方政府比中央政府更加接近自己辖区内的居民,因此可以更加高效地来满足当地居民对公共产品和公共服务的需求,因为"就某个公共产品而言,如果他的消费是根据总人口在某个地域上分布的子集确定的,同时,无论是通过中央政府,还是经由相应的地方政府,在每一个辖区提供该产品的各种不同产出水平的成本相同,那么,同中央政府向各个辖区提供任何具体且一致的产出水平相比,有地方政府向其相应辖区提供帕累托有效水平的产出总是更加有效(或者同样有效)"③。

3. 地方政府可以实现社会福利的最大化

美国经济学家施蒂格勒(George Stigler)从地方政府功能的角度论述了地方政府存在的合理性原则:"一是与中央政府相比,地方政府更接近于自己的民众,因此地方政府就更了解它所管辖的公民对公共产品的偏好效与需求;二是同一国国内不同的人们有权对不同种类和数量的公共产品和服务进行投票表决。"④而特里希(Richard W. Tresch)在 1981 年首版的《公共财政》中就提出

---

① Wallace E. Oates. Fiscal Federalism [M]. Harcourt Brace Jovanovich, 1972: 34 - 35.
② 钟晓敏,叶宁. 中国地方财政体制改革研究 [M]. 北京:中国财政经济出版社,2010: 21.
③ [美] 华莱士·E. 奥茨. 财政联邦主义 [M]. 陆符嘉,译. 南京:译林出版社,2012: 39.
④ George Stigler. The Tenable Ranges of Function of Local Government [R] //Washington D. C. Joint Economic Committee. Federal Expenditure Policy for Economic Growth and Stability, 1957: 213 - 219.

了著名的"偏好误识理论（Misperceived Preference）"。在特里希看来，政府对市场的干预是为了实现社会福利的最大化，但是施蒂格勒和奥茨的理论都不能完整地解决这一问题，因此他提取了施蒂格勒关于地方政府最懂得自己居民对公共服务的需求的理论，并发展了奥茨的分权定理，形成了"偏好误识理论"。该理论认为，由于私人信息和公共服务需求之间的不对称，相较于中央政府容易发生偏好误识的情况，地方政府能够更为容易地获取到本辖区居民对公共服务的需求，从而有可能实现社会福利的最大化[1]。

4. 市场维护型财政联邦主义

作为新一代财政分权理论的代表，钱颖一认为："市场维护型财政联邦制必须具备五个基本条件：存在一个政府内的层级体系；在中央政府与地方政府之间存在一种权力划分，从而任何一级政府都不拥有绝对的制定政策和法规的垄断权，同时又在自己的权力范围内享有充分的自主权；制度化的地方自主权对中央政府的任意权力造成强有力的制约，使中央与地方的权力分配具有可信的持久性；地方政府在其地域范围内对地方经济负有主要责任，同时，一个统一的全国市场使商品和要素可以跨地区自由流动；各级政府都面对着硬预算约束。"[2]

与传统财政分权理论的主要观点相比，市场维护性财政联邦主义与我国的实际情况更加贴合，较适宜运用到我国的财政体制改革的研究和实践当中。然而，由于财政分权的理论植根于地方自治制度，与我国的现实国情存在根本上的区别，在运用财政分权理论对我国政府间的财政权力划分进行探讨时，需要引起特别的重视。

（二）财政分权在日本的实践分析

日本是实行地方自治的单一制国家，并在二战后接受了别国对其的改造，其地方自治的程度经历了许多起伏。因此，日本政府间的财政事权划分与上述国家相比有所差异，故本书单独提出，作为特别事例，加以分析。

1. 日本地方自治制度的历史沿革

日本的《广辞苑》对"地方自治"的定义是："地方团体作为独立的团体，自己负责并依靠自己的机关来处理属于自己的事务，按照本地居民的意愿制定

---

[1] Ricard W. Tresch. Public Finance, A Normative Theory: third edition [M]. Academic Press, 2015: 440.

[2] 钱颖一. 现代经济学与中国经济变革 [M]. 北京：中国人民大学出版社，2003：209.

和实施政策。"① 日本的地方自治制度的萌芽,最早可以追溯到明治初期,随后经历了曲折的发展,直到二战后,在美国的影响下,才被正式写入日本《宪法》,最终日本的地方自治制度通过《地方自治法》等一系列专门法律的制定和实施得以确立和完善。

日本的地方自治制度是由西方传入的,但早在江户时代就已经有了地方自治的雏形,即"幕藩制度"②。到了明治政府时期,日本在1871年通过明治维新实行了"废藩置县"③政策,建立了沿用至今的府县制度,在一定程度上强化了中央集权。随后,明治政府通过制定《户籍法》来实行"大区小区制"④,但此项制度引起了诸多社会问题,所以在1878年,地方官会议和元老院会议又制定了《郡区町村编制法》《府县会规则》和《地方税规则》,由"大区小区制"变为"三新制"⑤,初步确立了日本的地方自治制度。虽然说,明治时代的种种改革是日本地方自治制度的起点,但是,在中央集权趋势扩大的基础上,明治时期的宪法并未对地方自治做出规定和保障,并且从行政机构、府县制度规模与自治程度来说,实际的地方自治只是一种形式,只是为了"对付自由民权运动中国际的自由主义思想泛滥。试图以有限制的地方选举和地方自治来掩盖中央对地方集权管理的现实"⑥。

在第二次世界大战时期,日本的地方自治团体被军国主义思想和侵略政策左右,无法实行地方自治,地方自治制度真正在日本得以发展,则是在第二次世界大战之后。1945年日本战败后,地方自治终于被明确写进了《宪法》里。两年后,日本政府颁布了《地方自治法》。该法对地方自治的立法权、行政权和财政权都进行了具体的规定,并与一系列地方自治法律,如《地方公务员法》《地方财政法》和《地方税法》等,共同组成了日本地方自治法律制度,成为现代日本政府间关系的重要法律依据。

---

① [日本] 新村出. 广辞苑:第6版 [M]. 上海:上海外语教育出版社,2012.
② 幕藩制度是由德川家康建立的由幕府和藩国共同统治国家的封建制度。藩国效忠于幕府,但拥有极大的自治权力,可以自行决定其领地范围内的行政、司法、军事和税收等事项。
③ 幕府末期,各藩国陷入财政困境,藩国的首长大名普遍被架空。明治政府成立后,废除了藩国,结束了封建割据,将大名从军阀转为财阀,设立了府县制度。
④ 设置新的行政区划"区"来代替之前的町村,实行中央集权统治,但由于受到町村居民的强烈反抗,无法成为稳固的地方政治制度。
⑤ 三新制是因三部法律初步确立的町村自治制度,同时地方的财政体系也开始得到初步的发展,是日本未来地方自治的基础。
⑥ 陈大柔. 日本地方政府管理 [M]. 北京:科学出版社,2014:57.

围绕改进地方财政制度、充实地方财源的地方自治分权改革以及始于 1949 年的"肖普建议"①，日本 1954 年正式建立了地方交付税制度，将国税中的一部分让给地方，以弥补地方的财政赤字。随后，从 20 世纪 60 年代起，日本开始大力推进"经济高速发展"政策和"国民收入倍增计划"，这一时期的地方分权改革里面为地方民主和直接民主，政府职能也因此扩大化。1975—1991 年，日本的经济随着泡沫经济的破灭而陷入疲软，地方难以获取财政收入，而中央对地方的财政支援也难以为继，就在此时日本迈入了地方分权行政改革的新纪元。通过一系列法律和法令的颁布，缓和了中央与地方之间的关系，促使地方自治发挥出应有的效果。

日本现行的居民自治制度，由居民选举、请愿、居民参与、直接请求、居民诉讼和信息公开等组成。其中，居民直接请求制度与政府的信息公开制度，都是二战后日本从欧美国家引进的新兴民主制度。《宪法》第 93 条就规定："地方公共团体的首长、议会议员及其他官吏由全体居民直接选举。"这种经由选举程序而产生的公共团体和相关机构，体现了居民自治。根据《地方自治法》的规定，各个地方自治团体的一定数量的居民可以通过行使创制复决权、解职请求权、议会解散请求权和监察请求权直接参与自治。2001 年 4 月 1 日起实施的《关于行政机关保有的信息公开的法律》、2005 年 3 月末提出的《关于信息公开法律制度运营检讨会报告》都为信息公开制度提供了法律依据与保障，这为当地居民更好地参与地方自治创造了条件。

2. 日本地方自治的法律保障

第二次世界大战后，战败的日本在美国的指导下，于 1946 年 11 月 3 日颁布了《日本国宪法》（又称《昭和宪法》），并于 1947 年 5 月 3 日起施行。该《宪法》第八章对地方自治做出了原则性规定，"关于地方公共团体的组织及运营事项，根据地方自治的宗旨由法律规定之"②。第 94 条规定了地方公共团体自治财政权、自治行政权及自治立法权，体现了团体自治，"仅适用于某一地方公共团体的特别法，根据法律规定，非经该地方公共团体居民投票半数以上同意，国会不得制定"③。以上规定是居民自治与团体自治的结合。同年，日本通过《地方自治法》确立了地方自治的结构类型。《地方自治法》开篇表明制定该法的目的，即："根据地方自治的宗旨，制定有关地方公共团体划分和地方公

---

① 美国学者肖普对日本地方行政制度的建议，主张保证地方政府的独立财源，由中央给地方拨付交付金，以弥补地方政府的财政赤字。

② 详见《日本国宪法》第 92 条。

③ 详见《日本国宪法》第 95 条。

共团体的组织及运作事项大纲，确保地方公共团体在自治的基础上有效行政，保障地方公共团体健康发展"。随后出台的《公职选举法》《地方公务员法》《地方财政法》《地方公营企业法》也进一步加强和巩固了地方自治制度。1989年12月，由行政改革审议会提出的《关于中央与地方关系的建议》得到了日本政府的高度重视，并经内阁会议通过了一系列分权改革措施。在20世纪90年代开始的地方分权改革的过程中，一系列法律的出台对日本的地方自治做出了不同层面的规定与补充。这些法律共同构成了日本地方自治的法律保障，如1991年4月通过了《有关行政事务的中央与地方关系的整顿和合理化法案》，1994年12月内阁决议通过了《地方分权推进大纲》，1995年出台了《地方分权推进法》。2004年4月实施的《地方分权一揽子法案》，则是对日本《地方自治法》做出最大调整的法律，被视为纠正和终结了"三分自治"，改变了中央与地方之间原先的上下、主从关系，明确了基于法律规定的平等、合作关系。

3. 日本中央与地方政府间的事权划分

日本在二战后颁布的《日本国宪法》第八章中对地方自治做出了原则性规定。根据第92条"地方公共团体的组织及运营，以地方自治为宗旨，由专门的法律予以规定"的规定，日本地方政府享有自主立法权和自主组织权，可以通过制订"指导性计划"对经济进行间接管理，通过制定金融、税收、产业等政策和财政政策进行宏观调控，还能够通过经济立法保障其调控职能，充分发挥其经济管理职能，促进经济发展。此外，《地方自治法》列举了地方公共团体有权处理的各项事务，共计22项，包括自治事务和机关委任事务，其中机关委任事务已于2004年被《地方分权一揽子法案》废除了。

根据《日本国宪法》的规定，地方公共团体的职能是管理地方财产、处理地方事务和执行行政。目前，地方公共团体主要负责处理自治事务①。一般说来，自治事务包括行政事务、议员的选举、地方税的立法、提供公共产品和基础设施、设置警察、经营国民健康保险事业和社会保障等等。日本通过地方分权改革明确的地方事权包括：完善地区的公共基础设施、居民卫生保健管理、环境保护、社会福利和社会保障、发展区域经济、发展教育文化体育事业和保障居民安全等。

根据地方分权改革，中央政府应当承担的事权是：关系国家主权等方面的事务、全国统一的国民活动相关事务、地方自治的基本准则制定等事务、宏观政策、事业与社会资本充实、基本公共服务水平均等的实现与维持。其他具体

---

① 自治事务是基于地方公共团体的权限，可以自主决定的事务。

的事权划分详见表 3-3。

表 3-3 日本中央与地方政府之间的事权划分

	中央	都道府县（地方）	市町村（地方）
安全秩序	外交、国防、司法	警察	消防、户籍、居民总账
基础设施	高速公路、国道（指定区间）、一级河川管理	决定国道（其他）、都道府县县道、一级河川（制定区间）管理、二级河川管理、港口、公营住宅、城市规划等	城市规划事业（公园其他）、市町村道、准用河川管理、港口、公营住宅、上水道、下水道
教育	大学（国立）、私立学校赞助（大学）	高中、特殊教育学校、小学中学教职人员的工资、人事、私立学校赞助、大学（都道府县立）	小学、中学、幼儿园、大学（市立）
福利卫生	设定社会保险、医师等执照、医药品许可执照及其他标准	生活救济（町村）、儿童福利、老龄人员保健福利、保健所	生活救济（市）、老龄人员保健、福利、看护保健、国民健康保健（事务）、垃圾、屎尿处理、保健所
产业经济	货币、关税、通信、邮政、经济政策	振兴地区经济、职业培训、指导中小企业	振兴地区经济、农地利用调整

4. 分析与评价

日本作为实行地方自治的单一制国家，尽管其实行地方自治的历史已经很久，但实际上中央政府对地方公共团体的管理方式是多种多样的，例如，中央可以通过立法和司法来对地方公共团体的事务进行干预和控制。另一方面，地方分权改革在一定程度上改善了日本地方公共团体"三分自治"的窘境，地方公共团体所承担的管理职能也进一步扩大和细化了，几乎提供了绝大部分的公共产品和公共服务，因此地方财政对中央交付税和国库支出金的依赖特别明显。

地方自治制度赋予了地方政府自主的财政权、行政权和立法权，以及基于上述三项权力所衍生出的自主组织权。日本根据"一级政府，一级财政"设置了对应中央、都道府县、市町村的三级财政预算制度，地方公共团体可以在《地方自治法》《地方税法》等法律允许的范围内征税。普通地方公共团体设置议会，享有自主立法权；地方议会与行政组织的设置，使地方自治团体享有自主组织权。

由日本地方自治制度的演变以及《地方自治法》对中央、地方从属关系的改变和《地方分权一揽子法案》出台之后地方政府不再承担中央委任事务的情况可以看出，中央与地方政府间的事权划分，实质上要受到政府间政治权力分配的影响，而且政府间的分权并不是一成不变的。因此，中央与地方的财政关系是影响地方财政平衡的因素链条中最为关键的一环。

（三）国际上政府间职能划分的一般规则

西方学术界主张，政府间职能的划分的理想模式，应该是公共产品理论与财政分权理论的集合。因此，国际上通行的政府间职能划分的简要模式为：将关乎国家全局利益的国防、外交、全国性经济规划等职责划分给中央政府，而将基础设施、消防、市政公共服务等与地方居民密切相关的公共产品和公共服务交由地方政府负责（详见表3-4）。

表3-4 国际上政府间职能划分的一般性原则[①]

公共服务种类	决策标准制定者与监督者	提供者与管理者
国防、外交、国际贸易、货币政策、外汇、银行业、州际贸易、对个人的转移支付、对工商企业的补贴、移民、失业保险、航空和铁路	中央	中央
财政政策	中央、省	中央、省、地方
规制	中央	中央、省、地方
自然资源	中央	中央、省、地方
环境	中央、省、地方	中央、省、地方

---

① 叶克林，侯祥鹏．综论中国地方政府职能转变与机构改革［J］．学海，2011（1）：20．

续　表

公共服务种类	决策标准制定者与监督者	提供者与管理者
工业和农业	中央、省、地方	省、地方
教育	中央、省、地方	省、地方
健康	中央、省、地方	省、地方
社会福利	中央、省、地方	省、地方
警察	省、地方	省、地方
自来水、污水和垃圾处理	地方	地方
防火	地方	地方
公园和大众娱乐	中央、省、地方	中央、省、地方
跨州公路	中央	省、地方
省级公路	省	省、地方
当地公路	地方	地方

（四）经验与启发

基于公共产品理论发展而来的现代国家治理模式，决定了政府的主要职责是完善社会福利，促进社会资源的优化配置，为居民提供公共产品和公共服务。以上 10 个国家的地方政府，尽管在层级设置和财政权限迥然不同，但地方政府的职能和事权却十分相似。

1. 政府的职能是与一些国家当前的政治、经济水平相适应的

不同国家和地区的地方政府的财政事权，也充分体现出了区域的特色性。例如，日本的地方政府有研究"少子化"对策的职责，这在以上其他国家的地方政府中是并不存在的。所以，必须要结合特定国家的历史背景和政治体制，来考察不同国家的地方政府职能。

国家受自身原因的影响，地方政府的职能有不同的侧重点。例如，发达国家的地方政府已经将责任焦点转移到了对公共产品与社会福利的提供之上，对市场的干预和对经济计划管理已经不再是其首要任务。与之相配合的，是地方

政府职能的不断细化和社会与政府合作的 PPP① 模式的大力推广。此外，推行"公共管理社会化"是发达国家地方政府现阶段的主要目标，力图通过大力发展教育、文化、科技和培训来促进技术的进步与管理水平的提升，积极主动地建立"公共政府"管理模式。与发达国家相比，发展中国家的地方政府管理模式还处于从粗放管理向公共治理的转型阶段，对经济的大力发展仍然是这些地方政府的主要偏向，这也是其现实的需要与选择。

通过对上述国家中央与地方政府间职能划分的考察，再结合国际上对政府间职能划分的原则，本书认为，我国政府间的财政事权可以按这一思路进行划分：将明显属于中央政府职能的外交、国防剔除后，再排除全国性统一性的事务和宏观调控，其余的公共事务应当都算是地方政府职能范围内所需要承担的财政事权支出，但就教育、科技、文化和体育这几项公共事业来说，因其具有外溢效益和整体性的特点，存在中央与地方职责上的重叠和交叉，宜由中央和地方共同承担。

2. 厘清政府与市场和社会的关系是政府间财政事权划分的前提

由于外溢效应的存在，会导致边际成本超过边际收益，市场不能对其实现有效地资源配置，而公共产品因非排他性和非竞争性无法杜绝"搭便车"现象。经济学认为，市场失灵是不可避免的，"财政是政府干预和调控经济的主要手段，财政的职能范围，也应以市场失灵为标准，从纠正和克服市场失灵现象出发加以界定"②。从这个意义上说，政府的财政功能应当是弥补和克服市场失灵。因此，政府的事权必须被限制在市场缺陷的范围内，并且政府间的财政事权划分要以政府、市场和社会三者关系的协调统一为基础，因为如果政府职能不清，对市场的干预过度，必然会造成财政的越位和缺位，从而影响其财政功能的发挥，阻碍财政事权在政府体系内部的层级划分。

3. 法治化是地方政府财政事权得以顺利履行的唯一保障

联邦制的美国，中央与地方之间的权力划分十分彻底，虽然不适合我国的政治体制和具体国情，但有助于我们理解政府间清晰明确的事权划分。美国各州均享有独立的立法权与司法权，因此政府间职能的划分依赖于庞杂的法律体系，既有《宪法》和联邦政府颁布的法律、法典，又有各州颁布州《宪法》、法律、规则和行政法规，还有地方政府颁布的地方宪章和法令。除此之外，还

---

① PPP（Public–Private Partnership），又称 PPP 模式，即政府和社会资本合作，是公共基础设施中的一种项目运作模式。在该模式下，鼓励私营企业、民营资本与政府进行合作，参与公共基础设施的建设。

② 张千帆. 宪政、法治与经济发展 [M]. 北京：北京大学出版社，2004：223.

有美国联邦法院、各州法院和巡回法院的判例与解释，成文法与不成文法各司其职，联邦政府和州政府在《宪法》规定的权限范围内可自由行使权力。

不论是发达国家还是发展中国家，多数国家对政府职能和政府间财政事权的划分，都是以明确的立法来确定的。不少国家还通过《宪法》和宪法性法律中对地方政府财政的基本内容加以规定。联邦制国家地方自治的程度普遍较高，其中央政府的权力大多来自地方的让渡，因此《宪法》对中央和地方之间的事权划分规定得较为细致和具体；而单一制国家地方政府的权力大多是自上而下的分权，所以《宪法》对地方事权的规定就相对笼统和简单。除了《宪法》和宪法性法律之外，对政府间财政事权划分和地方政府财政的具体规定主要依靠《政府间财政收支划分法》及多部地方专门法律①负责。这些法律是对《宪法》和宪法性规定的具象化，它们与其他财政法律相互配合，共同构建完整的地方财政法律体系，保障政府间财政事权的合法划分。

除此之外，一些国家对政府间财政事权划分的调整，也是严格恪守法治原则，通过相应法律程序新立法或是对现有法律进行修订，日本就是最好的例证。明确的法律为政府间的财政事权划分提供了基础，使地方政府能够顺利履行职能和承担财政事权，避免了因权责模糊不清而可能引发的问题，解决了后顾之忧。

第三节 我国政府间财政事权划分的法律构想

我国对 1994 年分税制改革的愿景，是完成中央与地方之间合理的分税、分权和分事，但是由于相关配套法律制度的缺失，无法保障分税制的彻底实施，中央与地方之间的分税演变为税收分成，中央与地方之间的财政能力悬殊，而政府间财政事权的划分又缺乏明确的指导方案，不但造成了地方财政对土地财政和隐性债务的过度依赖，还会引发严重的财政资源浪费和某些领域的腐败问题。要想解决我国地方财政的失衡问题，归根结底是要用法律对我国政府间的财政事权进行彻底清晰的划分，并辅之以相关的配套制度，确保地方政府能够独立地履行财政事权。

一、我国地方政府职能的历史回溯与评析

我国的地方政府职能，因历史原因、政治选择与政策影响，主要取决于纵

---

① 如《地方财政法》《地方自治法》和《地方政府法》。

向的中央与地方的权力关系划分以及横向的不同时代背景下政府的行为目的之间的相互作用。中华人民共和国成立至今，随着国家实力的提升和社会经济的繁荣发展，在党和国家的正确领导下，原本单一的城乡二元户籍制度已在逐步地转变，随着政府职能改革的深入和市域社会治理现代化的不断推进，我国的政府职能已经自发地从管理转向治理，完成了从控制到服务的转变。

（一）古代封建社会的地方政府职能

在封建社会，地方政府历来是为统治阶级进行地方治理的政治工具。如上文所述，郡县制是我国古代封建社会采用最多的地方行政制度。秦代是中国历史上最早在全国范围内推行郡县制的朝代，汉代承袭郡县制，在郡上加设州，形成州、郡、县三级行政管理，成为此后各朝代地方政治制度的基础，直到唐朝，才被道路制所取代。随着元代行省制度的建立，我国地方政治制度就进入了划省而治的阶段。

郡是中央政府之下，最高一级的地方行政机构，郡设郡守、郡尉和监御史，分管行政、军事和监察。县是郡的下级行政机构，县设县令、县尉和县丞，县令主管全县政务和财政，县尉掌管军事和治安，县丞掌管司法。县以下设乡、里和亭，其中乡、里是行政机构，亭是治安组织，乡的主要职能是教育、诉讼、税收和治安，里的职能和乡大体相似，还有组织生产的任务。

唐初仍采用州县制，后中央政府为加强管理，设"道"，一开始只是中央派监察大员不定期视察，未成定制，开元时设置各道采访使，后采用节度使兼任采访使，并兼辖州县。北宋时期，宋太宗废道，分"路"而制，形成路—府、州、军、监—县三级行政。路以水路转运使为行政长官，又设安抚使、转运使、提刑按察使、常平使，分掌军事、民政、财政与监察、司法狱讼、义仓救恤，府州机构沿袭唐代。

纵观古代封建社会与近代社会，从秦统一全国以来，我国均采用自上而下的高度中央集权的政治制度，地方政府是中央政府的派出代理机构，在中央的严密控制下运行，地方权力归于中央，维护封建统治和中央意志。以汉代的郡为例，其主要的职能是：督查、考核属县行政；监事王国、管理侯国；代管中央驻郡机关；传达诏令与中央政府指示；执行大赦[①]。可见，维护中央统治集权是封建社会地方政府的首要职能。在维护集权统治之余，地方政府的其他职

---

① 陈长琦. 汉代郡政府行政职能考察 [J]. 暨南学报（哲学社会科学版）1993（4）：69-77.

能主要有：地方经济、人才选拔（汉代察举孝廉）、课税、统计垦田、经营公田、礼仪、祭祀、推行教化、传播文化、司法（狱讼）、民政等等。此外，大多数朝代的地方政府有权颁布地方法规，汉代的郡还有颁布地方性的民法与刑法的权力。

（二）民国时期我国地方政府职能

民国初期承袭了清末的疆域设置，到抗战胜利后，最终确立了 35 个省、12 个院辖市、1 个特别行政区和 1 个地方的行政区划。民国建立之初，各省独立后大都自立制度。省一级为"都督府"，实行军政、民政合并管理，到县一级，北方各县大都沿袭清朝成规，南方独立各省则自定官制。直到 1913 年 1 月北洋政府公布《划一现行各省地方行政官厅组织令》《划一现行顺天府属地方现行官厅组织令》《划一现行各县地方行政官厅组织令》以后，地方各级行政机构的组织与名称才逐步统一。民国时期的地方政府是"地方自治团体"，它的层级架构与行政区划相对应，设有行政机关和立法机关，实行地方自治。

地方行政采取省、道、县的三级政权管理体制，省政府除行使行政职能外，还设有内务、财政、教育和实业司，省政府委员会下设民政厅、财政厅、教育厅和建设厅等。财政厅管理全省财政，负责省税和公债；教育厅负责省级学校、社会教育、学术团体、图书馆、博物馆、公共体育场馆里以及有关其他教育事宜；民政厅负责警察保卫、卫生行政、赈灾救济、劳资争议、土地丈量等；建设厅负责公路和铁路建设、和共和航道工程，实业厅负责农林、蚕桑、渔牧、矿业的计划管理和监督、保护、奖励等；北洋政府沿用了道制，道尹公署下同样设内务、财政、教育和实业四科，县级则设有公安、财政、教育和建设四局，必要的经过批准还可增设卫生、土地、社会和粮食管理等局。然而，由于民国时期战争频发、时局动荡，各地军阀混战，为筹集军费而滥发公债，导致地方政府的职能在很大程度上都无法实现。

（三）中华人民共和国成立初期地方政府的职能

1949 年中华人民共和国成立后，我国选择了单一制这一国家政体，与大多数实行单一制的国家一样，从机构设置上来说，我国的地方政府主要是中央政府职能的复刻与翻版。中华人民共和国成立初期，百废待兴，我国地方政府的职能主要是组织恢复生产。此外，维护新生政权的稳固也是各级地方政府的重要任务。随后我国开始大力发展工业化，受计划经济体制和政府主导模式的影响，地方政府为追求经济繁荣，全面插手市场和社会的各个领域，在由计划经济体制向市场经济体制转轨的过程中，地方政府延续了之前的"大政府"做派，获取更多的 GDP 依然是地方政府优先考虑的目标。

(四) 地方政府职能的理性回归

在我国，政府治理与职能转变是学术界不断探究的话题。许多学者通过回顾我国地方政府的体制变迁与政府职能发展历程，思考了我国地方政府职能的沿革，取得了丰硕的成果。叶克林与侯祥鹏认为，中国地方政府机构设置与中央政府有同有异是主流的政策取向，省级政府接近中央模式，而地市级政府可能更偏向于因地制宜的模式，而县、乡级政府则趋于功能整合和部门的精简[1]。刘华则指出，改革开放以来，地方政府过多地扮演了市场主体的角色，而有意无意地忽视了其提供公共服务的职能，应通过"建立协调、规范、互利的新型中央与地方关系，促使地方政府职能在顺应中央宏观发展目标基础上的理性归位"[2]。陈永战以促进地方政府职能与地方经济社会发展的良性互动为对象，从理论和时间两个层面分析了当前我国政府职能转变的现实紧迫性与价值取向，为促进地方政府职能的理性归位提供了有益的理论和政策借鉴[3]。

弥补市场缺陷，调节收入分配和稳定经济发展被视为政府财政职能的主要表现[4]。根据公共财政和要求，再参照一些国家地方政府的职能，我国地方政府的本质应当是以提供基础设施和公共服务为宗旨、以公平为核心、以法治为保障的现代服务型政府。而我国一些地方政府把追求经济发展凌驾于公共管理之上，加之我国现有的对地方官员的任命制度和政绩考核制度，客观上促使了地方官员为追求 GDP 增长而在财政资源分配上的短视，导致基础设施建设和公共服务提供被有意无意地边缘化。国际货币基金组织（IMF）在《2001 年政府财政统计手册》[5]中就将政府支出按职能划分为 10 类，随着我国 2002 年"建设服务型政府"和 2003 年"建立公共财政体系"目标的提出，并于 2006 年参照 IMF 的分类方法进行了财政支出的科目分类改革，以期与国际接轨。

---

[1] 叶克林，侯祥鹏. 综论中国地方政府职能转变与机构改革 [J]. 学海，2011 (01): 15 – 25.

[2] 刘华. 中国地方政府职能的理性归位——中央与地方利益关系的视角 [J]. 武汉大学学报（哲学社会科学版），2009，62 (04): 502 – 507.

[3] 陈永战. 我国地方政府职能转变的几点思考 [J]. 江苏社会科学，2011 (01): 113 – 117.

[4] 钟晓明. 地方财政学：第 3 版 [M]. 北京：中国人民大学出版社，2012: 16.

[5] 按照国际国币基金组织的分类方法，政府支出按职能分为：一般公共服务；国防；公共秩序和安全；经济事务；环境保护；住房和社会福利设施；医疗保健；娱乐、文化和宗教；教育；社会保护。

党的十八大、十九大的召开，为我国地方政府职能的转变明确了方向和目标。2018 年《国务院机构改革方案》的出台，更是标志着我国的地方政府将从此进入新的阶段：第一，尊重市场、维护市场。我国传统的地方政府力图将自身打造为全能型的"超人"政府，事无巨细，日理万机。除了担当经济发展的推手和牵头人之外，还将本应由市场负责解决的问题包揽上身，政府职能的越位扰乱了市场固有的模式和秩序，还容易出现"权力寻租"，导致腐败。党的十八届三中全会明确指出，"经济体制改革的核心是妥善处理政府与市场的关系，明确市场在资源配置中的决定性作用"，解决政府过多干预市场的问题，要求更好地发挥政府职能，做到有所为、有所不为。党的十九大提出了对政府机构的统筹设置，要根据社会主义市场经济的内在规律来优化政府内设机构，并引导政府职能的有效实施。第二，以人为本、保障民生。随着新型城镇化建设的展开，当今新形势下的我国地方政府，应当为人民提供更多基础设施建设和公共产品与服务，抛开过去以物质财富为本位，盲目追求经济扩张的投资冲动，要把人民作为一切活动的出发点，充分考虑社会公众的利益、愿望与要求，把民生福利改善放在首要位置，保障公民的政治、经济和文化权利，通过履行职能提供良好的社会管理和公共服务。2018 年，《国务院办公厅关于印发〈基本公共服务领域中央与地方财政事权和支出责任划分改革方案〉的通知》（国办发〔2018〕6 号），将 8 大类共 18 项基本公共服务列为中央与地方共同财政事权，权责清晰，兜底民生。第三，公开透明、承担责任。可以看出，虽然经济发展依然是各级地方政府的首要职能，但是随着公共产品理论和建设现代预算公共财政国家的理念的传播，基础设施建设与公共产品、服务的提供已经成为我国地方政府职能转变的方向和目标。新《预算法》提出了建立全面规范、公开透明的现代预算制度，打开了政府权力的"暗箱"，除了必须保密或涉及个人隐私的部分外，现代地方政府应当将信息向社会公开，以得到社会和公民的监督。公开透明是公民知情权、选择权和参与权的重要保障。另外，依法行政是地方政府实现其职能的前提，承担责任也应当成为对政府行事的要求。

二、我国政府间财政事权划分政策的调整

目前，我国正处于全面建成小康社会和深化改革的关键时期，针对已经暴露出的地方财政失衡问题，更需要及时调整政府间的财政事权划分。而如何合理划分中央与地方之前的财政事权，是财政体制改革的难点和重点，因为财政体制改革的逻辑起点，就是在政府间的事权和支出责任明确之后，再据此设定合理的税制结构和财政收入分配关系，通过预算制度和财政绩效评价制度来约束政府的财政收支行为，通过完善转移支付制度来平衡政府间的财政差异。

通过对世界上一些国家中央与地方之间的政府职能划分做出的详细比较，发现大部分国家为体现公共财政国家的特点，都将需要整体把控的宏观事务交由中央政府，将需要大量信息积累的具体微观事务和关系当地居民民生的事务交由地方政府。由于在层级不同的政府间，也会发生"搭便车"的状况，所以将具有外部性和溢出效应的公共产品，规定为由中央和地方共同承担的事权，既可以督促政府较有效地履行职能，也有利于培育地方政府财政能力。事实上，尽管我国也在不断完善政府间事权的划分，但是因为缺乏对该问题的长期总体规划，过往的做法往往倾向于政策主导，导致中央与地方在职能确定和事权划分上的不合理、不规范，距离法治化服务型政府还有一定的差距，极大地影响了各级政府提升提供公共服务的能力，限制了市场的资源配置作用。

（一）过往尝试

在实行分税制之前，我国的财政体制是分级包干财政体制，虽然也存在政府间财政事权的划分，对财政的收支范围也进行过极其粗略的分类，但实际上，在多收多支、少收少支的原则之下，政府间的财政事权划分是形同虚设的。党的十四届三中全会做出了分税制改革的决定后，我国政府间的事权和支出责任的划分才开始慢慢发展起来，并历经了与时代发展相适应的不断调整。

1993年，《国务院关于实行分税制财政管理体制的决定》（以下简称《决定》）提出，按照中央与地方政府的事权划分，合理确定各级财政的支出范围，根据事权与财权相结合的原则，实行分税制改革。但是，分税制改革更多是偏向对中央和地方之间财政收入的划分，《决定》也只列举了中央和地方的支出责任，对财政事权和支出责任的划分着墨甚少。

2006年，党中央在第十六届中央委员会第六次会议上，提出了建立和完善我国的公共财政制度。建设服务型社会，强化政府的社会管理和公共服务职能，各级政府应当把更多的财政资金投向公共服务领域，进一步划分中央和地方的事权[①]，但遗憾的是，具体的事权划分标准和路径如何进一步安排和体现，"财力和事权相匹配"的财政体制如何建立，没有下文。

党的十八大的召开，是对我国的财政体制改革的极大推进，为中央和地方财政关系的重构提供了方向，《中共中央关于全面深化改革若干重大问题的决定》明确了因分税制改革不完善导致的客观问题，指出了我国财政体制改革的目标，提出了建立"事权和支出责任相适应"的财政制度，在保持中央和地方

---

① 资料来源于《中共中央关于构建社会主义和谐社会若干重大问题的决定》。

财政稳定的情况下，适当增加中央的财政事权和支出责任，并进一步推动了对1994年《预算法》的修改工作。

党的十九大报告中提出，要进一步深化机构和行政体制改革，科学统筹机构设置，提出要使省级及以下政府拥有更多的自主权，是改革我国中央与地方政治关系的指明灯，有助于我国改善"上下一般粗"和基层政府"一对多"的情况，为明确中央与地方的事权划分提供了新的思路与方向。2018年《中共中央关于深化党和国家机构改革的决定》，是对党的十九大报告精神的实现，也终将推动我国政府职能向社会管理、公共服务和市场监管的终极转变，为政府间财政事权的划分提供明确的指向。

（二）新《预算法》对政府间事权划分的影响

相较于1994年《预算法》对预算支出的相关规定①，新《预算法》有了极大的进步，跳出了之前以政府为本位的预算支出模式安排，将一般公共预算支出按功能进行的分类，体现出了公共财政的特点，也在一定程度上透露出对政府职能的规范和政府间财政事权的安排。

1. 对政府间财政事权的划分做出了指导性规定

根据新《预算法》第27条第2款的规定："我国的一般公共预算支出包括一般公共服务支出、外交、公共安全、国防支出，农业、环境保护支出，教育、科技、文化、卫生、体育支出，社会保障及就业支出和其他支出。"新《预算法》的颁布与实施，是我国深化财政体制改革和建立健全公共财政制度的重大进步，但是新《预算法》对中央与地方财政事权的划分，还是沿用了1994年《预算法》的规定②，没有对政府间的财政事权和支出责任进行划分，而是再次将解释权和规定权交给了国务院，依旧没有走出由行政规定管理的旧模式。

但是，新《预算法》将我国的政府预算定义为一般公共预算、政府性基金预算、我国资本经营预算和社会保险基金预算，并将政府的全部收入和支出纳入预算管理，客观上推动了政府间财政事权和支出责任的划分，并通过对公共服务支出相应事项的规定和列举，为下一步划分政府间的财权和事权收集了信息，提供了基础。

---

① 根据1994年《预算法》第19条规定，预算支出包括经济建设支出、教科文卫体等事业发展支出、国家管理费用支出、国防支出、各项补贴支出和其他支出。

② 新《预算法》的第29条规定：中央预算与地方预算有关收入和支出项目的划分、地方向中央上解收入、中央对地方税收返还或者转移支付的具体办法，由国务院规定，报全国人民代表大会常务委员会备案。这与1994年《预算法》的第21条一致。

2. 推动了对政府间财政事权划分的改革

在新《预算法》实施一年多后，2016年8月，国务院出台了《关于推进中央与地方财政事权和支出责任划分改革的指导意见》（国发〔2016〕49号）（以下简称《意见》）。《意见》较为详细地对中央和地方财政事权的划分进行了规定，可以它说是目前我国处理中央与地方财政事权划分的纲领性文件，对完善我国财政体制改革具有重大意义。2017年1月，《国务院关于印发〈"十三五"推进基本公共服务均等化规划〉的通知》（国发〔2017〕号）（以下简称《通知》）明确了我国的基本公共服务体系，建立了基本公共服务清单制，作为政府履行职责的依据。2018年2月，国务院办公厅发布了《国务院办公厅〈关于印发基本公共服务领域中央与地方共同财政事权和支出责任划分改革方案〉的通知》（国办发〔2018〕6号）（以下简称《改革方案》），进一步完善了公共服务领域的中央与地方政府间的财政事权和支出责任（见表3-5），力求达到建立权责清晰、财力协调和区域均衡的中央和地方财政关系的要求。

表3-5　基本公共服务领域中央与地方共同财政事权清单及基础标准、支出责任划分情况表①

共同财政事权事项		基础标准	支出责任及分担方式
义务教育	1. 公用经费保障	中央统一制定基准定额。在此基础上，继续按规定提高寄宿制学校等公用经费水平，并单独核定义务教育阶段特殊教育学校和随班就读残疾学生公用经费等	中央与地方按比例分担。第一档为8:2，第二档为6:4，其他为5:5
	2. 免费提供教科书	中央制定免费提供国家规定课程教科书和免费为小学一年级新生提供正版学生字典补助标准，地方制定免费提供地方课程教科书补助标准	免费提供国家规定课程教科书和免费为小学一年级新生提供正版学生字典所需经费，由中央财政承担；免费提供地方课程教科书所需经费，由地方财政承担

---

① 根据国务院网站整理。http://www.gov.cn/zhengce/content/2018-02/08/content_5264904.htm，访问日期：2018-02-08。

续 表

共同财政事权事项		基础标准	支出责任及分担方式
义务教育	3. 家庭经济困难学生生活补助	中央制定家庭经济困难寄宿生和人口较少民族寄宿生生活补助国家基础标准。中央按国家基础标准的一定比例核定家庭经济困难非寄宿生生活补助标准，各地可以结合实际分档确定非寄宿生具体生活补助标准	中央与地方按比例分担，各地区均为5:5，对人口较少民族寄宿生增加安排生活补助所需经费，由中央财政承担
	4. 贫困地区学生营养膳食补助	中央统一制定膳食补助国家基础标准	国家试点所需经费，由中央财政承担；地方试点所需经费，由地方财政统筹安排，中央财政给予生均定额奖补
学生资助	5. 中等职业教育国家助学金	中央制定资助标准	中央与地方分档按比例分担。第一档分担比例统一为8:2；第二档，生源地为第一档地区的，分担比例为8:2，生源地为其他地区的，分担比例为6:4；第三档、第四档、第五档，生源地为第一档地区的，分担比例为8:2，生源地为第二档地区的，分担比例为6:4，生源地为其他地区的，与就读地区分担比例一致，分别为5:5、3:7、1:9

续 表

共同财政事权事项		基础标准	支出责任及分担方式
学生资助	6. 中等职业教育免学费补助	中央制定测算补助标准,地方可以结合实际确定具体补助标准	中央统一实施的免学费补助所需经费,由中央与地方分档按比例分担。第一档分担比例统一为8:2;第二档,生源地为第一档地区的,分担比例为8:2,生源地为其他地区的,分担比例为6:4;第三档、第四档、第五档,生源地为第一档地区的,分担比例为8:2,生源地为第二档地区的,分担比例为6:4,生源地为其他地区的,与就读地区分担比例一致,分别为5:5、3:7、1:9
	7. 普通高中教育国家助学金	中央制定平均资助标准,地方可以按规定结合实际确定分档资助标准	所需经费由中央与地方分档按比例分担。第一档为8:2,第二档为6:4,第三档为5:5,第四档为3:7,第五档为1:9
	8. 普通高中教育免学杂费补助	中央逐省核定补助标准,地方可以结合实际确定具体补助标准	中央统一实施的免学杂费补助所需经费,由中央与地方分档按比例分担。第一档为8:2,第二档为6:4,第三档为5:5,第四档为3:7,第五档为1:9
基本就业服务	9. 基本公共就业服务	由地方结合实际制定标准	主要依据地方财力状况、保障对象数量等因素确定
基本养老保险	10. 城乡居民基本养老保险补助	由中央制定基础标准	中央确定的基础养老金标准部分,中央与地方按比例分担。中央对第一档和第二档承担全部支出责任,其他为5:5

续　表

共同财政事权事项		基础标准	支出责任及分担方式
基本医疗保障	11. 城乡居民基本医疗保险补助	由中央制定指导性补助标准，地方结合实际确定具体补助标准	中央与地方分档按比例分担。第一档为8:2，第二档为6:4，第三档为5:5，第四档为3:7，第五档为1:9
	12. 医疗救助	由地方结合实际制定标准	主要依据地方财力状况、保障对象数量等因素确定
基本卫生计生	13. 基本公共卫生服务	由中央制定基础标准	中央与地方分档按比例分担。第一档为8:2，第二档为6:4，第三档为5:5，第四档为3:7，第五档为1:9
	14. 计划生育扶助保障	由中央制定基础标准	中央与地方分档按比例分担。第一档为8:2，第二档为6:4，第三档为5:5，第四档为3:7，第五档为1:9
基本生活救助	15. 困难群众救助	由地方结合实际制定标准	主要依据地方财政困难程度、保障对象数量等因素确定
	16. 受灾人员救助	中央制定补助标准，地方可以结合实际确定具体救助标准	对遭受重特大自然灾害的省份，中央财政按规定的补助标准给予适当补助，灾害救助所需其余资金由地方财政承担
	17. 残疾人服务	由地方结合实际制定标准	主要依据地方财力状况、保障对象数量等因素确定
基本住房保障	18. 城乡保障性安居工程（包括城镇保障性安居工程和农村危房改造等）	由地方结合实际制定标准	主要依据地方财力状况度、年度任务量等因素确定

(三) 对《意见》的评价

作为我国在分税制改革之后首次明确提出对政府间财政事权和支出责任划分的行政性文件，《意见》总结了分税制改革以来存在的主要问题，提出了政府间事权划分的指导思想、总体要求和划分原则，为明确地方财政的支出责任做出了突出贡献，当然，也存在一些问题。

《意见》的亮点主要有：

第一，规定了"事权"与"支出责任"的概念。2016年出台的《意见》，呼应的是党的十八大提出的"事权和支出责任相适应"的要求，结合2014年新《预算法》中关于财政支出的范围的规定，明确了"事权"与"支出责任"的基本概念，即"事权就是一级政府应承担的运用财政资金提供基本公共服务的任务和职责，支出责任是政府履行财政事权的支出义务和保障"①，为政府间财政关系法律制度的建立提供基础。

第二，明确了中央政府对财政事权的决定权。《意见》强调了要坚持中国特色社会主义道路和党的领导，确立了中央政府在财政事权的确认和划分上的决定权。我国是典型的中央集权型国家，通过赋予中央政府对财政事权的决定权，一方面维护了中央政府的权；另一方面通过适当增加中央政府承担的事权，可以减轻地方政府现有的支出责任，避免重回"一放就乱、一管就死"的循环。建立新型的"中央决策、地方执行"模式，也有助于中央与地方政府职能的理性归位，降低中央政府对微观事务的直接管理，提升其对宏观事务的调控能力。同时，调动地方政府的积极性，发挥其进行区域内事务管理的优势。

第三，确立了事权划分的重要原则。《意见》提出了根据"公共服务的受益范围"划分政府间事权的原则，涉及国家主权、统一市场和全国性基本公共服务的事项由中央负责，地方性的公共服务由地方负责，跨地区的基本公共服务由中央和地方共同负责。这项原则的确立，解决了政府间财政事权划分上容易产生的重叠性。此外，"兼顾政府职能和行政效率"的原则是对公共产品理论的有效应用，"权责利相统一"原则进一步规范了中央与地方之前的合作关系，有利于事权的合理安排，确保了政府履行职能的一贯性。

第四，列举了中央与地方的事权划分范围。《意见》提出，要适度加强中央事权，由中央承担的事权包括："国防、外交、国家安全、出入境管理、国防公

---

① 国务院. 关于推进中央与地方财政事权和支出责任划分改革的指导意见（国发〔2016〕49 号）[EB/OL]. (2016-08-24) http://www.gov.cn/zhengce/content/2016-08/24/content_5101963.htm.

路、国界河湖治理、全国性重大传染病防治、全国性大通道、全国性战略性自然资源使用和保护等基本公共服务。"相对地，地方的事权主要有：社会治安、市政交通、农村公路、城乡社区事务等受益范围地域性强、信息较为复杂且主要与当地居民密切相关的基本公共服务①。另外，《意见》还要求要进一步减少并规范中央与地方的共同财政事权，根据基本公共服务的受益范围和影响程度，分解细化各级政府承担的指责，杜绝相互推诿或出现资源浪费的情况。据此，中央与地方共同的财政事权主要有：义务教育、高等教育、科技研发、公共文化、基本养老保险、基本医疗和公共卫生、城乡居民基本医疗保险、就业、粮食安全、跨省（区、市）重大基础设施项目建设和环境保护与治理等体现中央战略意图、跨省（区、市）且具有地域管理信息优势的基本公共服务②。

第五，增加了事权的动态调整机制。中央与地方之前的事权划分，受各种条件的制约和影响，公共产品和服务也会随着市场经济的发展更新或变换，确立动态调整机制，有助于政府及时应对。例如，在时机成熟的时候，可将中央与地方共同事权中的相关宏观事务进一步上调，变成中央政府的事权；随着市场经济发展到一定程度，可能出现可以由市场和社会提供的公共产品及服务，届时就可以将这些公共产品及服务交给市场或社会。

第六，突出了法治化、规范化要求。《意见》指出了政府间财政事权和支出责任的划分存在相关法律缺位的问题，提出要在法律的框架下，保障行政权力的行使，应该打破长期以来依赖文件治国的行政模式，以法律和行政法规的形式合理划分政府间的财政事权和支出责任，有效逐步实现法治化、规范化的要求。

第七，制定了改革时间表。对有步骤地推进政府间事权和支出责任划分工作，《意见》给出了具体的改革领域和时间表，一方面起到了指导省以下相关领域的改革作用，杜绝了大话、空话和口号式的号召，另一方面也是对政府各部门落实该项工作的督促和协调，从源头上避免了上有政策、下有对策的拖沓延误，体现了国家对财政事权划分的重视。

虽然《意见》首次对财政事权和支出责任下了定义，并就事权和支出责任在政府间的划分做出了相应规定，颇具亮点，但在有些问题上也有待深入和修正，具体表现在如下几个方面。

第一，仍未完全厘清政府、市场与社会的关系。政府的职能不仅包括提供

---

① 国务院.关于推进中央与地方财政事权和支出责任划分改革的指导意见（国发〔2016〕49号）[EB/OL].（2016-08-24）http://www.gov.cn/zhengce/content/2016-08/24/content_5101963.htm.

② 同上.

公共服务，还有进行社会管理和调控市场，而市场的主要作用是优化资源配置。《意见》规定，事权是政府应承担的提供基本公共服务的任务，要落实政府提供公共产品的责任，就必须先理顺政府与市场的关系，避免政府在履行事权时的缺位、越位和错位，效率低下。此外，《意见》还提出，可以将由市场或社会承担的事务交由市场主体或社会力量承担，即由市场或社会来提供公共服务，来分担政府的事权。事实上，我国已经开始这样操作了。例如，采取政府特许经营、政府采购和政府与社会资本合作（PPP）模式，将公共服务的提供任务交给市场或社会资本。政府不再是唯一的提供者，私有资本对公共产品的提供是否会因市场的局限性，而陷入追逐利益的怪圈，从而影响公共服务的质量，要解决这一问题，这就需要落实政府、市场和社会的关系，确定政府职能。如果这个问题无法解决，那么无论对中央与地方之间财政事权进行怎样的划分，都会影响到市场的资源配置作用，也会影响公共服务的质量。

第二，中央的财政权限过大。国家对于政府间财政事权的划分受制于诸多因素，如政治体制、历史原因和经济发展水平，但最关键的中央与地方之前的关系。《意见》赋予了中央在财政事权确认和划分上的决定权，这对维护中央的权威有积极作用，避免了重蹈"强地方、弱中央"的覆辙。但中央与地方之间关于财政事权和支出责任划分的博弈，很有可能因中央的财政决定权，遭到"一票否决"。

鉴于现行法律的规定，如《中华人民共和国地方各级人民代表大会和地方各级人民政府组织法》（以下简称《组织法》）第59条①，尽管《意见》中提出要适度加强中央承担基本公共服务的职责和能力，增加中央的事权，原则上不得将事权下放，但在相应的配套法律还未出台时，《意见》作为规范性文件，不得与《组织法》相抵触，所以即便是已经确立了政府间的财政事权，上级政府一样可能会以"交办事项"为由，向下转移事权。另外，《意见》更是指出要及时总结改革成果，梳理需要上升为法律法规的内容，起草政府间财政关系法。"通过国务院意见的形式推进纵向事权划分的规范化和法律化，本身就是一个悖论，显然片面扩大了国务院作为中央事权承担者的地位，导致将各级地方自主事权都纳入国务院一根竿子的所及单位，从而混淆了两类地方政府事权。"②

第三，缺乏法律效力。虽然《意见》是1994年实施分税制改革以来国务院出台的第一个确立政府间的财政事权和支出责任的划分的文件，具有重要的意义，

---

① 第59条规定，县级以上的地方各级人民政府应办理上级国家行政机关交办的其他事项。
② 王建学. 论地方政府事权的法理基础与宪法结构 [J]. 中国法学，2017（04）：124 - 142.

但根据我国《宪法》和《立法法》的相关规定,其作为国务院发布的规范性文件,不具备法律效力,这就为该文件最终是否能够得到贯彻落实埋下了隐患。

(四)对《通知》的评价

《通知》旨在综合现有的法律法规和相关政策,确定基本公共服务的主要领域,建立科学有效的基本公共服务实施机制,构建政府服务清单,加大对民生保障的供给,加强中央和地方、政府和企业的合作,以确保公共服务均等化目标的实现。根据《"十三五"国家基本公共服务清单》,共有8个领域81个项目被确立为我国的基本公共服务体系,并且每个项目均明确服务对象、服务指导标准、支出责任、牵头负责单位等。

可以说,《通知》综合了公共产品理论和公共财政理论,基本完成了对我国的政府职能和责任的确立,并从民生保障的角度出发,构建了完整的国家基本公共服务体系。这实质上是厘清了政府与市场和社会的关系,确定了政府财政支出的范围。通过推动供给主体多元化,将可以通过政府采购获取的公共服务交由市场上具备条件和信誉良好的社会组织承担,并且在中央制定国家标准的前提下,以省级政府为主体,落实财政投入,促进省内基本公共服务的均等化,赋予了地方选择权,发挥了地方的能动性。

(五)对《改革方案》的评价

《改革方案》可以说是我国中央和地方财政事权和支出责任划分的里程碑,较之《意见》有比较明显的进步。首先,《改革方案》确定了中央和地方在基本公共服务领域的共同事权范围,以民生保障为核心,确立了国家基础标准,地方可以根据自身的财政能力进行调节。其次,《改革方案》规定了动态调整机制,较好地承接了《意见》和《通知》的主要精神,避免了政策的断裂性。再次,《改革方案》具有较强的实践操作性。根据《改革方案》,中央和地方对共同事权的支出责任按比例分档分担,将省(市、区)按各自的财政能力强弱分为五档,中央分别承担80%、60%、50%、30%和10%的支出责任。实行"分类分档"转移支付,比之前的"共同承担"更具科学性。同时,通过加强预算管理、监督检查和绩效管理制度来落实,更彰显了对共同事权支出责任划分的"前、中、后"制度保障。

但是,《改革方案》存在与《意见》和《通知》一样的问题,即中央在财政事权划分上的主导权限过大,并且各省(市、区)的财力分档依据存在不科学的地方,比如,地区经济社会发展的总体格局和财力相差情况,是根据几年的财政统计数据依照何种公式计算得来,并未可知。

三、我国政府间财政事权划分的法律构想

"各级政府事权规范化、法律化"是党的十八届四中全会对政府间财政事权划分的要求。以《宪法》和法律确定政府间财政事权的划分，明确地方政府财政的支出责任，应是实行现代财政制度国家的重要表现。我国《宪法》对中央与地方事权只做了原则性划分，《组织法》基本上是照搬《宪法》，仅对民族乡、镇人民政府和县级以上人民政府的职能[①]进行了分别列举，对地方政府职能的规定比较笼统，也没有对政府间财政事权的划分做出细致的规定。长期以来，我国对政府间的事权划分缺乏明确的法律规定，在一定程度上导致了政府间财政事权和支出责任的混乱。

（一）立法的必要性

尽管国务院的接连发文体现了国家对该问题的重视，《意见》《通知》和《改革方案》也已经基本上完成了我国政府间事权和支出责任划分的框架构建。作为财政体制改革的重点和难点，该问题目前仍处于无法可依的状态。如前文所述，我国对中央与地方的事权划分仅仅依赖于《宪法》和《组织法》等基本法律的粗线条规定，均没有涉及具体的事权安排。虽然考虑到相关的立法成本或许高昂，但是本书认为，目前我国对于政府间事权与支出责任划分的认识已经成熟，及时上升到法律的高度，制定《政府间财政关系法》或一步到位出台《政府间收支划分法》，对政府间的事权划分予以规范和确认，避免政策在实施过程中出现难以推进的尴尬，很有必要。

（二）立法的技术性

政府间财政事权的划分涉及整个财税体制改革的根本，需要运用科学的方法和精细的技术来解决相应的难关。这也从一个侧面解释了我国政府间事权划分立法的滞后性。

1. 事权划分的决定主体

通过对国务院发布的一系列文件的评价与分析，不难看出，究竟由哪个主体来决定政府间的事权划分，是值得研究的大问题。根据财政分权的理论，纵

---

① 根据规定，县级以上地方各级人民政府的职权是：执行国民经济和社会发展计划、预算，管理本行政区域内的经济、教育、科学、文化、卫生、体育事业、环境和资源保护、城乡建设事业和财政、民政、公安、民族事务、司法行政、监察、计划生育等行政工作等。民族乡、镇人民政府不须承担环境和资源保护、城乡建设事业、民族事务和监察工作。

向的中央政府与地方政府之间同样存在竞争，若还是以中央政府作为决策者，就会重蹈"既是裁判又是运动员"的覆辙，必然引发财政事权在政府层级内部的重叠。有学者指出，可以根据《宪法》和《组织法》的具体条文，将我国的地方政府事权分为自主事权和中央委托事权。经济、教育、科学、文化、卫生、体育事业、城乡建设事业可以理解为地方的自主事权，财政、民政、公安、民族事务、司法行政、监察、计划生育等可以理解为中央的委托事权[①]。如若照此，便可将具有差异性的自主事权划分交由地方人大与地方政府负责，将需要保持均等化的委托事权划分交由中央政府负责。这种做法虽然忽视了公共产品和公共服务的外溢效应，但却为确定事权划分的决定主体提供了新的思路。

2. 事权划分的层级设置

我国的政府层级共有5层，除了中央政府和省级政府之外，还有市、县、乡三级基层地方政府，根据我国新《预算法》确定的"一级政府、一级财政"的要求，我国政府间的财政事权划分必然为5级，在地方各级政府间的也存在着事权的划分，层级过多所导致的委托事权层层下移，基层政府尤其是最底层政府往往承担着非常繁杂的财政事权，财政负担沉重，但是盲目减少事权划分的层级又必然与新《预算法》相冲突，或许可以采取将委托事权以专门委托或单一委托的方式，实现财政事权划分的"扁平化"。

因此，本书认为，结合国际经验，根据地方财政的实际情况，目前我国对于政府间财政事权的划分思路是准确的，为体现现代财政制度和基本公共服务的均等化，《政府间财政关系法》的制定应当以高效提供公共服务为原则，根据公共产品的收益范围和公共服务的责任划分来明确中央与地方各级政府的财政事权和支出责任。因此，中央与地方各级政府间的事权划分可以吸收《意见》和《改革方案》中的相关规定和要求。第一，中央政府的事权应当是提供全国性的公共产品与公共服务，如国防、外交、对外贸易管理、全国性的立法与司法、对国民经济的宏观调控和税收分配政策等。第二，地方各级政府的事权应当是为本辖区的居民提供地方性的公共产品和公共服务，如消防、警察、城市基础设施建设、供水与供电、公园、图书馆、博物馆、地区性交通、地方居民最低生活保障等。第三，具有外溢性的公共产品和公共服务应当是中央政府与地方债政府共同的事权，中央政府可以用提供专项转移支付的方式，适度参与到会产生外部效应的公共事务当中。第四，完善地方各级政府间的事权划分，尽量减少基层地方政府承担不必要的财政事权，可以遵循"能者多劳"的

---

① 王建学. 论地方政府事权的法理基础与宪法结构[J]. 中国法学，2017（04）.

原则，财政能力较强的地方政府可以多承担一些财政事权。另外，如果某一项事权由基层政府负责比较能凸显效率的话，就由上级政府以委托的形式交由基层政府来负责，并支付相应的专项拨款或补贴。

第四节　我国地方财政支出的法治化路径

虽然学术界对财政法定原则的探讨与研究，多集中在税收法定之上，但作为财政法定原则的一部分，财政支出行为体现着政府、市场和社会的财政法律关系，对地方政府的财政平衡有至关重要的影响。在地方政府的财政事权得以确定之后，便可以根据财政支出法定原则，探讨我国地方政府财政支出的法治化路径，以期完善对地方财政失衡的预防。

一、财政支出法定的必要性

财政是政府治理国家的保障和基础，财政支出法定原则，是财政法定原则的分支，是规范政府财政支出行为的出发点和落脚点，有助于实现政府行为的法治化，完善我国公共财政体制。

（一）财政支出法定的内涵

政府的财政支出并不单是一个行为的发生，其应该是一个动态的过程，包括支出的目的、支出的范围、支出预算、支出的责任和对支出的监督。因此，财政支出法定原则的内容，也应当是对以上内容的体现。

第一，财政支出的目的法定。这是公共财政的要求，政府财政资金的使用，必须以提供公共产品和公共服务为首要目的。从财政收入的获取方式来看，税收是纳税人无偿给付给政府的，因此，对这笔收入的使用，应当是"用之于民"。从政府的理性经济人角度出发，政府的私利性容易导致政府将本应用于公共产品和公共服务范畴的财政资金花费在行政性支出上，使有限的财政资源无法实现高效率使用。只有做到了支出目的法定，才能更好地约束政府，保障社会群众的公共利益。

第二，财政支出的内容法定。光是财政支出目的法定，仅能保证政府的财政行为不缺位，还不足以保证政府的财政行为不越位；只有对财政支出的范围也加以规定，才能有效地避免政府以提供公共产品和公共服务的名义去使用财政资金。以法律对财政支出范围进行限定，是为了厘清政府与市场的边界，避免政府随意对市场进行介入和干预。

第三，财政支出的预算法定。政府通过向纳税人征税的方式筹集财政资金，用于提供公共服务、进行社会管理、履行政府职能，在政府与公众之间，形成了一种特殊的"委托—代理"的关系。政府作为公共利益唯一的代理人，可以在公众授权的范围内决定有关公共利益的事项，但财政资金的处置应当由委托人决定，不宜授权给政府，因为政府无权决定财政资金的使用，所以政府需要就财政支出形成预算，经审议批准后才可实行。以我国的情况看，财政支出的决定权由人大掌握，对政府编制的预算进行讨论，进行审批。为了保障财政支出的决定权由人民代表掌握，就必须以法律的形式对此进行规定，确保政府不会越权。

第四，财政支出的监督法定。政府的财政支出行为是一个动态发展的全过程，这就意味着，法律对政府财政支出行为的规定，不可能仅限于开始，而应该贯穿整个行为的始终，因为政府在进行财政支出行为的过程中，一旦出现违法，造成的损失是无法弥补的。虽然我国也有社会监督和媒体监督这些渠道，但是对政府行为最有力的监督，无疑是法律监。只有当法律监督成为政府财政支出行为的标配时，才能确保财政支出落到实处。

第五，财政支出的责任法定。如果法律仅对行为做出规定而缺乏对违法行为的责任追究，那么再细致的规定也有可能成为一纸空文，无法督促相关主体履行义。所以，应当制定相应的法律，对涉及财政支出的违法行为追究法律责任。一般来说，需要追究财政支出相关法律责任的情况主要有：人大未尽到审查预算、监督预算执行的责任，政府随意改变支出范围的责任、个别部门或个人贪污、挪用财政资金的责任。依靠法律对这些行为做出处罚，可以保证财政资金的高效率使用，杜绝政府在财政支出上违法行为。

（二）落实贯彻财政支出法定原则的意义

前文已述，政府的财政过程是动态的，财政支出是影响地方政府财政的关键变量，落实财政法定原则，是维持地方财政平衡的重要保障。

第一，这是公共财政体系的要求。公共财政理论认为，政府的主要职能是生产或提供公共产品来满足社会的需要。从财政支出的角度出发，公共性是与私利性相对的概念，在这一层面，政府作为理性的经济人，需要克服自身的私利性，避免自己陷入因盲目追求利益而置公共职能于不顾的境地，杜绝财政支出的越位和缺位，就必须由法律来对支出行为做出干涉。

从纳税人的角度出发，对政府财政支出行为的管理和监督是纳税人权利的延展。既然根据公共财政的原理，财政资金是因纳税人需要政府提供相应的公共产品和服务而将自身的财产让渡出去的，那么政府对于财政资金的处置和使用，自然要接受法律的规定，以保障纳税人的权益。

第二，这是建立现代财政制度的要求。财政支出，是政府为履行其职能，完成其事权所必须做出的行为，而对财政资金的使用涉及广大纳税人和群众的财产利益，更加应该审慎对待。财政支出法定，就是要求用法律来规范政府支出财政资金的行为，要做到没有法律规定，政府就不能随意使用和调配财政资金，这是法治化政府的重要表现和实现路径。现阶段，我国的地方政府正处于从"管理者"到"治理者"的角色转变过程中，这不仅是对政府的考验，更是对政府越位、缺位行为的纠正。目的是通过角色转换，让政府实现治理法治化。

第三，这是财税政策制定的需要。根据特里希的"偏好误识理论"，地方政府存在的原因在于中央政府在提供公共产品的过程中有可能产生失误。但在现实生活中，不管是哪一层级的政府，对公共产品的提供也并非全是根据市场调研得出的结论，也存在政府偏好和政策导向的影响，因为某一级政府的财政资金总量是不变的，那么在政府在进行财政支出、提供公共产品时，对A产品的支出多一些，势必会导致对B产品的支出会少一些。如果政府在做出财政支出行为的时候可以根据自身的偏好随意调整，那么很有可能影响财政资源的分配，导致该地区的公共产品和公共服务不协调。

二、我国地方政府财政支出法律体系的建立与完善

财政支出法律体系是由多部法律组成的对政府财政支出行为进行有机协调的法律体系，财政支出行为贯穿财政资金分配的整个过程，不仅关系到广大纳税人的公共利益，还会对市场产生巨大的影。我国缺乏完善的财政支出法律体系，仅依赖《政府投资条例》和《预算法》《政府采购法》中的零散规定是远远不够的，需要系统的法律体系来予以规制。

（一）制定《财政支出法》，落实财政支出的基本原则

《财政支出法》的定位是财政支出领域的基本法，我国应当尽快出台《财政支出法》来对政府的财政支出行为进行规范。我国立法在财政转移支付和政府投资方面还是一片空白，众多低层次的规章、意见和通知存在重复、交叉和矛盾，缺乏整体性，无法有效地处理财政支出领域的基本问题。而通观我国财政支出领域的立法进程，在每个财政支出领域能够拥有一部专门立法的理想状况还不能立即实现的情况下，制定《财政支出法》可以用上位法的方式，先对财政支出的目的、范围、程序、监督、法律责任等进行原则性规定，在某一方面缺乏立法的状况下可直接适用《财政支出法》，并对将要出台的专门法律如《政府投资法》和已存在的法律《政府采购法》做出协调和统一。

(二) 出台《财政监督法》，与新《预算法》相配合

受政府私利性和财政支出公共性的矛盾影响，财政支出必须接受纳税人及其代表的监督，我国应尽快出台一部全面构建财政监督体系的《财政监督法》，以保障纳税人权利和公共利益不受侵害。新《预算法》中虽然有这方面的规定，但其偏重的是对预算执行和预算调整的约束，加强的是对预算编制的监督，不能代替专门的《财政监督法》。

我国的《财政监督法》，首先应当赋予人大对政府财政支出行为的监督权，让其能够结合预算绩效管理，对政府的财政支出行为做出公开评价；其次，设置专门的财政支出监督机构，建立监督网络和预警机制，对财政资金的使用进行全程监控；再次，规定时间和次数，由监督机构委托审计部门对进行审计，使审计常态化；最后，改变以行政处罚为主的问责机制，设置严格的法律责任，对涉嫌犯罪的行为依法追究。

(三) 落实《政府投资条例》，早日出台《政府投资法》

长期以来，我国地方政府的投资政策和支出行为没有被置于《政府投资条例》的监管之下，地方财政支出存在越位和缺位，《宪法》和《预算法》对这一问题也没有确切的规定，政府间的事权划分又模糊不清，导致政府与市场的边界模糊不清。在这种环境下，由于缺少法律对政府投资的决策机制、方式方法、融资渠道、监督等问题的系统安排，我国的政府投资，从融资平台公司、BT模式，到现如今的PPP模式，仍然是在重复"谨慎—疯狂—严控"的套路，这种"摸着石头过河"的修补调整，无法根治我国地方政府横冲直撞的投资行为，无法可依，最终的结果就是违法违规现象频出，对市场、财政资源和公共利益没有丝毫好处。

在《政府投资条例》颁布之后，要进一步落实和明确地方政府的投资方向，提高地方政府投资的效益，规范地方政府的投资行为。首先，在基础设施建设、公共产品提供和公共服务领域，地方政府可以通过PPP模式与社会资本合作。其次，将投资项目和年度投资计划向社会公众公开，提高地方政府投资的透明度。再次，将投资可能造成的债务风险纳入评估，完善地方财政债务预警。最后，应当将政府投资的审批权交给人大常委会而不是政府内部部门，如此才能解决涉及多部门在政府投资审批权划分上的争夺。

(四) 制定《社会和资本合作法（条例）》，引导PPP模式的有效应用

国务院法制办于2017年7月公布的《基础设施和公共服务领域政府和社会

资本合作条例（征求意见稿）》（以下简称《条例》）被认为是 PPP 立法的重大进展，但该《条例》尚未出台，意见稿中也还有一些未尽之处，本书做以下补充：第一，与《国务院关于创新重点领域投融资机制鼓励社会投资的指导意见》（国发〔2014〕60 号）形成衔接，将 PPP 模式的范围扩大到对公共产品的提供。另外，一直以来，PPP 模式由国家发展改革委和财政部共同推动，两部委的职责如何划分，还需要明确基础设施和公共服务的边界。第二，提高 PPP 模式的门槛，增加对项目可运行性的要求，便于从源头鉴别伪 PPP 项目。第三，《条例》中政府通过采用竞争性方式来选择社会资本方达成的合作关系，不是地位平等的合作关系。此外，《条例》还应当明确政府和社会资本合作的方式。根据《国家发展改革委关于开展政府和社会资本合作的指导意见》（发改投资〔2014〕2724 号），政府和社会资本合作（PPP）模式的方式为特许经营、购买服务、股权合作等，广义上的 PPP 还包括外包、特许经营和私有化。第四，将"物有所值评估"和"财政承受能力论证"确立为开展 PPP 模式的必要程序，同时应加入由上级财政部门对地方政府债务风险进行评估后，方能进入审批环节。第五，《条例》中规定了合作项目协议的履行，不受行政区划调整、政府换届、政府有关部门机构或者职能调整以及负责人变更的影响，杜绝了"人走茶凉"的现象。但是，PPP 项目的合作期限一般为 10—30 年，这么长的时间内，《条例》又明确禁止政府回购和最低收益保底，很有可能导致 PPP 无企业问津，改为"不得约定固定回报"较为符合实际情况。并且，应当给予社会资本股权合法的、规范的多元化退出渠道，落实"利益共享、风险共担、全程合作"的原则，吸引社会资本参与到 PPP 项目中来。第六，明确并落实"有关部门"对地方政府的监管，避免因地方政府违约造成 PPP 项目流产。第七，《条例》赋予了社会公众监督权，但对不宜公开的界定范围未做进一步说明，为确保 PPP 项目运行的阳光化，应加强信息的及时公开。

财政部在 2019 年 3 月发布的《关于推进政府和社会资本合作规范发展的实施意见》（财金〔2019〕10 号）指出：要遵循"规范运行、严格监管、公开透明、诚信履约"的原则，切实防控地方政府隐性债务风险，坚决打好防范化解重大风险攻坚战，扎实推进 PPP 规范发展。该《意见》可以认为是现阶段《条例》尚未出台之时的替代品，但其仍旧存在相关规定限于原则性、法律位阶不高的问题。

第四章　我国地方政府财政收入的法律保障

"开源节流",几乎是一般人或企业解决财政失衡的首选项,但就政府而言,因其身份和职能的特殊性,想要依靠这四个字来缓解财政压力,谈何容易?基于财政法定主义和公共财政理论,在对地方政府的财政支出做出规范和优化之后,地方政府的财政"开源"也应当受到严格的法律限制,地方政府获取财政收入的行为应当是一国财政法律体系的重点。然而,由于我国立法缺乏对财政收入行为的系统规定,加上中央与地方之间在财政权力划分上的不科学,1994年《预算法》对政府收入的软约束,造成了地方政府在面临财政压力时,产生侵害私人财产的冲动,通过挖掘非税收入、变相融资和违规举债来盲目扩大财政收入规模,而这些因"剑走偏锋"造成的相关法律问题,极大地影响着地方财政的平衡和可持续发展。

建立健全地方财政收入法律体系的目的,就是为了确保地方政府获取财政收入行为的合法性。这不仅能有效地将行政权力关进笼子,约束政府行为,还可以有效遏制行政权力对市场的过度干预和侵害,减少财政收入管理的盲目性和随意性,增进对公民权利的保障。可以说,建立健全财政收入法律既是推动财政体制改革和社会发展的手段,又是顺应市场变化为政府的财政收入行为提供相应的法律支持。作为地方财政的主要来源之一,地方税一直是经济法学界,尤其是财税法研究的重点。近年来,是否开征保有环节的房产税也已经被多次提及,本章拟通过对地方政府财政收入来源的介绍,结合一些国家的地方财政收入来源和规模,配合新《预算法》以"土地财政"和房地产税改革为切入点,探讨符合国情的地方财政收入法律制度的构建。

第一节　地方政府财政收入的来源分析

虽然不同政治体制和财政体制的国家之间存在巨大的差异,但从获取财政收入的来源看,政府的财政收入比较一致,主要都来自税收、费用、公债收入和公共资产收益,与之相对的是政府的征税行为、收费行为、发债行为和国有资产经营行为。通过对政府获取财政收入来源的探讨,可以加深对政府财政收入行为的理解,为我国深化财政体制改革、建立"公共预算"国家提供理论基础。

一、地方财政收入行为的法律性质

有学者指出,从权力因素、权力来源和法律来源的角度,可以把财政收入行为划分为"强制性与非强制性""中央与地方"和"基本权与非基本权"三大类①,都具有以下的法律性质。

(一) 行为的正当性

财政收入行为本身,体现的就是公权和私权之间的博弈关系。从政府的性质出发,政府有义务满足社会居民的公共需要,并向其提供公共产品和公共服务,这是需要社会资源和资本支出的。因此,根据市场经济的等价交换原则,满足需要的居民应当向提供产品和服务的政府支付相应的报酬,只有政府获取到足够的财政收入,才能保证公共产品、公共服务和基础设施建设的持续性提供。这是政府财政收入行为正当性的表现。

例如,收费就有广义和狭义之分。"狭义层面上的费是指基于收益负担理论,以显示的和潜在的对待给付为要件,在政府和公民间形成的价格关系和债权债务关系,包括规费和受益费;广义层面上的费还包括基于特定经济社会政策需要,以专项基金方式收取和使用的各种政府性基金,也就是德国法和我国台湾地区所称的特别公课。"②

(二) 目的的公共性

基于政府财政收入行为的正当性,民众将属于自己的一部分私财(产),以税收、费用等方式交付给政府,使政府能够集中一部分的社会资源,获取财政资金,进行公共服务和社会管理。从另一方面看,这是政府利用公权力对私人财产权的占用和侵害,所以,收入行为目的的公共性必须是政府获取私人财产的前提条件。例如:地方政府债券,绝大多数国家都对债券的发行目的进行严格的法律限定,基本上不允许地方政府发行以补贴行政管理费用为由的政府债券,通过发行债券融通的资金必须用于基础设施建设或其他公共产品及公共服务。

(三) 对市场资源的调节性

"税收是国家或者其他公法团体为财政收入或其他附带目的,对满足法定构

---

① 刘剑文. 民主视野下的财政法治 [M]. 北京:北京大学出版社,2006:72.
② 刘剑文,熊伟. 财政税收法:第 6 版 [M]. 北京:法律出版社,2014:80.

成要件的自然人或社会组织强制课予的无对价金钱给付义务。"[①] 虽说政府征税的行为主要是为了获取财政收入,但随着社会的发展,税收已演变为政府调控经济、维持平衡的重要手段,新税种的开征和对既定税种的改变都会对整个国民经济造成极大的影响,可能会引起从公民、企业的财产权益到社会公共利益的连锁反应。以热议中的保有环节房产税为例,依法开征可以调节社会的贫富差距,并调整市场结构,引导房地产业的积极发展。

(四) 程序的合法性

由于政府在获取财政收入时,会导致对公民财产权益的侵害,出于对公民财产权的尊重与保护,也为防止政府行政权力的滥用,政府获取财政收入的行为应得到公民及纳税人的授权,由法律规定,受法律监督。政府获取财政收入的行为要满足合法性要件,这是财政法定主义的内在要求,也是公共财政的重要体现。公共财政是建立在法治基础上的,与财政有关的所有行为都要得到法律的明确许可或立法机关的专门授权,在法律规定的范围内进行。例如,新税种的开征和对既有税种的调整,都必须按照法定的程序进行。税收的开征不滥用公权力,税收的管理也不受公权力的干预,以此保护公民、企业及其他社会组织的财产权益,从源头上杜绝纳税人对政府的不信任。

总的说来,地方政府应当依法组织财政收入,而且地方政府依法获取的财政收入应该全部纳入预算进行管理。从这一角度出发,应当为收入来源提供法律保障,并分门别类地对财政收入行为从管理办法和监督模式等方面进行规范。

二、一些国家地方财政收入的来源与规模

对一些国家进行考察,有助于我国与世界接轨,吸取经验和教训,合理规划地方政府的财政收入来源,明确地方财政收入行为的法律性质。

(一) 美国州和地方政府的财政收入

美国不同州和地方政府的财政收入,主要由税收、收费和转移支付构成。除此之外,城市债券和保险与信托的收入也是美国地方政府收入的重要组成部分。在美国,地方政府的财政收入权由地方所在的州通过立法授予,因《宪法》规定,财产税不在联邦政府的征收范围之内,于是州和地方就通过有意识的协调来划分对财产税收入的分配。州与地方政府的税收体系大致相似,主要

---

① 刘剑文,熊伟.财政税收法:第6版 [M].北京:法律出版社,2014:163.

包括：财产税、销售税、个人所得税、企业所得税、机动车辆许可证税和其他税收。

从财产税的口径衡量，财产税在美国各级政府财政收入中的所占比例有所不同。图4-1显示的是2013年美国州与地方政府税收收入的对比，从中可以看出，州政府的税收收入来源多样且较为均衡，销售税和个人所得税是州政府的主要财政收入来源，而财产税则毫无疑问地成为美国地方政府最主要的税收收入来源。根据美国统计局网站中2015年州和地方政府的财政统计数据来看，由财产税获取的税收收入只占州政府财政收入的18%，而对地方政府（包括县、市镇、学区和特区）来说，财产税在财政收入中的占比高达50%—70%，特区政府财政收入的95%全部来自财产税，可以说，财产税是美国地方政府所能获取的最主要的财政收入来源。

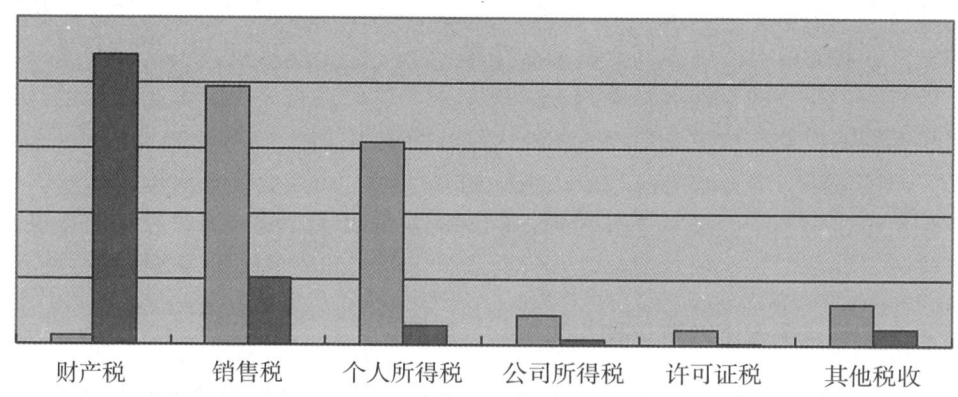

图4-1 2013年美国州与地方政府财政税收收入

从图4-2可以看出，除税收外，美国地方政府财政收入的其他来源是费用和水电气设施收入，此外，还有保险信托收入和一般收入。根据美国统计局公布的"2013年州与地方财政收入统计数据"，计入财政收入统计的主要收费项目有：教育、医疗、高速公路、机场、停车设施、海港与岛屿设施、自然资源、公园和休闲、住房与社区发展、废水处理、固体垃圾管理等，一般收入项目则包含利息、特殊资产和财产买卖等。医疗、机场、停车设施、固体垃圾管理等收费项目与水、电力、燃气和交通的使用费是地方政府财政收入的重要补充。

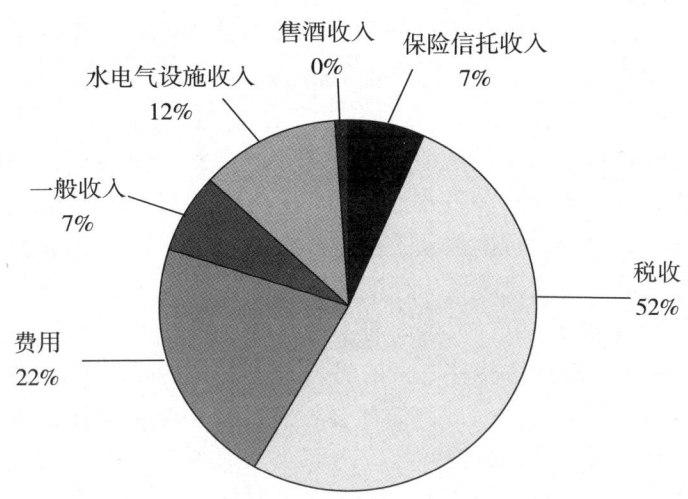

图 4-2 2013 年美国地方政府财政收入来源占比

（二）法国地方政府的财政收入

与发达国家类似，法国地方政府财政收入可分为地方税、借款、收费和转移支付收入。其中，地方税、借款与收费属于地方政府的自身财源，转移支付收入则主要来自中央政府的拨款和欧盟补助基金。根据 2010 年 7 月公布的《2007 年法国地域性地方政府账户报告》，法国地方政府的收入主要来自生产性收入、财产性收入、税收收入和转移支付收入等。

法国是典型的实行中央集权税收管理体制的国家之一，实行中央和地方的分税制度，税收的立法权、征收权和管理权均集中在中央，地方没有税收立法权，但在某些情况下拥有机动权，如地方政府可以在中央设定的税率限制范围内自主选择。法国的税制分为直接税和间接税，法国地方税的前身是 1790 年开征的直接税，是法国税收体系中最古老的税收之一，直接税 1891 年被定为中央税，1914—1917 年税制改革期间又划归地方，沿用至今。

法国没有设立地方税务征收管理部门，地方税一般是由中央部门征收，再划拨给地方政府。地方税主要包含已开发土地地产税、未开发土地地产税、营业税、居住税和转移税五种，除居住税属于财产税外，其余均属于生产税。法国地方税的税率主要由地方议会在制定年度预算时，根据本级财政需要取得税收收入的多少进行测算后予以确定，但不得超过中央政府制定的限制。各地有权对地方税做出长期或临时性的减免规定。除此之外，还有一些相关或附加税种，如专门为农业协会、商业协会和工业协会开展活动提供资金而征收的附加税和国家计划特别税等。值得指出的是,在国家账户和预算中,垃圾收集附加税(TEOM)虽然以已开发土地地产税为依据,具有附加税性质,但其实质上是一种费用,而不是税。

来自中央政府的转移支付是地方财政的第二支柱,中央提供各种形式的拨款与补助,主要以直接拨款和税收返还的形式划拨给地方。作为法国财政转移支付的主要形式,综合运行拨款几乎占全部拨款80%。该笔拨款由"人口、公路长度、学生数量、公用设施负担程度和地区贫富状况等60多个因素决定"[①],只分配给省和市镇两级政府,大区政府不得享受。

分权拨款是中央对地方转移支付的另一种形式,1982年分权改革后,原属于中央的一部分职责下放到地方,如社会救济、公共交通建设、中央校舍维修等。为弥补地方政府财政,分权拨款应运而生。据统计,2006年拨给大区的职业培训拨款就达16亿欧元。此外,欧盟基金也是法国地方政府财政的来源之一,不过占比较低,主要是针对大区的机构基金,对省和市镇的影响较小。

在1982年分权改革之前,地方政府由于缺乏自治权,只能向一家银行贷款,《权力下放法案》实施后,国家对地方政府借款渠道的限制得以放开,地方政府可以自主选择银行等金融机构借款。但是,地方政府借款也受到严格的法律规制,尽管地方政府可以自主选择借款对象、借贷资金规模和偿还利息条件,但是借款必须用于基础设施建设,不得用于行政费用与投资,不得用于偿还其他债务,有债务的利息支付也必须纳入地方预算。

(三) 澳大利亚州和地方政府的财政收入

根据澳大利亚统计局发布的《2014年地方政府全国性报告》,澳大利亚州和地方政府的财政收入来源主要来自地方税收、公共产品和服务的使用者付费和财政转移支付。

根据澳大利亚2014—2015年度政府分享税的数据,州政府税收的主要来源是雇员工资税、财产税和商品服务税,财产税是地方政府唯一的税收来源,且按照将近7:3的比例与州政府共享。地方政府可获取的财产税主要为土地税(rate revenue),土地税因土地价值而不同,在不同的州和特区,对土地价值的评估和测算差别也很大。比如,在新南威尔州,土地税是根据土地的未开发价值确定的;在维多利亚和南澳大利亚州,则是以土地的最初用途作为确定土地税的标准。

---

① 刘剑文,熊伟. 财政税收法:第6版[M]. 北京:法律出版社,2014:135.

澳大利亚地方政府所收取的费用主要来自使用者对公共产品和服务的付费，且各地的费用收入在各自财政中的占比差别巨大。比如，南澳大利亚州的地方政府费用收入仅占财政收入的 17.9%；而新南威尔州的该项占比竟超过了税收占比，在该州财政收入的占比中达到 34.7%。2014—2015 年度，全国所有地方政府的费用收入在财政收入中的平均占比为 27.1%。

尽管澳大利亚曾在 1976 年引入过所得税共享制度，在州和地方政府的财政收入中占很大规模，但在 1986 年就被来自联邦财政的援助拨款（FGA, federal assistance grant）超越了。从 1974 年开始到现在，FGA 已经为地方政府提供了超过 500 亿澳元，成为地方财政收入的重要来源，具体由澳大利亚的《地方政府（财政援助）法案》规定。FGA 按季度拨付，资金池的额度根据每年的人口和居民消费价格指数（CPI）变化而调整。据悉，澳大利亚 2017—2018 年度的 FGA 比 2016—2017 年度增加 50%。

FGA 包括一般性拨款和地方道路拨款。一般性拨款根据州政府和边疆地区的人口分配；地方道路拨款则根据州和边疆地区的固定历史份额分配，主要用于道路支出和道路资产维护。这两项拨款最后都交由地方政府使用，允许地方议会根据当地的实际情况优先安排，自主使用，不受联邦政府的限制，但是各州和北部边疆地区的地方政府津贴委员会（LGGC, local government grants commission）可以《地方政府（财政援助）法案》和国家相关津贴政策对 FGA 的使用提出建议。

根据法案要求，一般性拨款需满足以下条件。第一，横向均衡。要确保州范围内的每一个地方政府都可以通过合理的帮助以履行职能，财政收支不低于平均水平。第二，政策中立。单一地方政府对自身财政收支的相关政策，不对 FGA 的决策产生影响。第三，最低限额。获得一般性拨款的地方政府收到的实际款项，不得低于其一年中应当获得的 30%。第四，其他补贴。地方政府因其他支出需要而获得的相关补贴，应该接受相应的评估，并且计入一般性拨款的份额。第五，议会混合。如果出现两个或更多的地方政府合并为一的情况，一般性拨款将会按照之前各个地方政府应获取的拨款总数发放，期限为 4 年，4 年后再按照新地方政府的人口和规模核算新数额。

(四) 日本地方政府的财政收入

日本的地方公共团体包括都道府县和市町村，两者都是日本的地方政府。表 4-1 是 2012 财年日本地方财政的收入来源和相关数据，其中，交付金、地方交付税、地方让与税和国库支出金是转移支付收入。从表格内的数据可以看出，日本地方公共团体可获取的财政收入来源主要有地方税、地方债、费用和转移支付。

表4-1 2012财年日本地方财政收入项目

(单位：10亿日元)

项　目	都道府县	市町村
地方税	16 117	18 343
地方让与税	1 831	441
市町村烟草税交付金	1.3	—
税收利息交付金	—	57
红利交付金	—	41
资产获利交付金	—	11
地方消费税交付金	—	1 266
高尔夫球场使用交付金	—	35
特别地方消费税交付金	—	0
汽车购置税交付金	—	146
汽油交易税交付金	—	127
地方特别交付金	51	76
地方交付税	9 317	8 973
交通安全特别交付金	39	29
分担金与负担金	309	659
使用费	441	1 002
手续费	204	368
国库支出金	6 583	8 843
市町村国有设施所在地助成交付金	—	34
都道府县支出金	—	3 437
财产收入	214	365
寄附金（捐款）	36	64
转存金	2 233	1 440
滚存金	1 161	1 648

续　表

项　目	都道府县	市町村
杂项收入	5 227	2 639
地方债	7 174	5 195
特别区财政调整交付金	—	905
合计	50 937	56 145

日本的地方税分为道府县税和市町村税，表 4-2 是根据日本总务省自治财政局财务调查课《地方财政统计年报》相关资料整理所得的日本地方税主要税目。在市町村税方面，固定资产税包括纯固定资产税（如土地、房屋、折价资产）和相关交付金。另外，特别地方消费税本属于都道府县的法定普通税，但从 2000 财年起被取消，所以特别地方消费税交付金也从 2000 财年起消失了。因为大部分的公共服务收费都是以地方税的形式存在的，所以日本地方公共团体可收取的费用科目较少，仅包括使用料（租金与使用费）和手数料（收费）。

表 4-2　日本主要的地方税

都道府县		市町村	
法定普通税	都道府县民税 事业税 地方消费税 不动产取得税 都道府县烟税 高尔夫球场使用税 汽车购置税 汽油交易税 汽车税 矿区税 固定资产税	法定普通税	市町村民税 固定资产税 轻型汽车税 市町村烟税 矿产税 特别土地使用税
法定外普通税			

续 表

	都道府县		市町村
法定目的税	汽车购置税 汽油交易税 狩猎税①	法定目的税	温泉浴税 事业所成立税 城市规划税 水利地益税
法定外目的税			
依旧法所获得税			

地方债作为日本地方政府获取财政收入的手段，历史悠久。日本的地方公共团体可以根据运营的需要，依照法律发行地方债。根据《地方财政法》第5条的规定，日本的地方债主要有以下方面：第一，补贴交通、煤气、自来水及其他公营企业需要的经费；第二，以投资及放贷为目的项目投资筹集经费；第三，置换存量地方债，借新偿旧；第四，用于灾害、救助等应急事项；第五，为教育、健康福利、消防、公共设施建设等提供经费。

根据日本统计局数据，2012 财年地方税在地方财政收入中的占比为 34.5%，使用收费和手续费的占比也很小，除了地方债之外，政府间的财政转移支付收入几乎是日本地方公共团体财政总收入的一半以上。在日本，中央财政向地方财政的转移支付主要有四种形式，即交付金、地方交付税、地方让与税和国库支出金。

三、我国地方政府财政收入的来源和规模

分税制改革之后，我国地方政府的财政收入来源主要分为预算内收入和预算外收入。凡是未被1994年《预算法》列入预算收入范围的财政资金来源，都属于预算外收入，如各种附加费和养路费等。在新《预算法》要求将政府的全部收入纳入预算之后，目前，我国政府的预算外收入已经基本上不存在了。

（一）我国地方政府财政收入的来源

根据《财政部关于印发政府收支分类改革方案的通知》（财预〔2006〕13

---

① 狩猎者登记税从2000财年后变更狩猎税，作为法定目的税。

号），政府收支分类设置为："税收收入、社会保险基金收入、非税收入、贷款转贷回收本金收入、债务收入和转移性收入。"从财政部制定的《2014年政府收支分类科目》中可以看出，我国地方政府的公共财政预算收入包括税收收入、非税收入、债务收入和转移性收入四个大类。根据国家统计局网站，计入我国地方政府财政收入统计数据的是税收和非税收入，债务收入和转移性收入并未列入统计数据。

1. 税收收入

实施分税制之后，我国的地方政府税收收入共有两种：地方税和中央与地方共享税。其中，地方税是收入权和管理权都专属于地方的税种，共享税则是由中央和地方共同征收与管理，获取收入按分成共享。

根据1993年《国务院关于实行分税制财政管理体制的决定》，我国的地方税包括："营业税（不含铁道部门、各银行总行、各保险公司总公司集中交纳的营业税）；城镇土地使用税；城市维护建设税（不含铁道部门、各银行总行、各保险公司总公司集中交纳的部分）；房产税；车船使用税；印花税；耕地占用税；契税；遗产和赠予税；烟叶税；土地增值税等。"中央与地方的共享税主要有："增值税、所得税、资源税和证券交易印花税等。其中，增值税中央分享75%，地方分享25%；资源税按不同的资源品种划分，除海洋石油资源税作为中央收入外，大部分资源税作为地方收入；证券交易税，中央与地方各分享50%。"

除上述两种税收收入之外，我国地方政府还有中央对地方的税收返还收入，这本质上是一种中央对地方的财政转移支付，目的是为了保持地方的现有既得利益格局，主要根据基数法计算返还数额。

2. 非税收入

非税收入在我国存在的历史已久，随着我国经济的发展，非税收入的规模也不断扩大，非税收入是组成我国地方政府财政收入不可或缺的一部分。1986年国务院颁布的《关于加强预算外资金管理的通知》提出了预算外资金的概念。长期以来，我国一直用"预算外基金"的概念代表非税收入。实际上，非税收入的范围比预算外资金要大得多。2004年财政部颁布的《关于加强政府非税收入管理的通知》（财综〔2004〕53号）将"非税收入"定义为："除税收之外，由各级政府、国家机关、事业单位、代行政府职能的社会团体及其他组织依法利用政府权力、政府信誉、国家资源、国有资产或提供特定公共服务、准公共服务取得并用于满足社会公共需要或准公共需要的财政资金。"从预算外资金到非税收入，标志着我国建立公共财政体系认识的深化。

2003年5月发布的《财政部、国家发展和改革委员会、监察部、审计署关于加强中央部门和单位行政事业性收费等收入"收支两条线"管理的通知》（财综〔2003〕29号）将"非税收入"的范围概括为中央部门和单位按照国家有关规定收取或取得的行政事业性收费、政府性基金、罚款和罚没收入、彩票公益金和发行费、国有资产经营收益、以政府名义接受的捐赠收入、主管部门集中收入等属于政府非税收入。根据《2014年政府收支分类科目》，目前我国主要的非税收入包括："专项收入、行政事业性收费、政府性基金、社会保险基金收入、罚没收入、国有资本经营收入、国有资产（资源）有偿使用收入和其他（捐款）收入等。"目前，属于我国地方政府财政的非税收入主要有费用、政府性基金、国有资本经营收入、社会保障基金收入，均已纳入地方财政的预算范围。

非税收入在我国之所以饱受诟病，原因之一在于我国地方税体系缺乏主体税种，导致可获取的税收收入无法满足财政支出，因此种类繁多、高昂的行政事业性收费、罚款和土地出让金成为地方政府缓解财政压力的补充；原因之二在于新《预算法》出台之前，非税收入并没有纳入到财政预算监督之中，相关法律制度的缺失在客观上造成了地方政府对非税收入的扩张性追求。

3. 债务收入

在我国的《政府收支分类科目》中，"地方债务收入"包含了：国务院批准的地方政府债券收入；地方政府通过中央政府直接转贷或委托银行转贷向外国借款的收入或向外国政府借款的收入；地方政府通过中央政府直接转贷或委托银行转贷向国际金融组织借款的收入，但需要指出的是，在新《预算法》出台之前，我国地方政府是没有自行发债的权力的，只能依靠地方融资平台公司变相发债、获取银行的贷款，这种债务收入不列入政府预算，是隐性的。尽管新《预算法》在一定程度上放松了限制地方发债的阀门，允许符合条件的地方政府适度举债，2015年省级政府已经实现政府债券的自发自还，但是从预防系统性风险的角度上说，对地方政府的发债行为进行限制是很有必要的。

与非税收入一样，在对地方债务进行严管之前，我国地方政府通过融资平台公司变相举债已经到了极其严重的程度，虽然近年来对地方债的监管愈来愈严格，地方政府短时间内还无法实现自主发债，但在今后相当长的时期内，债务收入依然会成为我国地方财政的重要补充来源，同时，庞大的存量债务也需要科学、客观的处理。

4. 财政转移性收入

财政转移性收入是来自上级政府的转移支付以及不同性质的资金调拨收入，是中央政府进行宏观调控，平衡各地财政能力的主要手段，属于补助性的财政收入。新《预算法》第16条规定："国家实行财政转移支付制度。……以为均衡地区间基本财力、由下级政府统筹安排使用的一般性转移支付为主体。按照法律、行政法规和国务院的规定可以设立专项转移支付，用于办理特定事项。建立健全专项转移支付定期评估和退出机制。市场竞争机制能够有效调节的事项不得设立专项转移支付。"

在我国，财政转移性收入是地方政府，尤其是老少边穷地区财政收入的重要来源。目前，我国地方财政可获取的财政转移性收入有上级政府的返还性收入（即税收返还）、一般性转移支付和专项转移支付。财政转移性收入是补充地方政府财政收入不足的主力军。实际上，财政转移支付是由中央政府或上级政府根据不同政府之间的财政能力差距，有意识地进行横向或纵向的宏观调控，推进公共服务的均等化，属于政府间财政平衡的手段，但从下级政府的角度而言，特别是我国的基层政府，财政转移支付收入几乎是其全部的财政收入来源。

（二）我国地方财政收入的规模

从表格4-3中可以看出，自1978改革开放以来，到实施分税制财政体制改革之前，我国地方政府的财政收入规模增长迅速，地方政府的财政收入占全国财政收入的占比均达60%以上，最高时甚至达到80%以上，地方政府财政收入占比的居高不下，从侧面反映出了中央财政收入的萎缩。因此，为了扭转"强地方、弱中央"财政状况，分税制改革应运而生。在1994年分税制改革后，地方政府财政收入占全国财政收入的比重下降至最低点，仅为44.3%，随后基本都在50%以下，2011年提高到50.6%，首次超过50%，之后基本上就在53%上下波动，未能超过55%。

表4-3 我国地方财政收入及比重

年 份	全国财政收入（亿元）	地方财政收入	
		总量（亿元）	占全国财政收入比重（%）
1978	1 132.26	956.49	84.5
1980	1 159.93	875.48	75.5
1985	2 004.82	1 235.19	61.6
1990	2 937.1	1 944.68	66.2
1993	4 348.95	3 391.44	78
1994	5 218.1	2 311.6	44.3
1995	6 242.2	2 985.58	47.8

续　表

年　份	全国财政收入（亿元）	地方财政收入	
		总量（亿元）	占全国财政收入比重（%）
2000	13 395.23	6 406.06	47.8
2002	18 903.64	8 515	45
2005	31 649.29	15 100.76	47.7
2010	83 101.51	40 613.04	48.9
2011	103 874.52	52 547.11	50.6
2012	117 253.52	61 078.29	52.1
2013	129 209.64	69 011.16	53.4
2014	140 349.74	75 859.73	54.0
2015	152 269.23	83 002.04	54.5
2016	159 604.97	87 239.35	54.7
2017	172 592.77	91 469.41	53.0
2018	183 359.84	97 903.38	53.4
2019	190 390.08	101 080.61	53.1
2020	182 895.00	100 124.00	54.7

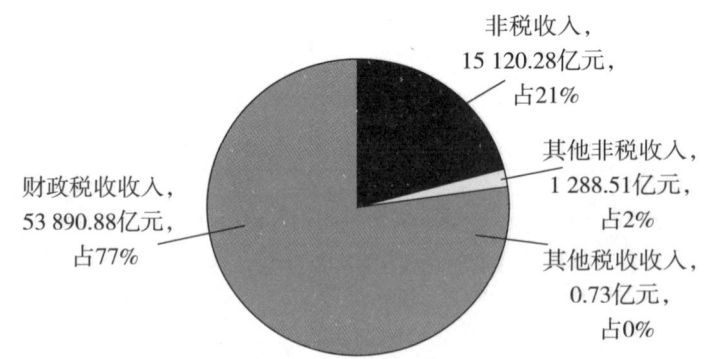

图 4-3　2013 年我国地方政府财政收入的分类情况

图 4-3 展示的是 2013 年我国地方政府财政收入的分类情况。可见，地方政府财政收入的绝大部分来自税收收入。表 4-4 显示的是 2012—2016 年的地

方财政主要收入。总的说来，我国地方政府的财政收入逐年上升，规模逐年扩大，从收入结构和数据来看，地方税收是地方财政的主要来源，非税收入尤其是行政事业性收费和国有资产收益依然是我国地方财政不可或缺的来源之一。

表4-4 2012—2016年地方财政主要收入

（单位：亿元）

年 份	总 额	税收收入	非税收入					
			专项收入	收费收入	罚没收入	国有资本经营收入	国有资源有偿使用收入	其他非税收入
2012	61 078.29	47 319.08	2 819.96	4 202.34	1 519.46	1 335.91	2 740.31	1 141.23
2013	69 011.16	53 890.88	3 122.22	4 497.35	1 613.34	1 183.63	4 315.23	1 288.51
2014	7 5876.58	59 139.91	3 304.76	4 840.37	1 632.89	1 146.34	4 187.65	1 624.66
2015	83 002.04	62 661.93	6 410.36	4 412.08	1 762.90	690.76	5 220.74	1 843.27
2016	87 239.35	64 691.69	6 186.88	4 416.50	1 851.51	857.65	6 652.43	1 707.51

从规模上看，税收在所有国家地方财政收入中的占比巨大，是当之无愧的第一。通过与我国现阶段地方财政收入规模的对比，可以看出，在财政分权较为彻底的国家，财政转移支付收入占地方财政总收入规模的第二。与我国相反，世界上一些国家的地方财政，对债务收入和费用收入的依赖程度较低，并且收入结构较为均衡。除此之外，我国的地方财政，尤其是财政能力较弱的基层政府，由于无法获得足够的地方税收入，对"土地财政"和上级转移支付的依赖尤其明显，而地方政府的隐性债务由于长期游离在监管之外，也成为地方财政的重要补充项目。

第二节 地方财政收入法律制度的国际对比

财政收入法律制度是规范政府获取财政收入行为的法律，是现代国家财政法律体系的重要组成部分，也是建立公共财政体系的前提。根据现代国家财政收入的构成，财政收入法主要包括税法、公债法、费用征收法、彩票法以及某些特定的资产收益法等①。从地方政府的角度出发，财政收入法律制度主要涉及与地方税相关的税法、公债法、费用征收法和转移支付法等。需要指出的是，转移支付法的主要目的是为了平衡地方之间的财力，调节财政资源的配置，实现公共服务均等化，应属于财政平衡法的范畴。但国际上，上级政府的财政拨款也是财政收入的来源，考虑到我国的现实情形，在老少边穷地区，上级政府的转移支付几乎是该级财政的全部来源，所以本节也会讨论关于财政转移支付的相关内容。

一、一些国家地方财政收入法律制度的评述

在西方发达国家，基本上都已经建立了专门的财政收入法律制度，并通过详细的法律规定来考核地方政府获取财政收入的行为。现针对主要国家的地方政府财政收入法律制度的经验做简要的介绍与评述。

（一）美国的地方政府的财政收入法律制度

美国是典型的联邦制国家，实行的是比较彻底的财政联邦制度，联邦、州、地方三级政府的财政相对独立。根据美国《宪法》，州享有高度的自主权，并且在不与《宪法》和联邦法律抵触的情况下，享有自主的立法权和行政权，同样地，各州也给予地方政府相当大的自主权。美国联邦《宪法》对税收也仅做出了原则性规定②，在这些规定下，各州或地方必须以法案或法令的形式，根据实际情况，决定税种的设置和征收管理，并且不得与联邦《宪法》和州《宪法》相抵触。

在美国，除州《宪法》之外，常规上是以《州财政法案》《政府接受赠与法案》和《州财政收入分享法案》为基础，然后根据财政收入的不同来源，由众多分类细致、内容详细的法案共同构成美国州与地方财政收入法律制度，如《所得税法案》《占用和使用（基于财产）税法案》《财产税法案》《遗产税法案》《消费税法案》《公共设施使用税法案》和众多的公共基金法案等。以伊利诺伊州为例，州《宪法》赋予了州政府获取财政收入的权力，并对所得税、个人财产税、房地产税等做出了原则性规定。比如州《宪法》第 9 条第 3 款规定，所得税税率不得累进，采取比例税率，公司所得税不得超过个人所得税 5—8 个

---

① 刘剑文，熊伟.财政税收法：第 6 版 [M].北京：法律出版社，2014：79.
② 《宪法》第一章第八节规定："国会有权制定和征收国民税、关税、进口税和货物税，但各州必须实行统一的无歧视政策"；第九节规定："任何州的出口货物不得被征收关税"。

比例；关于财产税豁免的情形由州宪法第 9 条第 6 款予以规定，即属于州、地方和学区的财产，专门用于农业、园艺、学校、宗教、墓地和慈善用途的财产可免征财产税。

美国各级政府都有独立的税收立法权和征收管理权，各级议会可以在《宪法》框架内制定自己的税法和税制。在税收的划分上，美国实行彻底的分税制，各级政府间的财力分配以划分税种的方式解决，不存在交叉上解和补助的情况。

美国的州和地方政府在政治上具有较强的独立性，享有高度独立的财政自主权，地方政府在联邦《宪法》和州《宪法》规定的范围内，可以制定本地的具体法规，享有一定的税收立法权、税收支配权和征收管理权。各州通过州立法确定属于州政府的税种、税基和税率。

（二）法国的地方政府财政收入法律制度

法国实行议会制，法国《宪法》第 34 条列举了议会立法的权限范围，其中包括赋税的征税基础、税率和征收方式，列举范围之外的事项属于条例的范围。法国的条例包括命令和规定，命令是由总统和总理制定的，规定由其他行政机关制定。同时，根据法国《宪法》的第 16 条和第 38 条，原本属于法律规定的事项也可由条例规定，由总统制定的条例甚至可以废除现存的法律，又限制了议会的立法权限[1]。因此，在法国，行政机关享有很大的立法权，许多税收法律都是以政府法令的形式出现。

根据法国《宪法》第 72 条第 2 款的规定，法国实行地方财政自治。因此，法国地方政府享有一定的税收自主权，可以自主确定地方税的税基和税率，也有权决定是否开征某些税种。但是，地方政府没有开征新税种的权力，并且地方税的税率只能在国家规定的税率范围内选择。

（三）日本的地方政府财政收入法律制度

日本地方财政收入法律的制度框架主要由《地方自治法》《地方财政法》《地方税法》和《地方交付税法》等相关法律共同构成。日本根据"一级政府，一级财政"设置了对应中央、都道府县、市町村的三级财政预算制度，与美国类似，日本有众多的地方公共团体，千差万别的地方公共团体可以在法律允许的范围内征税，并建立自己的预算、决算、会计和税收法律制度。《地方自治法》是日本地方公共团体财政的基本法，其中第九章"财务"规定了地方财政

---

[1] 许建国. 中国地方税体系研究 [M]. 北京：中国财政经济出版社，2014：114.

相关的预算、收入、支出、决算、合同、财产等事项。根据《地方自治法》，地方预算分为一般会计预算和特别会计预算，地方财政收入以一般会计预算为主，以地方税、地方让与税、地方交付税、国库支出金、地方债和其他收入等6大类为主，辅之以基金、分担金、使用费、手续费等。

《地方财政法》则主要就地方公共团体的财政运营、国家财政和地方财政的关系做出相关原则性规定，以确保地方自治和地方财政的健全发展。《地方财政法》主要规定了日本地方公共团体年度间财源调整、公积金处分、地方债、公营企业的经营、剩余金、财产的管理及运用、补助金、负担金、彩票与博彩类缴纳金和民税等事项。根据《地方财政法》，日本地方公共团体的一般财政额包括一般税、消费转让税、特别转让税、国有资产等所在市町村补助金、国有资产等所在都道府县补助金、国有提供设施等所在市町村助成补助金、日本邮政公司资产所在市町村缴纳金、日本邮政公司资产所在都道府县缴纳金以及地方交付税或特别区财政调整补助金额的合计额。

《地方税法》对地方税的税种及课征做了详细的规定，地方公共团体可在法律允许的范围内，自主选择税种和税率，"地方政府认为由于公益上的原因及其他事由而不宜课税时，可不课税"①。虽然地方政府享有地方税的课税选择权和税率选择权，但为了防止税率混乱而导致不同地区间的税收负担失衡，中央可以依靠"课税否决"制度限制地方政府擅自开征税种。同时，《地方税法》规定，"如果都道府县用与标准税率不同税率征收时，必须实现向自治大臣提出申报"②，"固定资产税的标准税率为1.4%，市町村可使用最高2.1%的税率，但只要税率超过1.7%就必须事先向自治大臣提出书面申报"③。总之，地方政府如不按照《地方税法》规定的标准税率征收，需要报中央审批。因此，地方政府虽然有权决定课税税目和税率，但是这种自主选择权仅限于一定范围内，中央始终享有对地方税税种和税率的最终决定权。

因此，除了《地方税法》规定的相关税目之外，日本还以法外税的形式赋予地方政府课税的权限④。法外税是地方政府可自行征收的《地方税法》法定外税收，目前日本现行的法外税大多与环境保护有关，如山梨县河口湖周边的市町村

---

① 详见《地方税法》第6条。
② 财政部税收制度国际比较课题组. 日本税制 [M]. 北京：中国财政经济出版社，2000：28.
③ 详见《地方税法》第13条。
④ 财政部税收制度国际比较课题组. 日本税制 [M]. 北京：中国财政经济出版社，2000：28.

对垂钓者征收每天 200 日元的游牧税,用于建设免费停车场和清扫湖畔等。

地方政府无论征收还是法定税还是法外税,都必须制定征税条例。地方税征收条例由政府起草议会审批,法定税征收条例必须通过地方议会的审议并得到中央政府总务大臣的批准才能执行。地方税征收条例的内容主要包括税目、纳税人、课税对象、计税依据、税率其他相关事项。

《地方财政法》规定,为基础设施建设筹集资金而发行的地方债,其偿还年限必须不能超过该公共设施的建设年限或使用年限;用于借新偿旧的地方债券的偿还期限,也不得超过旧债务的偿还期限。《地方财政法》第 32 条对彩票的发售和进行公营博彩类比赛的地方公共团体的缴纳金做出了相关规定,都道府县和地方自治法指定的城市可以根据《彩票法》的相关规定发售彩票,地方公共团体也可以根据法律规定进行公营博彩类比赛。根据政令的规定,按照一定比例将彩票收入或博彩类销售额作为财政收入。日本的地方公共团体数目众多,彼此间财政能力不均。因此,日本的财政转移支付制度的设计也十分科学精细,具有法治化和透明度强的特点,由《地方交付税法》做具体规定。

二、我国地方政府财政收入法律制度的现状与评析

我国的财政管理体制经历了数次变迁,财政法律体系也在日趋完善,但除《预算法》之外,目前绝大部分对地方政府财政收入的规范主要依靠财政部的通知、文件和其他部门的行政命令或规范性文件,仍然没有涉及地方财政收入的专门法律。

(一)缺乏专门的地方税立法

一般来说,与地方政府财政收入相关的税法应包括税收基本法、地方税专门法和税收征管法等。按照规范的财政收支划分,税收应与"一级政府、一级财政"的模式相配合,除了中央税与地方税的大范围划分外,还应分为省税、县税和乡镇税等。不过在我国税收基本法缺位、税种专门法法律层次低下的前提下,税种划分只是将中央政府单独列出来,并未细化到地方政府的各个层级,且政府体系内部每一层级的税收划分主要依靠上级政府的行政命令,缺乏统一的法律规定。

财产税是国际上通行的地方主体税种,保有环节的房产税作为财产税的典型,我国也有意将房地产税打造为地方主体税种。但是,目前我国的房地产税立法尚未出台,制约了地方政府获取财政收入的能力。

(二)缺乏专门的地方债立法

公债是政府以信用为基础向社会筹集资金,是获取财政收入的重要形式。

在我国，公债主要以国债为主，虽然我国并没有制定专门的《公债法》，但1994 年《预算法》赋予了中央政府举债的权力，至于地方政府的举债权，在新《预算法》出台前，则受到严格的限制。1994 年《预算法》第 28 条规定："地方各级预算按照量入为出、收支平衡的原则编制，不列赤字。除法律和国务院另有规定外，地方政府不得发行地方政府债券。"但实际上，地方政府通过投融资平台公司变相举借债务早已成为公开的秘密，据审计署审计结果公告 2013 年第 32 号《全国地方政府性债务审计结果》显示："截至 2013 年 6 月底，地方政府负有偿还责任的债务 108 859.17 亿元，负有担保责任的债务 26 655.77 亿元，可能承担一定救助责任的债务 43 393.72 亿元。"从举借主体看，市县级政府的债务最多，融资平台公司承担最多的债务。

为解决地方财政能力不足，规范地方政府债务，新《预算法》适度地赋予了地方政府的举债权，根据第 35 条规定："经国务院批准的省、自治区、直辖市的预算中必需的建设投资的部分资金，可以在国务院确定的限额内，通过发行地方政府债券举借债务的方式筹措。举借债务的规模，由国务院报全国人民代表大会或者全国人民代表大会常务委员会批准。省、自治区、直辖市依照国务院下达的限额举借的债务，列入本级预算调整方案，报本级人民代表大会常务委员会批准。举借的债务应当有偿还计划和稳定的偿还资金来源，只能用于公益性资本支出，不得用于经常性支出。除前款规定外，地方政府及其所属部门不得以任何方式举借债务。除法律另有规定外，地方政府及其所属部门不得为任何单位和个人的债务以任何方式提供担保。"

随后，国务院《关于深化预算管理制度改革的决定》指出："要硬化预算约束，防范道德风险，地方政府对其举借的债务负有偿还责任，中央政府实行不救助原则。"这与以往中央对地方债务，既不正式表达负责担保，也不明确划清界限的"地方债接近国债"做法大为不同，随着地方政府一般债券的发行，存量债务得以置换延期，在明确中央不兜底地方债和禁止平台公司违规举债之后，地方政府的违规融资手段就更加隐蔽了。尽管财政部对地方债的监管越来越严，但不少地方政府仍顶风作案，借助 PPP 模式搞名股实债，因此，对地方债问题进行专门立法的呼吁也越来越高。

（三）没有专门的费用征收法

我国法学界目前关注的重点在于以政府为主体收取的费用，即行政事业性收费和政府性基金，行政事业性收费就其本身特点来看，属于规费的范畴，政府性基金即相当于"特别公课"。"规费"是基于我国台湾地区的《规费法》所提取的定义。台湾学者廖钦福认为，规费可以区分为行政规费、使用规费和特许管制规费三种①。《行政事业性收费标准管理暂行办法》由国家发展和改革委员会与财政部在 2006 年 3 月 27 日发布，是我国目前规范行政事业性收费的法律文件。该办法所称行政事业性收费，是指："国家机关、事业单位、代行政府职能的社会团体及其他组织根据法律法规等有关规定，依照国务院规定的程序批准，在实施社会公共管理，以及在向公民、法人提供特定公共服务过程中，向特定对象收取的费用。"收费标准分为行政管理类收费、资源补偿类收费、鉴定类收费、考试类收费、培训类收费和其他收费类别的收费。收费实行中央与省的两级审批制度，对符合规定申请的收费标准，审批机构应根据收费的不同性质进行分类审核。

政府性基金可以弥补财政收入的不足，根据《财政部关于加强政府非税收入管理的通知》（财综〔2004〕53 号）的规定："政府性基金是指各级政府及其所属部门根据法律、行政法规和中共中央、国务院有关文件规定，为支持某项公共事业发展，向公民、法人和其他组织无偿征收的具有专项用途的财政资金。"2010 年 9 月，为加强政府性基金管理，进一步规范审批、征收、使用、监管等行为，保护公民、法人和其他组织的合法权益，对政府性基金实行中央一级审批制度，遵循统一领导、分级管理的原则，将政府性基金全额纳入财政预算，实行"收支两条线"管理。地方各级政府及其所属部门申请征收政府性基金，必须以法律、行政法规和中共中央、国务院文件为依据，法律、行政法规和中共中央、国务院文件没有明确规定征收政府性基金的，一律不予审批。法律、行政法规和中共中央、国务院文件明确规定征收政府性基金，但没有明确规定征收对象、范围和标准等内容，地方各级政府及其所属部门应当提出书面申请，经省级政府财政部门审核后，由省级政府财政部门或省级政府报财政部审批②。

（四）尚未出台专门的财政转移支付法

我国目前尚未出台专门的财政转移支付法，虽然十多年前，学术界就开始呼吁对财政转移支付进行专门立法，但由于我国的财政转移支付还处于发展和完善阶段，现行的转移支付制度主要由新《预算法》和财政部发布的一系列文件和通

---

① 廖钦福，王劲力. 台湾地区 2012 年"财政收支划分法"修正草案之立法借镜与展望［J］. 交大法学，2014（01）：45-60.

② 根据《中共中央、国务院关于坚决制止乱收费、乱罚款和各种摊派的决定》（中发〔1990〕16 号）、《国务院关于加强预算外资金管理的决定》（国发〔1996〕29 号）和《中共中央、国务院关于治理向企业乱收费、乱罚款和各种摊派等问题的决定》（中发〔1997〕14 号），财政部印发了《政府性基金管理暂行办法》（财〔2010〕80 号），对政府性基金进行管理。

知加以规范，如《关于印发过渡期财政转移支付办法（1999）的通知》《关于加强农村税费改革转移支付资金管理的通知》和《关于印发边境地区转移支付资金管理办法的通知》等，本书将在第六章对此问题做详细的论述。

三、对比与启示

从一些国家的实际情况来看，无论地方自治的程度高低，不管是联邦制还是单一制，以法律形式对各类地方财政收入加以确定并规范是通用的做法。上述所列举的经济水平发展水平较高的国家，都已经建立了完善的地方财政收入法律制度体系，切实做到了地方政府获取的每一项财政收入都"有法可依"。

通过对比发达国家地方政府财政收入的来源和相关法律制度，不难看出，一国的政治体制、经济发展水平、财政体制和历史沿革是决定和影响本国地方政府财政收入法律制度的主要因素。以地方税为例，从税权集中和分散的程度来说，美国无疑是税权分散型的典型代表，这是由美国实行的财政联邦制所决定的，各级政府均可独立行使相应的税收权限。而在法国，尽管也实行一定程度的地方自治，但税收的立法权、征收权和管理权都高度集中在中央，地方没有税收立法权，只具有某些机动权。

当然，对国际经验的吸取和借鉴，并不意味着照搬，不同国家的地方政府财政收入法律制度固然有值得学习的地方，但是也有一些不足之处。

例如日本的《地方交付税法》，体现了相对分权的优势，日本中央与地方的财政关系，呈现出收入相对集中于中央，支出适度下放给地方的情形。但通过将收于中央的部分财政资金根据科学的"因素量化"[①] 计算，以转移支付的形式返还给地方，可以调动地方的积极性，也可以保证中央政策得到有效实行。不过，根据《地方交付税法》对标准财政的规定，只有当标准财政需要大于标准财政收入时才能获得交付税，获得的资金比例一般不低于总需要的30%。而如果出现标准财政收入大于标准财政需要时，则成为"不交付团体"，即不能得到交付税，如财政能力强的东京几乎没有获取过交付税，这就有可能促使某些"不交付团体"故意浪费财政资金，以达到增加财政支出，使标准财政需要大于标准财政收入的情况。

再者，与美国地方财政收入相关的法律制度，可以算得上是世界上较为全面和完善的，但就房产税而言，尽管美国国内税务局（IRS）和税务机构对于

[①] 如地方公路让与税的转让金额是根据道路的总长度和面积等客观标准来进行测算和决定的。

未按期缴纳房产税的行为处罚很严厉，但根据美国税收留置权协会（NTLA）统计的数据显示，全美每年拖欠的房产税金额规模都十分巨大。另外，美国《破产法》第九章关于地方政府破产的规定，也被学者认为有促使地方政府"主动"陷入财政危机的嫌疑。

因此，对于我国来说，国际上的地方财政收入法律制度并不能全盘接受，而是应当尽快完善自身的法律制度，筛选符合本国国情可借鉴的方法和经验，加快推进地方政府财政收入基本法律的立法进程，解决当前地方政府获取财政收入"无法可循"的问题。

第三节 我国地方税法律体系的构建与完善

我国现行的地方税体系是由1994年实施分税制改革以后逐步建立和发展起来的，虽然期间经历了数次调整和改革，以适应不同时期的政治、经济需要，但由于中央和地方在税权划分上的不协调，地方可利用的税收收入明显不足以承担日益增多的财政事权。随着财政收支差距的愈加扩大，地方政府不得不依赖于高额的土地出让金和相关土地税费来维持自身财政的平衡，从而导致了一系列法律问题。

一、我国现行地方税体系存在的问题

在我国的地方税体系中，地方税税源分散，主体税种单一，地方税的立法权限归属中央，地方政府能进行直接管理和支配的税种有限，仅享有程度较低的税收机动权。

（一）税收立法权高度集中，税收管理权划分不合理

根据《国务院关于实行分税制财政管理体制的决定》（国发〔1993〕85号）的规定，我国的税收的立法权高度集中，中央税、中央与地方共享税和地方税的立法权都全部划归中央。这虽然体现出了中央的权威性，有助于税收的统一管理和统筹规划，具有宏观益处，但是，地方税收立法权的缺失[①]有可能导致本地区特有的或零散的税源无从征收，不利于地方税源的发现及培育，制约了地方财政增长的空间。

---

① 根据《国务院关于实行分税制财政管理体制的决定》，除海南省、相当于省级的民族自治区和深圳特区可指定地方性税收法规外，其余省、市均没有税收立法权。

另外，分税制改革将我国的税收管理机构设置为国税和地税两个部门，这么安排虽然在一定程度上调动了地方的积极性，对税收的管理也有所加强，但是由于两个部门之间"平台不一致、标准不统一、机构不对称等原因，使得两部门之间难以实现涉税信息交换与共享，导致税收征管难度加大"[①]，在组织税收收入时易陷入被动。

（二）税收结构不合理，主体税种单一

图4-4反映了2013年我国地方税收收入中各税种的占比情况，从中可以看出，我国地方税的主体税种是营业税，其次为增值税、个人所得税和企业所得税，而增值税、个人所得税和企业所得税是中央与地方的共享税，并不是纯粹独立的地方税。图4-5反映了2020年我国地方税收收入中各税种的占比情况，可以看出，目前我国的地方主体税种依然是地方与中央的共享税：增值税与企业所得税。

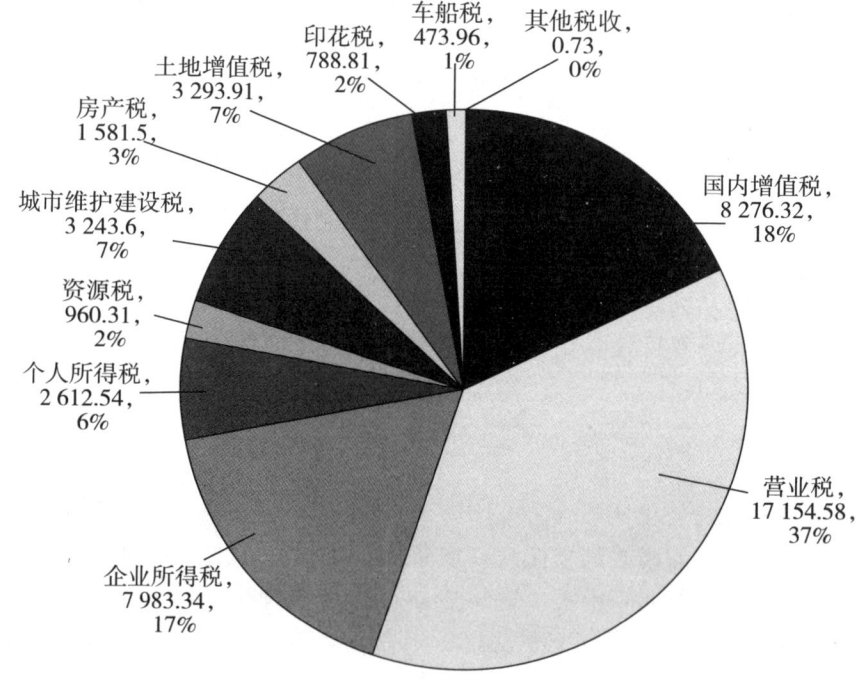

图4-4　2013年我国地方财政主要税收项目（单元：亿元）

---

① 许建国主编．中国地方税体系研究［M］．北京：中国财政经济出版社，2014：87.

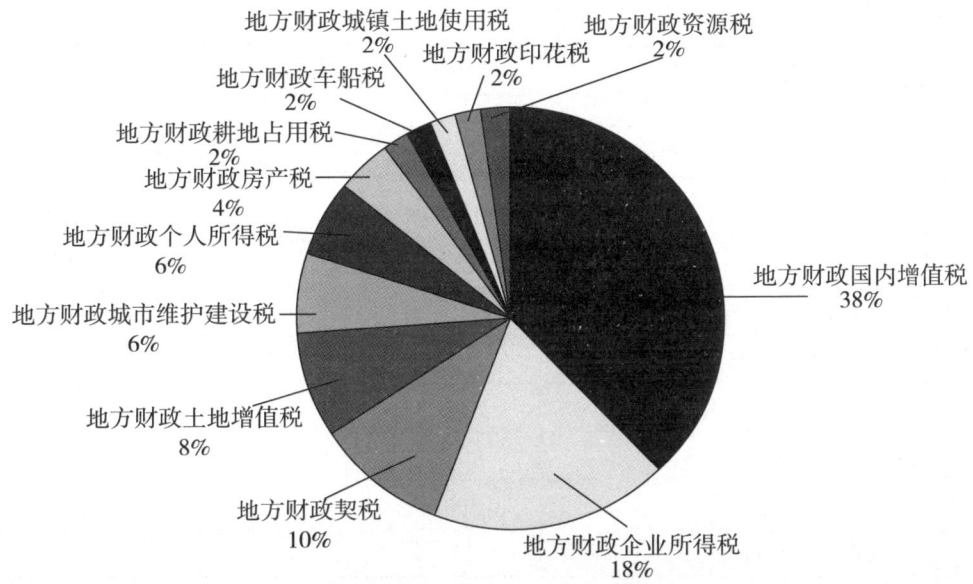

图 4-5 2020 年我国地方财政主要税收项目

由此可以看出，我国地方独有的税种虽然多，但存在收入规模小、分散范围广和征收难度大的特点，地方独有税种占地方税总收入的比重很低。另外，地方税体系功能的不科学与不协调，导致税收的调节作用不能完全发挥。

从表 4-5 可以看出，在地方税收入中，营业税的规模较为稳定，且历年来呈现出稳步增长的态势，但是随着我国"营改增"措施的全面展开，作为地方财政税收主要来源的营业税将被逐步替代，直至取消。

表 4-5 2018—2020 年我国地方税收入项目

（单位：亿元）

项　　目	2020 年	2019 年	2018 年
地方财政税收收入（亿元）	74 668.06	76 980.13	75 954.79
地方财政国内增值税（亿元）	28 438.1	31 186.9	30 777.45
地方财政营业税（亿元）	—	—	—
地方财政企业所得税（亿元）	13 168.28	13 517.75	13 081.6
地方财政个人所得税（亿元）	4 627.27	4 154.34	5 547.55
地方财政资源税（亿元）	1 706.53	1 768.52	1 584.75

续　表

项　目	2020 年	2019 年	2018 年
地方财政城市维护建设税（亿元）	4 443.1	4 614.44	4 680.67
地方财政房产税（亿元）	2 841.76	2 988.43	2 888.56
地方财政印花税（亿元）	1 313.8	1 233.58	1 222.48
地方财政城镇土地使用税（亿元）	2 058.22	2 195.41	2 387.6
地方财政土地增值税（亿元）	6 468.51	6 465.14	5 641.38
地方财政车船税（亿元）	945.41	880.95	831.19
地方财政耕地占用税（亿元）	1 257.57	1 389.84	1 318.85
地方财政契税（亿元）	7 061.02	6 212.86	5 729.94
地方财政烟叶税（亿元）	108.67	111.03	111.35
地方财政其他税收收入（亿元）	22.76	39.78	0.04

在地方税主体税种单一的情况下，如果不改善其余税种杂乱、收入较低的现状，地方税收入锐减，对地方财政来说无疑雪上加霜，也会对地方基础设施建设和公共产品、公共服务的提供造成严重影响，还可能引起地方财政对非税收入的过分依赖，容易诱发地方政府变相违规举债、融资，增加系统性风险和结构性风险。

（三）税收立法相对滞后，征管办法变动频繁

税收基本法和相关税种专门立法的空缺是导致我国税收收入得不到足够保障的根本原因。目前，"我国仅对企业所得税、个人所得税、环境保护税和车船税进行了专门立法，对其余税种的征收则是依靠条例或行政部门的规定和办法"[①]。这些条例或文件的法律效力低，对地方政府的约束力较小，易出现变相的越权行为。此外，相关税收的征收管理办法散见于各类行政通知或文件中，缺乏独立性和完整性，不利于税收工作的组织和展开。再者，缺乏对违法行为的追究，难以震慑纳税人，容易造成纳税人与政府讨价还价，形成"可征可不征"的错觉，极大地削弱了税收的强制性和固定性。

另一方面，税收征管办法的频繁变动，降低了税收征管的效率，也增加征

---

① 张健.地方税体系存在的问题和原因探析［J］.改革与开放，2015（09）：19.

管工作难度，影响了税收收入的稳定性。以企业所得税为例，1994—2009 年，中央先后对其征管归属进行了三次重大调整，将地方企业所得税从一开始的由地税部门负责征收，变为最后的按条件纳入国税。在各级工商行政管理部门办理设立（开业）登记的企业，由国家税务局负责征收和管理企业所得税，随后，从 2009 年 1 月 1 日起，新增企业所得税的纳税人如果应该纳增值税的，其企业所得税就要交由国税局管理，如果是应缴纳营业税的企业，其企业所得税就由地税局管理①。

二、我国地方税相关政策的调整回顾

随着改革的深化与市场经济的发展，我国对地方税体系进行了一系列的调整，以保证地方的财政收入，增强地方政府的财政能力，促进政府职能的履行。但是，这些政策的调整都是根据当时的具体国情和主要矛盾所做出的，因而带有浓厚的行政色彩。

（一）调整税制，取消了部分地方税

我国现行的地方税种包括：营业税、城镇土地使用税、房产税、资源税、耕地使用税、印花税、土地增值税、车船税、契税、烟叶税、城市维护建设税，这是在经历了数次财政体制的改革和变化中确定下来的。

1984 年以前，国家明确划为地方税的有屠宰税、城市房地产税、车船使用牌照税、牲畜交易税、集市交易税、契税等少数几个税种。1985 年实行新的财政管理体制后，又陆续增设了一些地方税种，如筵席税等，1994 年分税制的实施，重新构建了我国地方税的基本框架。

党的十八届三中全会明确提出了"完善立法、明确事权、改革税制、稳定税负、透明预算、提高效率"的方针，随着改革的深入，2016 年"营改增"的全面推开，将推动后续更多的财政体制改革，而营业税作为地方主体税种将随着"营改增"逐渐退出历史舞台。地方主体税种的缺失，使得地方税改革需要更加迫切，地方税体系的重构势在必行。

（二）调整税收分配政策，实施中央与地方的所得税收入分享改革

为了促进社会主义市场经济的健康发展，进一步规范中央和地方政府之间

---

① 主要根据《国家税务总局关于所得税收入分享体制改革后税收征管范围的通知》（国税发〔2002〕8 号）和《国家税务总局关于调整新增企业所得税征管范围问题的通知》（国税发〔2008〕120 号）这两个文件，逐步将企业所得税纳入国税。

的分配关系，建立合理的分配机制，防止重复建设，减缓地区间财力差距的扩大，支持西部大开发，逐步实现共同富裕，国务院决定从 2002 年 1 月 1 日起实施所得税收入分享改革。

根据 2002 年《国务院关于印发所得税收入分享改革方案的通知》，除铁路运输、国家邮政、中国工商银行、中国农业银行、中国银行、中国建设银行、国家开发银行、中国农业发展银行、中国进出口银行以及海洋石油天然气企业缴纳的所得税归中央收入外，其他企业所得税、个人所得税由中央与地方按比例分享。中央保证各地区 2001 年地方实际的所得税收入基数，实施增量分成。2002 年所得税收入中央分享 50%，地方分享 50%；2003 年所得税收入中央分享 60%，地方分享 40%；2003 年以后年份的分享比例根据实际收入情况再行考虑。

（三）营改增试点

2013 年 12 月 12 日，财政部、国家税务总局（财税〔2013〕106 号）印发《关于将铁路运输和邮政业纳入营业税改征增值税试点的通知》，并以附件形式一并印发了《营业税改征增值税试点实施办法》和《营业税改征增值税试点有关事项的规定》。"营改增"从 2012 年 1 月试点以来，试点地区由点扩面再到全国，试点行业由"1+6"（交通运输业和 6 个现代服务业）陆续增加到"3+7"（交通运输业、邮政业、电信业和 7 个现代服务业），不仅减轻了对货物和服务的重复征税，实现了服务业的加快发展和制造业的创新发展，还促进了企业转型升级，增强了出口竞争力[①]。根据《国务院关于印发全面推开营改增试点后调整中央与地方增值税收入划分过渡方案的通知》（国发〔2016〕26 号）的规定，所有行业企业缴纳的增值税均纳入中央和地方的共享范围，划分比例为5:5。

（四）开征环境保护税，并将收入全部归入地方财政

2016 年 12 月 25 日第十二届全国人民代表大会常务委员会第二十五次会议通过了《中华人民共和国环境保护税法》，这是我国在税种方面的第四部专门立法，具有重大的时代意义。随着环境保护税的开征，排污费被正式淘汰出历史舞台。2017 年 12 月 27 日，国务院发布了《关于环境保护税收入归属问题的通知》（国发〔2017〕56 号），决定将环境保护税全部作为地方财政收入，这

---

① 本刊记者. 2014 年营改增进展顺利 [J]. 中国财政，2015（05）：54.

极大地鼓舞了地方的积极性。

（五）积极探索房地产税的立法与改革

我国现行的房地产税制度，主要针对房地产的流转环节，如土地增值税、契税、房地产印花税等，2013年我国已经开始在上海和重庆对保有环节的房产税实行试点。房地产税的改革与立法已经出现在了党的十八大、十九大报告和近年来的政府工作报告中，2017年财政部部长肖捷在《人民日报》撰文指出对房地产税要采取"立法先行、充分授权、分步推进"的原则，2018年全国人大常委会也谈及要研究制定房地产税法。

三、我国地方税法律体系的设计与完善

尽管我国实行分税制改革至今已有20多年了，但除了新老《预算法》中"我国实行中央与地方的分税制"的规定以外，对分税制改革的相关规定基本上都是以国务院颁布的行政命令为主，法律层次较低，这就导致分税制改革在实行过程中并不完全和彻底。在目前我国的治理结构和财政体制背景下，地方税体系的完善涉及经济、财政、税收和央地关系等多个领域，在"营改增"客观上造成地方主体税种缺失和地方财政吃紧的条件下，通过立法赋予地方政府一定的税收自主权，可以保证地方财政收入的弹性。

如何合理地划分各级政府间的税收收入，是分税制要解决的首要问题。税制改革和地方税体系设计是一项长期而艰巨的工程，不可能一步到位。通观一些国家的地方税体系确立与完善，无一不是经历了漫长而反复的过程，最终都是依赖强有力的法律支撑实现的。深化财政体制改革与完善分税制度是构建地方税体系的基础，但将地方税体系法治化才是确保地方财政可持续发展的保障。

（一）对地方税体系的设计

地方税体系的框架构建是财税学的研究核心，作为我国地方政府获取财政收入的主要手段，科学的地方税体系设计能促进地方财政收入规模的扩大，改善地方财政能力的不足。我国的地方税体系改革应当以完善政府职能转变为宗旨，落实科学发展观，促进社会公平，以建立现代财政制度为指导，完善我国的地方税体系。

1. 完善分税制改革，落实税种划分

我国试图通过分税制改革来实现各级地方政府间财力的均衡发展，寄望于财政收入能与支出责任相平衡，地方政府可以自主发展地方公共服务，满足当地公众的需求。然而实际情况是，我国各级地方政府的税收收入绝大部分是来

自和中央共享的营业税、增值税和所得税，其余专属于地方的十几个税种带来的税收收入占比很小。

世界上一些国家政府间税收收入的划分主要是对税种、税率和税额的划分。对税额和税率的划分则是基于共享的原则，比如共享税和"同源课税、分率计征"。"以划分税种为主体的模式强调的是'分'，它更符合推行市场化改革对财政体制的要求。"① 对税种的划分是一种较为彻底的政府间划分税收收入的模式，各级政府拥有属于自己的主体税种，各级财政来源相对独立，这也是分级财政的核心。实际上，我国的地方税体系是基于税收收入共享建立起来的，划归于地方的专属税种虽然多，但是收入零碎、不具规模，省级以下各级政府的财政税收来源主要还是共享税。

由于带来大部分税收收入的税源和税基是各级政府共享的，我国地方的财政收入更多的是以分成的方式与中央共享税额。地方税收收入主要以共享税和税基分享为主，这实际上形成了中央政府与省政府之间的收入分成的格局，而省以下的四级地方政府更不可能实现按税种划分收入，收入分成的色彩就愈加浓厚。

尽管收入分成作为分税的形式之一，在我国中央集权的政治体制下，有其存在的客观理由，但地方政府的主体税种有待拓宽。为了基层地方政府财政的独立和可持续发展，应尽快完善分税制改革，促进中央与地方政府财政之间的税种划分。

2. 加快地方主体税种的建设

税种划分是现代财政国家的普遍选择，也是我国分税制改革的要求，打造各级政府的主体税种，是分税制改革和财政体制改革的必由之路，有助于实现各级财政的相对独立。我国的现实情况是，1994年分税制改革，通过确定中央税、地方税和共享税，实现了中央与地方税收收入的划分，但实质上并不是分税种，而是收入分成。至于省级以下地方政府间内部的收入划分，目前还没有统一的法律依据，仍然依赖于上级对下级的行政命令。地方主体税种的缺失，是制约我国地方财政可持续发展的重要因素，特别是在"营改增"的背景下，建立稳定的地方主体税种迫在眉睫。

著名的马斯格雷夫税种划分原则指出，依附于居住地的税收和课征于非流动性生产要素的税收较合适划归于地方，在考察研究了一些国家的财税体制后，

---

① 王玮. 我国政府间税收收入划分模式的选择——以共享税为主还是完全划分税种？[J]. 财贸经济, 2011 (07): 23.

世界银行专家 Robin Broadway 等人对地方税收组合提出了 6 条指导性建议,他们认为,具有非流动性特征的税收是地方所辖市政府收入的理想来源,单一销售税、零售税等适宜划归地方。地方主体税种一般须具备三个条件:"税基较宽,收入稳定且具有增长潜力;与地方产业发展相关,在收入和地区产业结构方面具有较强的调节性;在税制方面严密规范,透明度高,便于征管。"[①] 通观前面所述国家地方政府的主体税种,不难发现,大多数国家都将财产尤其是不动产作为征税对象,房地产税和土地使用税是各国地方政府选择的主体税种。

从世界上一些国家的税种划分经验和地方财政实践来看,财产税无疑是大部分国家地方政府设立主体税种的首要选择。"在发达国家地方政府的财政收入中,财产税居于较高水平,即使在发展中国家,财产税的征收也十分普遍。世界银行专家巴尔和林所提供的专题研究报告证明,23 个发展中国家的 63 个城市中,几乎所有国家的所有城市都在征收财产税,而且其收入在全部税收收入中所占的比重是第一位。"[②]

美国是分权型发达国家的典型代表,美国地方政府财政税收的主要来源就是财产税,其实最开始,财产税是州税收的主要来源。历史上最先征收财产税的是纽约州,具体时间可追溯到 18 世纪末,当时纽约州就已经对所有的动产和不动产征收财产税,之后其他各州也都效仿纽约州,开征财产税,并将其培育为州政府的主要税种。然而受 20 世纪 30 年代经济大萧条的冲击,财产税无法继续为州政府提供足够的税收,因此各州政府将财产税授权给地方政府,转向发展销售税。于是,地方政府就根据州《宪法》的授权,开始将财产税发展成为地方财政的主要收入来源。当然,除了财产税之外,一些地方政府也可以开征销售税、个人所得税或企业所得税,但其余税种可获取的税收收入在地方税收总收入中的占比很小,财产税依旧是地方政府的主要税种。美国财产税的征税对象包括不动产和动产,房地产类的不动产是财产税的主要税基,对动产则是在很小的范围内选择性课税,例如必须经过登记才可使用的汽车、船舶或是企业的经营性财产。

加拿大的省级政府财政收入主要来自个人所得税和劳务销售税,地方政府财政的主体税种是房地产税,征税对象主要是土地、地上建筑物及永久性建筑物。俄罗斯的地方税主要由个人财产税和土地税组成。印度邦政府主体税种为邦增值税、邦消费税、职业税、娱乐税和机动车税,邦以下地方政府主体税种

---

① 麦正华. 关于地方税制改革的思考 [J]. 税务研究,2013 (09):71.
② 钟晓敏. 地方财政学:第 3 版 [M]. 北京:中国人民大学出版社,2012:148.

为房产税。巴西州政府的主体税种为州增值税、遗产和赠与税，市政府的主体税种为劳务税、城市房地产税。南非地方政府主体税也是财产税。德国地方政府的主要税种为工商业税、土地税和房地产税。

我国学术界对地方主体税种的建设已经基本达成共识，财产税被认为是较适合培育成我国地方主体税种，原因有四：第一，因财产的相对稳定性，财产税具有税源充足、收入稳定的特点，可以较好地弥补因营改增造成的地方财政收入流失。第二，基于土地或房产之类的不动产征税，税源流动性较小，不易转嫁，呼应了财政体制改革提高直接税比重的要求。第三，房地产税的税源较分散，如果由中央征收管理，存在难度大、效率低等问题，而地方政府较容易掌握当地土地及房产的情况，征收成本较低，适合由地方政府征管。第四，世界上一些国家的地方主体税种基本上都是房地产税，有很大的借鉴意义，有助于我国参考来解决房地产税立法的相关问题。

有学者指出，"应将房地产税与现有的耕地占用税、契税、印花税和土地增值税等零星地方税种整合，建立起涵盖房地产保有及流转环节的房地产税收体系"[1]，将房地产税作为地方税主体税种之一。另外，整合消费税、车船购置税，取消零售环节增值税，开征零售销售税或消费税也不失为一种打造地方主体税种的办法。

3. 整合微小税种，推出地方辅助税

一方面，虽然将房地产税和土地使用税打造为地方政府的主体税种是大势所趋（见图4-6），但是就我国现阶段而言，与所得税和增值税相比，房地产税和土地使用税的现有收入规模和完善程度还远远达不到成为主体税种的条件；另一方面，在我国目前房地产市场过热、楼市去库存化严峻的经济形势下，"房地产税的征收一旦推出，可能会影响楼市"[2]。

在目前的状态下，除了尽快整合和改革现有房地产税的结构，应该加快推进房地产税的立法进程，为房地产税的全面开征提供法律保障。同时，在房地产税尚未担负起地方主体税种重任之时，应该加强对地方辅助税种的改革，健全地方辅助税种。以印度为例，房产税虽然是邦以下地方政府的主体税种，但该房产税却不仅仅是对房产的征税，还包括一系列的服务税与附加税，这些服务税和附加税类似于我国的费，例如水税、排污税、除垢税、排水税、教育税、保护税、消防税和教育附加税等。

---

[1] 许建国. 中国地方税体系研究 [M]. 北京：中国财政经济出版社，2014：87.
[2] 新浪财经. 房地产税推出时间或推迟 [EB/OL]. (2016-01-12). http://finance.sina.com.cn/.

第四章 我国地方政府财政收入的法律保障　145

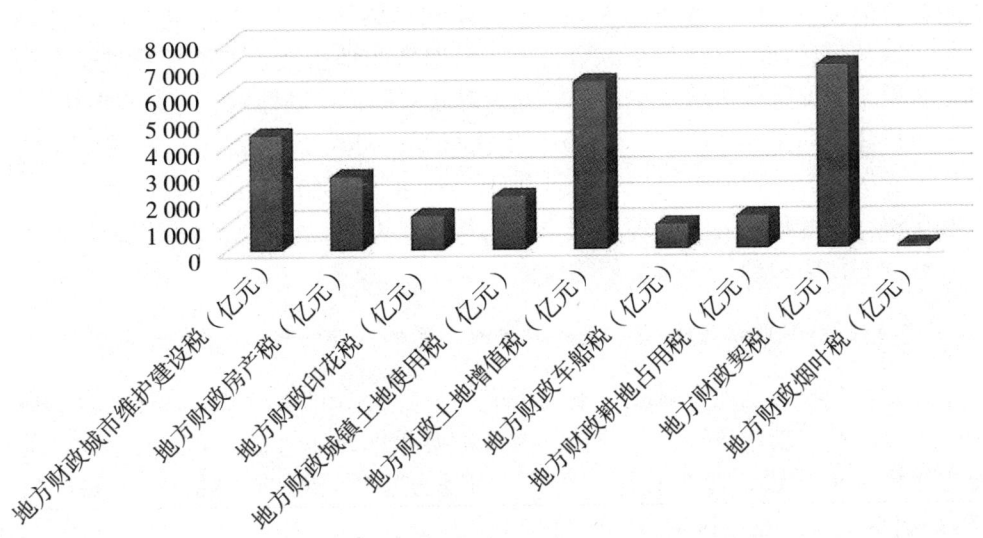

图4-6　2020年我国地方零散税收收入①

对我国现行地方税辅助税种的改革建议如下：

第一，针对我国的现实情况，可以对"城市维护建设税"进行改革。城市维护建设税是一种附加税，以增值税、消费税和营业税的税额作为计税依据②，在目前的"营改增"背景下，城市维护建设税的收入必然会大幅度降低，不足以满足城镇化建设的资金需求，可以考虑通过相关立法，改革其计税依据，改变其"三税附加"的从属地位。例如，可以考虑将教育费附加、地方教育费附加、文化事业建设费和农村教育事业附加收费等费用合并为文化教育费，以此作为城市维护建设税的计税依据，再将城市维护建设税更名为"城乡发展税"。

第二，完善印花税与契税相关制度，解决因印花税与契税部分税基重合而发生重复征税的问题。1988年下发的《印花税暂行条例》已经无法适应当下的经济环境，应当适度扩大税基，简化并合并税目，调整税率。

第三，改革资源税，开征环境保护税。配合"生态中国"建设，针对现行的排污费实行费改税，开征环境保护税。同时，开展资源税改革，推动资源产品费改税，逐步将林地、草场、水资源等纳入征收范围，根据不同资源采取从量计征或从价计征的方法，整合零星的地方税，扩大财源。另外，可以适度扩

---

① 资料来源于国家统计局网站。http：//data.stats.gov.cn/easyquery.htm? cn = C01，访问日期：2022 - 04 - 19。

② 麦正华．关于地方税制改革的思考［J］．税务研究，2013（09）：70 - 72。

大资源税的征收范围，逐步加入森林、滩涂和草场等资源，改革现有的计征办法，采取从价计征和从量计征综合方式，针对资源的稀缺程度和开发难度等合理设置税率，促进地方将资源优势转变为财政来源，并进行相应的环境弥补。

值得注意的是，我国已经于2018年施行了《环境保护税法》，根据该法的规定，省级地方政府享有对应税大气污染物和水污染物的具体使用税额的确定权和调整权。这种将税收管理权限下放的做法，有利于调动地方的积极性，加强对地方的污染治理，有助于环境保护。

（二）践行税收法定主义，完善地方税体系的法律基础

地方税收收入是地方财政的主要组成部分。我国的地方税虽然种类繁多但十分零散，在"营改增"和财政体制改革的背景下，如何整合地方税，促进地方主体税种的建设，迫在眉睫。然而，对地方主体税种的建设，必然要先对"税收法定主义"进行讨论。

税收法定主义源自中世纪的英国，通过议会与皇室的一系列斗争和博弈得以最终确立，体现了对皇室征税权力的限制。1215年签署的《大宪章》，第一次对国王征税做出了限制规定，随后在1225年重新颁布的《大宪章》中明确了批税权的归属，紧接着依靠《无承诺不课税法》和《权利请愿书》进一步限制了国王的征税权，《权利法案》再次强调未经过议会同意的课税应被禁止。随着时代的变迁，税收法定主义被绝大多数国家所认可与接受，并逐渐演变为保护私有财产权的重要税法原则。

税收法定主义包括税收要件法定原则和税务合法性原则，涵盖了税收立法与执法[①]。税种法定、税收要素法定和程序法定是税收法定主义的基本内容。换言之，所谓税收法定主义，就是指与税收有关的所有问题均须由法律决定，并且关于课税要素的规定也需尽量明确，否则，政府就无权征税，公民也就没有纳税的义务。

（三）地方税法律体系的构建思路

按照税收法定主义，税法的渊源应当包括《宪法》、法律、行政法规、自治条例和单行条例、地方性法规等。需要指出的是，我国目前的自治条例、单行条例或地方性法规，还不足以成为税法的渊源。因此，想要落实科学的地方税体系设计，就必须依赖法律的实施，通过构建地方税法律体系，适度扩大地

---

① 刘剑文，雄伟. 财政税收法：第6版 [M]. 北京：法律出版社，2014：180.

方政府的税收权限，打造和培育地方的主体税种，并改革相应的税收征管办法。

1. 适度赋予地方一定的税收自主权

政府间税收权限的合理划分有助于改善地方财政。一般来说，税权的主要内容是以国家为主体的税收立法权、税收征管权和收益分配权，其核心是税收立法权。如果税收权限高度集中在中央，地方对地方税灵活调整的权限就缺失了，不仅容易挫伤地方政府获取税收收入的积极性，还容易引发其他问题。

我国《立法法》第8条规定："税种的设立、税率的确定和税收征收管理等税收基本制度只能制定法律。"因此，我国的税收基本法、税收权限法和税收征纳管理程序法的立法权限在全国人民代表大会和全国人民代表大会常务委员会，这符合大多数单一制国家税权划分的基本框架。在目前我国税收基本法律制度缺位的情况下，根据《立法法》第9条"本法第八条规定的事项尚未制定法律的，全国人民代表大会及其常务委员会有权作出决定，授权国务院可以根据实际需要，对其中的部分事项先制定行政法规"的规定，我国的税收立法权限转移到了中央政府。因此，我国的税收立法权实际上是由中央政府集中掌控的。

根据我国《宪法》的规定，省、自治区、直辖市的人大及其常委会，可以在不与《宪法》、法律和行政法规相抵触的前提下，制定地方性税收法规。但现实是，因为我国分税制改革的不完善，中央与地方之间的分税演变为对税种收入的分成，而非彻底的税种划分。所以，与地方税种相关的绝大部分立法、条例或实施细则都是由中央制定和颁发的，地方的税收立法权有名无实，地方也无权对地方税减免、税目和税率的调整进行规定和干预。

前文已述，作为联邦制国家的典型代表，美国的税收立法权和征收管理权都高度分散，各州享有独立的税收立法权。只要不与联邦法律相抵触，州可以根据自身的实际需要，根据州《宪法》和统一收入法典的相关规定，自主决定本州的税收制度，并颁布相应的税收法律，决定某些税种的开征或停征，以及税率、计征方式和优惠减免等内容。同时，州《宪法》和其他法律可以赋予州以下地方政府一定的税收权限，让地方政府可以在联邦《宪法》、州宪法及相关法律的框架里，制定法规，对本地区的税收工作进行管理。

虽然同为联邦制国家，德国和俄罗斯的税权划分与美国却很不相同。究其原因，那是因为美国联邦制的形成是从多到一，即先有各州后有联邦，联邦的权力是由各州让渡的；而德国与俄罗斯的联邦制是以从一到多的模式后期改造的，故而中央与地方的权力划分不能与美国同日而语。在俄罗斯，税收立法权由联邦立法机关掌握，地方税的相关事宜由联邦税法典规定，税收的征收管理权则有各级政府分级享有。虽然德国的《基本法》没有对税收立法权进行明确的规定,但在实际操作上,联邦享有集中的税收立法权,州议会仅对某些地方性的微小税种享有一定的立法权,市镇议会则没有立法权,在税收征管方面,主要由州税务机关负责。

相较于美国的高度分权模式,日本政府间的税权划分受单一制政体的影响,税收立法权集中在中央政府,地方公共团体没有税收立法权①。地方税的开征、税率的选择和相关征收条例的规定等事项,均由中央立法决定。但是由于日本实施适度分权的地方自治,根据《地方税法》第 6 条的规定,地方公共团体可以享有一定的税收自主权,地方公共团体基于对公益原因或其他事由的考虑,认为不宜课税时,可以不课税;地方公共团体还可以用"法外税"的形式,开征《地方税法》规定之外的新税目,开辟新财源,这实际上是将地方税的课税权交给地方公共团体。除此之外,《地方税法》仅规定法定地方税的标准税率,由地方公共团体权宜选择,地方政府在课税时可以选择直接按照标准税率征收,也可以不使用,这也是日本地方公共团体税收自主权的重要体现。但是,如果出现地方公共团体不按照标准税率征收的情况,必须向自治大臣申报。地方公共团体有权制定地方税征收条例,经地方议会审批后实行。但是,与法定税相关的征税条例,需按《地方税法》规定的原则制定,而与法外税相关的条例,则还要受到中央的管控与监督,必须经中央批准后方可生效。这也表明,实质上,日本地方公共团体能享有的税收自主权其实有限,"三分自治"②并不出奇。

相比之下,由曾经的单一制集权型国家转向地方分权的法国,税权划分就比较简单了。根据法国《宪法》的相关规定:"国会享有对各种性质赋税的立法权",行政部门也能出台相应条例对税收进行管理。法国的税收立法权全部统归于中央,地方政府只能执行国家税收法律制度和既定的税收政策。随着地方分权改革的深入,法国《宪法》第 72 条明确规定了地方实行财政自治的原则,地方政府在地方税收上可以享有一定的自主权力。例如,地方政府可对本级政府征收的税种进行适当的税率调整,或是决定减免该税。但是,法国的地方政府无权开征新税种,对既存税种税率的调整也必须在国家规定的调整范围内

---

① 韩正明. 分税制及地方税制模式的国际比较与借鉴 [J]. 开发研究,2009(01):115 – 117.

② "三分自治"是日本学者对日本地方自治制度的自嘲。日本的地方公共团体承担着大量的财政事权,但是自身的财政收入很少,大部分依赖于中央政府的转移支付和财政补贴。"三分自治"是对公共事务承担量与财政支出量之间的矛盾,以及地方财政事权、财权的严重脱节和中央与地方财政权力划分上的不平等的概括。

选择。

可以看出，国家体制对税权划分起决定性作用，联邦制国家税权分散，单一制国家适度分权，实际上，除了部分联邦制国家（如美国）的地方政府享有适当的税收立法权，大部分国家的中央政府都把持着对税收立法权的绝对控。但适度的分权是必要的，例如，在法律允许的范围内，大部分国家的省级（州）政府都有权对辖区内地方税的征收税率进行调整，或是课税的免除。

上述国家政府间税权的划分情况，对我国具有重要的参考价值。首先，与一国实际情况相符合的税权划分，是地方税体系建设的基础。其次，税权划分的模式与一国的政体结构相互影响。再次，中央统领与地方的适度分权相结合是大多数国家税权划分的主旨。最后，税权的划分具有法治化和规范化的特点。我国是典型的单一制中央集权国家，幅员辽阔，发展不平衡，我国的高度地方自治仅在港澳地区实现，因此，高度分权的税权划分方式并不适合我国目前的国情。

本书认为，在我国目前的财税体制改革中，可按以下思路调整地方政府的税权。

第一，在中央与地方之间还未能实现彻底的税种划分的情况下，还是应当由全国人大及其常委会掌握在全国范围内征收的普遍地方税的立法权，而不是委托给中央政府，并由其进行统筹规划，确定相应的税基和税率范围，尽快出台《税收基本法》等基础性法律制度。

第二，对具有地域代表性的地方性地方税而言，则可适当赋予省级人大及其常务委员会对该税种的税收立法权，允许省级人大及其常务委员会，在不与中央税收政策相违背的情况下，对地方性特有的税种课税，开征具有本地区特色的税种，但须报请中央批准，并接受中央的监督，以防地方政府胡乱征税。

第三，加快转变中央与地方共享税收入分成的分享方式，重新划分分享税种类，各级政府都适合征收的税种才能定为共享税，采用分税率的形式，对同一税基的分别课税。可通过立法适当赋予中央或省级政府的征收优先权，保障税基不被地方政府侵蚀。同时，也应保障地方政府在中央拟定的税率范围内进行选择的权力。可借鉴法国的经验，给予地方政府一定的税率选择权和调整权，在中央规定的税率范围内选择。

2. 加快财产税立法，促进地方主体税种建设

地方政府的税收收入包括纯粹的地方税和分税制下与中央政府共享税中的分成收入。因此，在地方税收法律制度的设计中，必须包含对纯粹地方税，即地方主体税种的立法设计。通过比对一些国家地方政府所征收的财产税，房产税和地产税作为世界上一些国家地方税的主体税种，具有税源不易被隐藏、税负不易被转嫁的特点，易于征收，来源固定，具有成为地方主体税种的得天独

厚的条件。一些国家的房地产税立法也是地方税法律体系的重要组成部分，对此问题，本书将在后续的房产税相关立法中做详细论述，此处按下不表。

3. 改革现有的税收征收管理法

我国现行的《税收征收管理法》是 1992 年颁布的，其间经历了多次修改，逐渐建立起了对纳税人权利的保护制度。在依法治国和推行现代财政制度的政策环境下，对《税收征收管理法》的改革，有助于税收征管制度的确立。要切实落实依法治税，加强对税务机关行政权力的规范和约束，并结合国际形势和"互联网＋"，积极改革现有的税收征收管理制度，为个人所得税改革和房地产税改革提供有力支撑。

第四节 与土地制度改革的结合：房地产税的立法思考

其实，我国有较长的征收房地产税的历史，只不过现行的房地产税"重流转、轻保有"。随着经济的发展和房地产市场泡沫的加剧，目前我国正欲通过改革建立起新的房地产税系，而基于我国"房随地走"的房地产制度，对普通住宅征税，必然涉及对相关土地制度的讨论。因此，对房地产税的改革，尤其是保有环节的房产税的开征，与土地使用权制度的改革是密不可分的。我国目前的土地使用权出让制度对普通住宅房产税的征收，究竟会产生什么样的影响？土地的非私有制，是不是就一定成为普通住宅房产税立法的法理障碍呢？这是本节将着重讨论的问题。

一、我国房地产税的改革及立法进程

党的十八大以来，房地产税立法就已经多次出现在重大政治场合中。据统计，在 2018 年"两会"期间，房地产税立法就已经被先后提及至少 8 次，房地产税成了全社会的热门话题之一。在阅读相关文献和新闻报道之后，本书发现，一些政府部门和大部分社会公众，有时还包括个别学者，对房地产税和房产税的概念混淆不清，这显然不利于问题的研究与探讨。

（一）房地产税的基本问题

房地产税并不是具体的一个税种，是对房地产在流转环节和保有环节可能产生的所有税目的统称（见表 4-6）。目前备受媒体追捧的房地产税，其实仅指针对保有环节的房产征税。

表4-6 我国房地产税体系

开发阶段		交易阶段	保有阶段
取得使用权	开发建设		
契税 印花税 耕地占用税	印花税	营业税	房产税 城镇土地使用税
	企业所得税	城市维护建设税	
	个人所得税	教育费附加	
	营业税	印花税	
	城市维护建设税	土地增值税	
	教育费附加	企业所得税	
	土地增值税	个人所得税	
	城镇土地使用税	契税	

如表4-6所示，我国现行的房地产税收体系差不多由10来种税组成，"按照征收客体性质的不同，可将房地产税收分为流转税、所得税、财产税和行为税四类"[1]。房产税是以房产为课税对象，向特定的纳税人征收的一种财产税。财产税不是单独的一个税种，而是一个完整的税收体系。世界上主要的财产税形式主要有房产税、土地税、遗产税和赠与税。财产税是一些国家地方政府的主体税种，能给予地方财政持续的税收收入，并具有调节社会分配的功能。

我国现行的房产税只对经营性房产的所有权人或使用人征税[2]，其征税对象是经营用房产，计税依据是从价计征和从租计征。从这个角度看，我国现行的房产税本质上是一种增值税。现阶段对个人所有的非经营用住房，是免于征税的。在上海、重庆两地推行的房产税试点改革，就是针对房产保有环节的征税，本意是达到调节社会收入差距和优化资源配置，属于直接税，从发挥作用看属于调节税。

(二) 房地产税的改革

财产税的目的本来就是筹措财政资金，调节财富差异与收入差异。在目前政策背景下，房地产税改革，尤其是对房产税的改革，被寄予了实现"提高直接税、降低间接税"的众望，是调节税制结构的"冲锋队"，也是最适宜地方征收的财产税，但在房地产税的改革进程中，也存在一些问题。

---

[1] 符启林. 房地产法：第4版 [M]. 北京：法律出版社，2009：289.
[2] 详见《中华人民共和国房产税暂行条例》第1条。

1. 我国现行财产税制度的缺陷

我国的财产税征收起步较早,但进度却相当缓慢。虽然房产税、城市房地产税和车船税等在中华人民共和国成立后就已开征,但由于受当时公有制经济和集中分配制度的制约,并未形成规模。改革开放后,随着非公有制经济蓬勃发展,多元化经济结构和按劳分配制度的确立,国民经济的发展和居民收入水平的提高,私人财产和社会财产的总量稳步累积增加,客观上来说为财产税的征收提供了基础,况且随着社会贫富差距的加大,为保障社会公平,对收入具有调节再分配意义的财产税更是应当得到立法的大力支持。但就我国目前开征的财产税税种来看,存在以下问题。第一,我国实际上并未征收遗产税和赠与税,这两种税对私人财产权益的侵害指向性过于强烈,极易引起社会的"税收厌恶",而现行的房产税税基过窄,以致整体的财产税收入规模较小,不利于发挥地方政府组织收入的积极性。第二,征收财产税,需要有合理的财产评估制度和完备的财产登记制度。尽管财产税,特别是房产税和土地增值税的征税对象是不动产,具有固定性和易掌握性,但目前我国的财产评估和登记制度还不够健全,税务部门在获取纳税人实际财产情况时容易遭遇技术瓶颈,税收收入的流失比较严重,更进一步制约了地方政府的投入程度。第三,我国的房地产税税种过多,缺乏有效的整合,不同税种彼此竞合性强,税收收入零散。此外,房地产流转环节中产生的间接税太高,从资源配置的角度来说,也不利于提高土地资源和房产资源的利用率。

2. 房产税试点改革

我国现行的房地产税体系很不完善,据统计,2012 年我国房产税、城镇土地使用税两税合计仅占国家全部税收收入的 2.63%,占地方税收收入的 7%[①]。2009 年,针对外资企业和外国人的《城市房地产税暂行条例》被废止后,对房产税的征收仅依赖于《房产税暂行条例》,该条例的征管覆盖面窄,仅对生产经营用房产征税,将个人所有非营业用的房产排除在外,重流转而轻保有,不但不能起到财产调节税的作用,在流转环节还有重复征税的嫌疑,税负结构不合理,已经不适应目前的经济形势和社会发展了。因此,2011 年我国分别在上海和重庆进行了房产税试点。本书认为,此次试点的目标是为了控制楼市的过分上涨,带有强烈的行政干预色彩,并不是基于完善税制的改革。

根据《重庆市关于开展对部分个人住房征收房产税改革试点的暂行办法(2017 年修订版)》的规定,纳入征收对象的住房为:个人拥有的独栋商品住

---

① 许建国. 中国地方税体系研究 [M]. 北京:中国财政经济出版社,2014:117.

宅、个人新购的高档住房①和在重庆市同时无户籍、无企业无工作的个人新购的首套②及以上的普通住房。计税依据为房产交易价，相应税率划分为4档，分别是：独栋商品住宅和高档住房的面积均价若在上两年主城九区的面积均价3倍以下，0.5%；3倍至4倍的，1%；4倍以上的，1.2%；在重庆市同时无户籍、无企业、无工作的个人新购首套及以上的普通住房，税率为0.5%。个人住房房产税收入全部用于公共租赁房的建设和维护。根据《重庆市个人住房房产税征收管理实施细则》的相关规定，"纳税人在《暂行办法》施行前拥有的独栋商品住宅的，免税面积为180平方米；新购的独栋商品住宅、高档住房，免税面积为100平方米"。

根据《上海市开展对部分个人住房征收房产税试点的暂行办法》，上海市房产税的征收对象是本市居民家庭在本市新购且属于该居民家庭第二套及以上住房和非本市居民家庭在本市新购的住房。计税依据为：参照市场价格的评估值，试点初期按照市场交易价格的70%计算。税率分别0.6%和0.4%③。房产税试点的收入用于保障性住房建设，减免条件详见表4-7。

表4-7 上海市房产税试点房产税减免条件

免征条件	本市居民，购买首套房；
	本市居民家庭中的成年子女首次购房，且是婚后唯一住房的
	持有上海人才引进居住证并在上海工作生活，且是唯一住房的
	本市居民家庭新购买二套房后，全部住房总面积不超过人均60平方米的
退税条件	本市居民家庭在购房后1年内出售先前唯一住房的
	持上海市居住证满3年并在上海工作生活的

3. 对房产税试点改革的评价

重庆和上海的房产税试点模式，最终并没有向全国大面积铺开，究其原因，在于政府对房产税价值取向的选择上出现了摇摆。重庆模式针对的是存量房，

---

① 高档住房是指建筑面积交易单价达到上两年主城九区新建商品住房成交建筑面积均价2倍（含2倍）以上的住房。
② 原先的规定为"第二套（含第二套）以上"，2017年修改为"首套及以上"。
③ 应税住房每平方米市场交易价格低于本市上年度新建商品住房平均销售价格2倍（含2倍）的，税率暂减为0.4%。

上海模式针对的是增量房。根据有关统计，2011—2013 年重庆，征收 2.4 亿元，上海征收 166.1 亿元。从控制房市的角度来说，重庆模式更能打击投机性炒房，对刚需购房比较宽容，因此房产税的收入规模较小；而上海模式则是刚需和炒房一起打，房产税收入规模就比较大。截至 2017 年底，上海已经共征收到房产税 857.67 亿元。

房产税试点改革的初衷是抑制非理性购房的投资需求，达到扼制房价不切实际的上涨的目的。例如，重庆模式就是主要打击炒房者和高端住宅业主，涉及的人群偏少，因此并没有引起社会的太大反响。另外，从最新的房地产税立法动向上来看，似乎政府对房产税试点改革的运行情况并不十分满意，虽然上海的房产税收入每年递增，但从房产税获得的收入规模来看，比不上其他税种，很难打造为地方税的主体税种。

(三) 推行房地产税立法的意义

推行房地产税立法，是建立健全我国地方税体系的必由之路。根据税收法定原则，为了达到将财产税（主要是房地产税），变成我国地方税体系的主体税种的目的，必须先立法，再征税。此外，房地产税也已经具备立法的法律基础，2003 年的《宪法修正案》和 2007 年的《物权法》都明确了对私人合法财产的保护，为财产税的征收提供了必要的法律依据，也为房地产税的征收打下了基础。

随着国民收入的提高和社会财富的累积，个人和企业所拥有的财产增加迅猛，加上人口红利带来的房地产刚需，我国已经具备对个人保有住房征收房地产税的前提。况且近些年来，炒卖房产已成为部分居民的投资手段，一定程度上影响了房地产市场的供求关系，将房地产作为课税对象，通过相应立法将其打造为我国地方政府税体系中的主体税种，客观上也能发挥税收的调节作用，平衡社会的贫富差距，扭转我国当前畸形的房地产市场状况。

但需要指出的是，房地产税的定位和价值取向，仍然是以获取财政收入为主，现阶段我国的地方政府的财政压力依然巨大，不仅背负着高昂的债务，还因为承担着完成基本公共服务的均等化的任务，面临着大量的基础设施建设，所以客观上需要通过房地产税立法来增加税收收入，缓解财政压力。

(四) 房地产税的立法进程回顾

近年来，随着我国经济的发展和人民收入水平的提高、法律意识的建立，税制不完善的问题逐渐暴露出来，缺乏税收基本法和专门法，对税种的设立、征收和管理大部分都还是按国务院的条例或规章来实施的。立法的不完善导致财产税无法征收,而作为财产税重要表现形式的房地产税虽然几经改革,还尝试了试点,但还是有许多未尽之处,在立法还未完成的情况,切忌盲目开征。

党的十八届三中全会强调:"财政是国家治理的基础和重要支柱,要建立科学的财税体制,并明确提出了要落实税收法定原则。"随后,《中共中央关于全面深化改革若干重大问题的决定》指出,要"加快房地产税立法并适时推进改革"。2015年,房地产税已被纳入十二届全国人大常委会的立法规划,这意味着我国房地产税立法的正式启动。2017年,党的十九大报告也提出了要"健全地方税体系"。财政部部长肖捷在《加快建立现代财政制度》中也表示,对房地产税要按照"立法先行、充分授权、分步推进"的原则,推进房地产税的立法和实施。2018年全国"两会"期间,财政部副部长史耀斌也回应称要妥善推进房地产税立法,并且表示会参考国际上对房产税的一些共性安排,结合我国的具体国情,合并某些相关的税种,改善流转环节的重负。可以说,我国的房地产税立法正处于有序推进的过程中,"靴子"即将落地。

(五)立法挑战:普通住宅房产税是否包含地租

将房屋和土地作为税源的好处是,房地产具有固定性和保值性,这两种不动产的显著特征,使得房地产不易被藏匿,便于被税务机关掌握,利于将其培养为稳固的地方税源。但是就上海和重庆房产税试点的效果来看,房产税貌似并不能够承担起地方税系中主体税种的重担,给地方财政带去大量的税收收入。所以,试点的房产税扩围方案已被叫停,转向房地产税立法。

我国现行的房产税是对经营用房屋所征收的房产税,近年来试点改革和力图大力推进的,是针对普通住宅的房产税,要想推动对保有环节的房产税的立法工作,关键在于厘清它的法律性质。政府根据建设用地使用权转让制度,将土地的使用权通过招标、拍卖和挂牌方式出让给开发商,并获取高昂的土地使用权出让金。社会上流行最广的一个说法是,土地出让金实质上是一种长期地租,开发商在拿到土地后,建盖商品房出售给购房者,将土地出让金和其他税费计入房价中,全部转嫁给了购房者,这意味着购房者已经支付过相关的费用,如果此时再向其征收普通住宅房产税,就是政府变着花样的巧立名目,重复征收。

从法理上考量,这种说法是错误的,是对普通住宅房产税的片面理解。虽说"房地合一"的房产税制度是一些国家的通行做法,但国外房产税制度是建立在(大部分)土地和房产都是私有制的基础之上的,如果照搬这个概念的话,就很容易得出我国对非经营性住房征收的普通住宅房产税是重复征收的错误结论。实际上,我国拟实行的普通住宅房产税,是房产和地产的有机结合,开发商转嫁的土地出让金和相关税费，对象是土地的使用权，而对于非经营性房产征收的房产税，其对象是房屋，两者的关系复合统一的，不是非此即彼。需要注意的是，我国现在也开始实行土地使用权证和房屋所有权证的"两证合一"不动产登记制度，这是为了普通住宅房产税的开征而做的前期准备工作。

普通住宅房产税立法所遭遇的另一个反对声音是：房产所在的土地是公有的，业主享有的使用权是有期限的，普通住宅房产税将房屋和只有几十年使用权的土地并在一起征税，道理上说不过去。对于这个问题，在市场经济中，反映土地使用权的地租和反映公共分配的住房保有环节税收，应该是并行不悖的。《城市房地产管理法》和《物权法》中的相关规定都为房地产税的立法扫清了时间上的限制。另外，对普通住宅征收房产税是实现降低间接税负，提高直接税的重要手段。

二、世界上一些国家和我国港澳台地区土地、房地产税法律制度借鉴

房地产税与土地制度的关系紧密，普通住宅房产税开征的一大难点在于我国的土地公有制度，因为长期以来，我国绝大多数的社会公众对世界上一些国家和我国港澳台地区的土地所有权制度的认识存在误区，认为其对房地产保有环节的征税是基于土地私有制度而产生，实则不然。土地所有制度和使用形式是多种多样的，我国内地的土地使用权制度主要借鉴了香港的做法。因此，本书会就英国、中国香港的房地产税制度做较详细的介绍。

（一）土地的所有制度和使用方式

土地的权属，包括土地所有权和土地使用权。多样化的土地权属类型，反映着一些国家和地区的政治制度和经济制度。在实行社会主义的国家，土地的所有权一般是全民所有或集体所有，土地使用方式大部分是无偿使用；而资本主义国家和地区的土地权属制度则各有特色。

作为君主立宪制国家，英国的土地所有权名义上归国王或皇室所有，但使用权人可以享受土地产生的各种权益，即地产权（estate）。在英国，地产权的形式一般有两种：完全拥有地权（freehold land）和土地租借权（leasehold land），也可称为永业权和租业权。完全拥有地权是指，业主购买的房地产，是包括土地和房屋在内完全属于业主所有的财产，可以包括独立房屋、城市住宅和公寓等。土地租借权是指，业主购买的房地产，财产权益建立在相关租约之上。这类型的房地产，由于土地的所有权人不是业主，业主的财产权益一般根据租约的条款规定，年限到期后，业主可以选择延长租约，继续享有财产权益。高层公寓一般就是以 leasehold 这种形式存在的。因为对于土地稀缺且人口密集的城市来说，leasehold 是很普遍的房地产形式。在英国，大部分的房地产其实都是 leasehold，伦敦的 leasehold 房地产已经超过了一半。英国的地产权是对土地所有权和使用权的分离，这一制度广泛流传，对其他英联邦国家的影响深远。在澳洲，这样的地产权益时限一般是 99 年，英国的公寓租约一般可以延长 90 年，别墅的租约一般可以延长 50 年。

作为联邦制国家，美国的土地的所有权，归个人私有和各级政府公有。在建国之初，美国的土地大部分都是政府公有的。后来，美国通过出售国有土地，实现了土地的私有化，形成了目前私有土地与公有土地并存的情况。由于美国实行彻底的分权制度，各级政府所拥有的土地原则上不得任意调配，但也存在为获取支持，政府间互赠土地或是实施土地租金优惠的情况。

在香港回归祖国之前，因为受英国的影响，土地的所有权和使用权是分离的。在回归祖国之后，香港的土地属于国家所有。但是，"香港土地制度的基础是私有制"①，政府通过批租，将公有"官地"的使用权出租给使用权人，只出租，不买断。同时，在香港的新界地区至今还保留着原始的"丁屋制度"。

此外，我国台湾地区的土地权属制度是由孙中山先生的"平均地权"发展而来的。台湾的《土地法》明确规定，台湾地区的所有土地归全民所有。这就打破了任意个人或团体对土地的垄断，在土地之上存在上级所有权和下级所有权，公有和私有并存，形成了农地农有、市地市有、富源地"国"有的地权平均②。

（二）房地产税的分类和性质

因土地制度和财政体制的差异，不同国家和地区的房地产税在分类和性质上，也就有所不同，下面主要介绍英国、美国和我国香港、澳门、台湾地区的房地产税制度，以期借鉴和参考。

1. 英国的房地产税制度

英国的房地产税主要有两种，一种是居住房产税（council tax）和营业房产税（business rate）。居住房产税又被称议会税、市政税或家庭税（domestic rate），是由 1988 年《地方政府财政法》中的社区费（community charge）③ 发展而来的。自 1993 年 4 月起，伦敦开始征收居住房产税，根据当地的房产评估

---

① 符启林. 房地产法：第 4 版 [M]. 北京：法律出版社，2009：64.
② 符启林. 房地产法：第 4 版 [M]. 北京：法律出版社，2009：47.
③ 社区费是一种人头税，poll tax 因为极不公平引发了许多抗税活动，所以已于 1992 年废止了。

价值征收。一般是对所有的房产进行评估并分类（8类：A-H），然后由议会每年设置级别，获取的财政收入用于政府提供公共服务。居住房产税的征收对象是居住型房产，不管是自用的还是租用的，包括住宅、平房、公寓、移动房屋和游艇等在内，纳税人是年满18岁的房产所有人或使用人，未成年人或25岁以下的全日制学生会有相应的减免，减免额度由市政议会决定。根据爱丁堡2017财年的预算统计，居住房产税收入占政府全部收入的27.5%，与转移支付收入和营业用房产税收入形成三足鼎立之势。

营业房产税也是英国地方政府获取财政收入的主要来源之一。爱丁堡2017财年获取的营业房产税收入就占了政府全部财政收入的36.7%。营业房产税的征收对象为非居住型房产，例如商店、办公室、写字楼、酒吧、工厂、产权式酒店和仓库等[①]。营业房产税也是根据1988年《地方政府财政法》而设立的财产税，又被称作非家庭税（non-domestic rates），纳税人是非居住型房屋的所有人，包括自然人和法人。

2. 美国的房地产税制度

美国实行较为彻底的地方自治制度，因此不同的州采用的房地产税制度就存在较大的差异，具有明显的地方特色。根据1787年《宪法》，征收财产税是州政府的权力。随着20世纪初期美国城市化进程的加速，税负压力开始由州政府转移到地方政府，房产税的征收主体和支配主体也变成了地方政府，配之以"自由阻断器"税收优惠政策，完成了美国房产税历史上的第一次改革。到20世纪70年代，房产价格的大幅上涨使得各州不得不出台新的政策来对抗经济"滞涨"。这些以税收限制为特征的房产税政策，以加州的第13号提案最为著名，并影响了其他州对房产税的调整。这就是房产税的第二轮改革。

美国的房产税是地方政府获取财政收入的重要来源，以此筹集的资金主要用于地方基础设施建设和主要公共服务的提供。经过长期的调整和磨合，美国的房产税政策可以说是目前世界上最为科学和完善的。各地方政府对房产税税率的设定采取"按需确定"的方式，即根据地方政府的预算，通过专业的房产价值评估，配以系统的税收优惠政策，旨在为地方政府提供持续可靠的税收收入，满足辖区内居民对公共产品和公共服务的需求。

目前，美国的房产税税率区间为0.2%—2.35%，各州对房产的价值评估也不尽相同，主要有市场对比法、重置成本法和入息收入法。其中，"市场对比法"适用于对自住房屋的价值评估，具体操作方法是比较类似房产在近半年内

[①] 除非马匹是用来耕种的，否则马厩也需要缴纳营业房产税。

销售的市场价值，再根据具体的房型、使用年限和设施进行调整。市场对比法被较多的州所采用，但其并不适用于工业性或商业性房产。另外，对于无法进行可类比交易的房产来说，用市场对比法评估房产价值就有局限性。因此，美国的少数几个州采用了"重置成本法"，即只考虑重建同样房屋所需要的成本，大大简化了评估工作。对于商业性和工业性房产，如公寓、商场和写字楼来说，通过"入息收入法"，根据房产可能取得的预期收益来评估房产价值，较为有效，也在一定范围内解决了如何确定高层公寓房产税税基的问题。

美国缴纳房产税的手续比较简单。房产税的征收管理工作由州政府和地方政府协同完成，各地方政府定期向纳税人寄送纳税通知，纳税人可以通过美国国内税务局（IRS）进行税务申报，享受适用的税收优惠政策，通过支票或网络支付税费即可。

3. 中国香港的房地产税制度

香港回归祖国前受殖民统治，相关的法律制度和财政、税收政策深受英国的影响。作为国际知名的金融中心，目前中国香港的税制是由1947年制定的《税务条例》不断发展而来的，其借鉴了英国的《英联邦税收一揽子方案》，体现了"重稳定收入，轻经济调节"的传统税收原则，力求保证对经济产生最少的干扰。

中国香港的税种少，税负轻，与房地产有关的税种只有物业税（property tax）和差饷（rates）。物业税是对土地、建筑物及构筑物的业主征收的，以每一课税年度土地及建筑物的应评税净值（net assessable value）[①]作为计税依据，用标准税率计算和征收的一种财产税。物业税仅对有租金收入的业主征收，因此物业税实际上带有所得税的性质，征税对象包括码头、货运码头及其他构筑物。《税务条例》第5条规定，如果有关土地的拥有人并非该土地上建筑物的拥有人，那么该土地及建筑物须分开评税。物业税的税率在不同的课税年度有所区别，2002年3月起为15%，2003年4月起为15.5%，2004年5月至2007年8月为16%，2008年9月后至今为15%。

差饷是对楼宇或物业单位[②]征收的一种间接税，历史悠久，最开始被称为警捐，后改称房地捐，主要用途是筹集财政收入，弥补财政支出。差饷的纳税人是物业单位的持有人或者占用人，即物业的所有人或实际使用人，具体情况根据双方订立的租约条款而定，如果没有明确约定要由业主缴纳差饷的，就要

---

① 应评税净值，是指应评税值减去差饷和若干免税扣除额等法定扣除项目后的差额。应评税值包括应收及已收的租金，如果除了租金业主并无其他收益，年租就是应评税值。

② 物业单位包括土地、建筑物及构筑物。构筑物指电缆、广告牌等。

由使用人缴纳。

差饷是一种源自英国的税种，计税依据一般是土地价值、房产价值或租金价值（中国香港采用）①，只要是香港的楼宇或物业单位，不论是否出租，都应缴纳差饷，这实际上是针对不动产保有环节的课税。差饷按照物业单位差饷租值的一定比例征收，比例一般为5%。至于为什么采用租金价值作为计税依据，是因为香港的房屋租赁市场十分活跃，租金水平相对稳定，租金信息也比较容易获取。差饷租值每年由香港差饷物价署按照《差饷评价法》的规定，对楼宇或物业单位全年的租金进行合理的估算，对所有的楼宇或物业单位都采用统一的差饷税率。差饷按期征收，不按期缴纳的要在差饷额上加征5%的罚款，若是超过6个月仍未缴清，则加征10%，对于欠缴差饷的房产实行限制交易。

4. 中国澳门的房地产税制度

澳门回归祖国前受殖民统治，澳门税法虽然以葡萄牙税制作为基础和依据，但作为内部公法法人②，在经历了一系列的改革后，形成了独具特色的税收制度。

中国澳门的房地产税主要有两种：房屋税和物业转移税③。物业转移税是流转环节征收的间接税。房屋税（house tax），又被称为"市区房屋业钞"，是澳门对市区房屋④使用收益或租金收益征收的一种财产税，具有收益税的性质。计税依据和香港一样，是房屋的租金价值，税额则根据租金或租值⑤扣除一定的费用，按使用的利率计算而来。根据《澳门市区房屋税规章》第13条第1款的规定：纳税人是市区房屋收益权利的持有人。有租赁关系的房屋如果由承租人缴纳房屋税的，可以扣除年租金的10%作为保养和维持费用，即"应纳税额＝租金×（1-10%）×税率"；对于没有租赁关系的房屋，就用租值减去保养费或维持费的10%，作为可课税收益。从2008年11月11日开始，房屋税税款

---

① 新浪财经. 香港的"差饷"是个什么税？[EB/OL]. (2016-11-04). http://finance.sina.com.cn/roll/2016-11-04/doc-ifxxmyuk5933098.shtml.

② 根据1976年《葡萄牙共和国宪法》的规定，澳门是在葡萄牙管制下的中国领土，后根据《澳门组织章程》确定了澳门的独立地位，规定其为内部公法法人，享有行政、经济、财政和立法的自主权。

③ 包振宇. 澳门特别行政区的房屋税制度及其借鉴[J]. 税收经济研究，2011, 16 (06): 65-70.

④ 市区房屋是指结合或有行、坐、落地方的楼宇及楼宇走廊用地，凡楼宇与船埠、埠头及港口其他结构有物质的结合者，也算作市区房屋。

⑤ 租值是指在自由合约制度下，根据合理估算得出的租金。非出租市区房屋的租值，为登记在房地产记录里的租值，并须接受定期性调整。

扣减额提高到全年 3 500 澳门币，但是，如果纳税人不是澳门居民，就不可享有此项优惠。在《澳门市区房屋税规章》（第 1/2011 号修改）生效之前，房屋税的税率统一为 16%，规章生效之后，有租赁关系的房屋税税率为 10%，无租赁关系的房屋税税率为 6%，且无租赁关系的房屋税的结算都是按照每年"房屋估价常设委员会"① 评估并确定的年租价值来计算的。委员会在每年 12 月选任委员之后，根据申报数据评估租值，并将结果邮寄通知纳税人。纳税人如果对租值评估结果有异议的，可以在结果送达之日起 10 天内申请重新评估。

通过对中国澳门房屋税的考察和《澳门市区房屋税规章》相关规定的审阅，不难发现，澳门的房屋税从税基和税率的确定，到免税政策的设置，具有高度的公众参与性，较好地发挥了房屋税的经济调节功能，并且辅之以严格的责任追究机制，保证了税收的稳定性，这对我国内地具有重要的借鉴意义。房屋税租值的评估工作由官方、专业人员和纳税人代表组成的委员会实施，体现了高度的民主协商，将政府的决策过程和结果透明化、合法化，不仅保障了纳税人的权益，也降低了公众对房屋税产生抵制和不信任的可能性。《澳门市区房屋税规章》中的罚则还对纳税人逃税、漏税等情形做出了相应的规定，有效地避免了违法行为的发生。此外，根据《澳门市区房屋规章》的规定，房屋的租约须登记并定期接受调整，这就极大减少了出租人向承租人转嫁纳税义务的情况，也方便政府部门掌握房屋租赁的市场信息，更好地发挥房屋税的市场调节功能。

5. 中国台湾的房地产税制度

台湾的税收与法律制度和祖国大陆有所不同，除遗产税和赠与税之外，台湾的财产税还包括地价税（land value tax）和房屋税（house tax），这两者都属于"县市税"。其中，地价税由《土地税法》规定，房屋税由《房屋税条例》规定。根据《土地税法》，除地价税外，还有田赋与土地增值税。田赋是对未规定地价的土地或是农业用地征收的，目前已经停征；土地增值税则是在土地所有权发生转移时征收的流转税。

中国台湾地价税的课税对象是已规定地价的土地，"计征依据是每一土地所有权人在每个'直辖市'或县（市）辖区内拥有的全部地价的总额"②，"地价税的基本税率为 10‰③，若土地所有权人的地价总额未超过累计起点，实行累

---

① 委员会设正选和候补委员各三人，人员组成包括土木工程师、设计师、土木技师、建筑商、工程主任及业主。
② 法源法律网. 台湾土地税法 [EB/OL]. http://www.lawbank.com.tw/.
③ 於鼎辰. 港澳台税制 [M]. 广州：暨南大学出版社，2009：211.

进税率"①。除此之外，还有特别的地价税税率，因土地的不同用途而有所差异：a. 自用住宅用地的地价税税率为2‰；b. 工业用地、矿业用地、私立公园、动物园、体育场用地、寺庙、教堂用地、政府制定的名胜古迹用地、经主管机关核准设置的加油站用地、依照《都市计划法》规定设置的供公众使用的停车场用地和其他经行政院核定的土地的地价税税率为10‰；c. 都市计划公共设施保留用地在保留期间仍然作为建筑使用的，除自用住宅用地按2‰计征外，税率为6‰，未作任何用途的，免征；d. 公有土地按基本税率计征，如果公有土地供公共使用的，免征②。

房屋税是对房屋所有权人征收的，征税对象是房屋和增加房屋使用价值的建筑物。房屋税不以房屋的造价或市值计算，而是以房屋的现值为计税依据。由于房屋税是地方税，《房屋税条例》对税率的规定采取最高限和最低限的差别比例税率，实际的征收税率由地方政府决定。

中国台湾房屋税的计算公式为："应纳税额 = 房屋构造标准单价 × 面积 × (1 - 折旧率 × 折旧年数) × 地段登记调整率 × 适用税率"，其中，房屋的标准单价由各县市不动产评价委员会按照以下情况予以评定：第一，根据使用执照登记的3种项目（构造③、用途④和房屋总层数）换算；第二，五楼以下（含5楼）的如果含有电梯或是房屋高度超过标准高度4厘米以上的，需要加价，房屋的标准单价每三年可获得一次重新评定的机会，按照房屋的耐用年数进行折旧，按年递减。房屋税的税率规定详见表4-8所示。住家用的房屋课征税率为1.2%。如果一栋房屋既做住家用也做非住家用时，则根据具体面积分别计征；空置不用的房屋则按照执照登记的用途计征；若是房屋做营业用，则按营业用税率征收；非住家营业用的房屋，比如私人医院、诊所、自由职业事务所，以及非营业非住家用（人民团体或其他性质）的房屋，根据各县市的调整税率计征。

---

① 未超过5倍的，超出部分按15‰；超过5到10倍的，超出部分按25‰；超过10到15倍的；超出部分按35‰；超出15到20倍的，超出部分按45‰；超过20倍以上的，超出部分按55‰。
② 法源法律网. 台湾土地税 [EB/OL]. http://www.lawbank.com.tw/.
③ 一般分为钢骨造、钢筋混凝土造、加强砖造和砖造等，钢骨造凭订单价最高。
④ 一般有国际观光旅馆、旅馆、店铺和住宅与工厂四类，国际观光旅馆评定单价最高。

表4-8 中国台湾房屋税税率①

项目		法定税率		征收率
		最低	最高	
住家用		1.2%	2%	—
自用		1.2%	1.5%	1.2%
非住家用	营业用	3%	5%	3%
	非营业用	1.5%	2.5%	2%

中国台湾的房屋税和地价税，算上折旧的话，整体税率很低。随着台北近十年房价的上涨，民众对房产税并不在意，房产税并不能很好地指引市场理性发展，台湾近十几年来的房价高企也成为显著的社会问题。但随着2014年《台北市房屋税征收自治条例》的实施，全台湾开启了对房屋税税率和计算公式的调整。目前台北市新的房屋税公式为："应纳税额=房屋构造标准单价×面积×(1-折旧率×折旧年数)×地段率×(1+地段增减率)×适用税率"。对比前后两个房屋税的计算公式，可以看出，应纳税额的计算关键在之前的标准单价和折旧率上，增加了路段率。通俗来说，因为路段越好，税负越高。设置路段率这一指标的意义是控制核心地区的房产投机行为。

按照《房屋税条例》，房屋税按月计征，须每年按时缴纳，在房屋建造完成之日起30天内，纳税人要将有关文件向当地主管稽征机关申报房屋税籍的有关事项和使用情形，当出现增建、改建、变更使用或转移、承典时，也需要提出申请和备案②。如果因纳税人未在法定期限内申报而造成漏税的，除了责令其补缴应纳税额之外，还要缴纳漏税税额两倍以下的罚金。

相较于香港和澳门基于房屋或物业租值征收的差饷和房屋税，台湾的房屋税调整后，更偏重于体现市场调控的工具性功能。例如，香港和澳门都为空置房屋设置了相应的税收减免政策，但台湾则不然，虽然《房屋税条例》针对非自住家用或是非住家用的空房，原则上是按照相应的税率征收的，但随着2014年起台湾全境频繁的房产税调整，台北市针对起造人持有的待销售的住家用空屋，在缴纳房产税的3年内仍未出售的，税率调整为1.5%，高于一般住家用房屋的1.2%，对空屋按高限征收房屋税，也是对炒卖房产行为的限制。

---

① 於鼎辰. 港澳台税制 [M]. 广州：暨南大学出版社，2009：227.
② 何峰. 台湾地区房屋税及借鉴 [J]. 国际税收，2014 (04)：57-60.

(三) 房地产相关税收优惠

房地产税本身具有调节社会财富差距的功能，不同的国家和地区的房地产税优惠政策各不相同，但本质上都是对低收入人群和其他弱势群体的照顾，体现社会公平。

1. 英国房产税的减免

英国的居住房产税之前一直是人头税，在1992年《地方财政法案》颁布之后才变为基于房产征收的财产税。通常情况下，年满18周岁的房地产所有权人或使用权人是纳税人，负有缴纳居住房产税的义务，但英国也规定了一系列的税收减免优惠政策。从已披露的英格兰地方政府居住房产税基本统计数据来看，2017年英格兰共有21类居住房产税的豁免情况。

第一，"房产免税计划"。可豁免缴纳居住房产税的房产有：被没收的房屋、被抵押债权人合法占有的房屋、因住户住院或需要被照料而闲置的房屋、因住户前往照料其他人而闲置的房屋、只有学生或参加英国文化交流协会举办的官方活动的外语协助者居住的宿舍或住宅、所在地已付过税的度假拖车或船舶、住户全都低于18岁的房屋、仅有严重精神疾病者居住的房屋和由主要房产所有人的亲戚居住的自给自足的"外婆公寓"。

第二，"残疾人减除计划"。如果房产中有实质性或永久性残疾的残疾人居住，那么该房产的评估级别就会相应调低一档，作为减除（reduction）。申请"残疾人减除计划"的房产还需具备相应的条件，例如需要有多一间厨房或浴室供残疾人使用、适合残疾人使用的其他主要房间和足够残疾人使用轮椅的内部空间，以上三者至少满足其中之一，才能向地方政府提出书面申请。

第三，其他税收优惠政策。如果房产内只有一名成年人居住，可获得25%的优惠，符合下列条件的人，不算作居住人数目：未成年、囚犯、拘留犯、遣返犯、严重的精神疾病患者、全日制学生、根据移民政策不能参加工作获取报酬的留学生配偶、参加政府学徒计划的年轻人、长期住院的病人、敬老院住客、保释或缓刑招待所的住客、提供看护服务的住家工人、居住在避难所的住客、4月30日之后毕业的20岁以下的应届毕业生（可豁免至11月1日）、18岁以上在接受儿童照料的人、宗教社区的成员、前来拜访的武装力量成员。如果房屋里除了唯一一个成人外，还居住有可豁免缴纳房产税的人，那么即可享受减免50%。除此之外，针对家庭附属建筑，即建造在家庭主建筑物附近供家庭成员使用的建筑，提供50%的优惠。

2. 美国财产税的减免政策

美国房地产税的征税对象包括土地、房产（农用房产、自用住宅、出租住宅、商业房产、水电设施房产）、地上增设物和空地等。财产税曾是美国地方政府财政的主要来源，随着一系列减税政策和税收优惠政策的实施，财产税在地方政府财政收入中的占比已经不似以往那么庞大，但依然为美国地方政府获取了较多的财政收入。美国对房地产税的优惠和减免政策主要是结合房地产的用途和所有权来制定的，税收减免政策主要由州政府依据法律来规定，地方政府仅作一小部分补充。除此之外，还有大名鼎鼎的加利福尼亚州1978年第13号提案和马萨诸塞州的2-1/2提案，即财产税税率限制提案，此处不再过多展开。

第一，减免项目。各级政府所有的非商业房地产和宗教、慈善和教育等非营利组织拥有的房地产可免税。退伍军人、残疾人、老人和家族的自用住宅可以享受一部分的减免，具体减免额度各州不同。另外，一些受政策扶持鼓励的项目的房地产，也能享受一定的减免。

第二，"阻断器政策"。除了减免项目之外，许多州还有税收抵扣减免项目，即"阻断器政策"①（CBC，circuit-breaker credit），"阻断器政策"一般有两种形式，起始点抵免和浮动数额限制。在实行起始点抵免的州，如果应付财产税税额超过纳税人收入的一定比例，就能获得抵免，而实行浮动数额限制的意义，则是收入越多的人，能抵免的财产税就越少。该项目主要是针对低收入家庭实施的减税措施，最早于1964年在威斯康星州颁布，到了20世纪70年代中后期，已经有超过27个州采用了"阻断器政策"，现在此项政策仍然有部分州还在使用，并逐渐演变为针对低收入老年人的特别项目，并且条件越来越严苛。例如，在马萨诸塞州2017年的"老年人阻断器税收优惠"就规定，2017年的最高抵免额度为1 080美元，在计税年度中，超过65岁的当地居民如果年收入未超过57 000美元（单身）、72 000美元（家庭收入主来源）、86 000美元（夫妻共同收入），并且房产的评估价值没有超过720 000美元，如果满足下列条件，就可享受"阻断器政策"：第一，对房产所有权人来说，其应纳房产税额加上一半的水费及污水费的总数超过年收入的10%；第二，对房产租用人来说，其已支付年租金的25%必须超过年收入的10%。可见，想要享受这一政策优惠，需要符合众多要求。

第三，税收递延。这项政策的主要代表是1981年威斯康星州出台的财产税减免法律，目前主要是针对收入有限的老年人和残疾人，以及处在开发地区的农场主。因为他们的收入水平是一定的，但房地产价值有可能因为某些特殊原因而突然上升，这种非自身可控的财产升值所带来的税负上升，是其不能消化

---

① 这项政策的实施可以使纳税人获得所缴纳财产税部分数额的返还或是减免。

的，设立税收递延政策，将应缴纳税款和实际能缴纳税款登记在册，允许纳税人按原先价值推迟缴纳，以缓解其纳税压力。至于延期期间是否需要加收利息，则根据各州的法律规定办理。

第四，税率优惠。可享受税率优惠政策的是农业用地和林业用地，这是出于生态环境的可持续发展的考虑，体现对土地的保护。

第五，税基优惠。美国的房产税税额的计征依据是房产评估总额，为了避免每年一评估造成的价值增长过快导致的税额大幅上涨，许多州都对每年的计税价值增长的幅度做出了规定：一般"不得超过上一年度计税价值的一定比例，对超过计税价值增长上限部分不需缴纳财产税"[①]。另一方面，许多州规定：房产税可以作为所得税的抵扣项目，以减轻纳税人的负担。

3. 中国香港的物业税减免政策

因为差饷是针对使用物业而征收的税款，所以一般来说差饷是没有减免的。不过，如果是物业没有政府的淡水供应或者是只能获得政府供应的未经过滤的淡水时，可以获得宽减。另一种情况是，政府不会就空置的物业退还已缴纳的差饷，除非该物业是因为政府诉至法院由法院命令空置的，或者是该物业在空置之前并不是用作停车场以后也不拟用作停车场的没有天花板的空置土地。只有在这两种情况下，业主才能获得已缴差饷的退还。另外，根据香港《税务条例》和有关法例的规定，部分物业可以享受物业税的减免和扣除政策。

第一，可豁免物业税的物业："政府及领事的物业；工商业公司业主作业务用途的物业，如果其应课税的物业收益已经包括在利得税利润之内，或是物业由业主自有而作商业用途，非物业可豁免物业税；闲置物业的物业税可以按照闲置时间占课税年度时间的比例扣除；业主自住的楼宇，若业主为居住目的整年占用楼宇，则可豁免，如果业主没有因自住的目的而整年占用，则按照时间比例扣除；得到证明的家庭、家族或堂的物业；任何属公性质的慈善机构或信托的物业；行政长官会同行政会议可以豁免任何人、办事处或机构缴付的物业税全款或部分税款。"

第二，可抵扣物业税的费用：由业主支付的差饷；来自应课税物业的收入，但无法收取的租金；20%的免税额，作为修理费及其他开支费用。

4. 中国澳门的房屋税减免政策

根据中国澳门《市区房屋税规章》的有关规定："政府及其任何机关、组织及机构使用的房屋；地方自治机构使用的房屋；公益行政团体使用的房屋；

---

① 宋亦淼. 我国房产税税收优惠机制之改革路径——基于中美对比视角 [J]. 财会月刊（下），2014（6）：49-52.

经宣告成为公益机构的团体使用的房屋；教会、传教团体及其他教士依教规组成的宗教团体，符合其宗旨的自有房屋；任何宗教组织或团体，专供其宗教祭祀用的庙宇或楼宇；外国政府为其外交代表团而设置的房屋，依照与葡萄牙政府或澳门地区所定的协议办理；经营任何工业的个人或团体，专供其工业场所开设及工作用的非租赁楼宇；个人或团体，其全年无偿供小学、中学或专科学校使用的房屋；供居住或商业用途的新建楼宇，以及经改良或扩建的楼宇，其工程价值根据评估至少相当于该楼宇时值50%的，此类楼宇的收益享房屋税豁免期间，以工务厅发出的有关建筑物入住或占用执照的次月开始计算（澳门市4年，海岛市6年）；新建不动产供开设工业单位或工厂用途的收益，以工务厅发出的有关建筑物入住或占用执照的次月开始计算（澳门市5年，海岛市10年）；经济房屋及合作社所建造的住宅楼宇，用于租赁及现卖或分期付款出售给社员的利益，依照法律规定的条件和期限享受豁免。"

5. 中国台湾的房产税减免政策

根据中国台湾的《房屋税条例》，对部分公有房屋和私有房屋免征房屋税，对满足条件的私有房屋可减半征收。

免征房屋税的公有房屋有："政府机关及地方自治机关的办公房屋和员工宿舍；军事机关、部队的办公房屋和官兵宿舍；监狱看守所及其办公房屋和员工宿舍；公立学校、医院、社会教育学术研究机构及救济机构的校舍、院舍、办公房屋和员工宿舍；工矿、农林、水利、渔牧事业机关的研究或试验用房屋；粮政机关的粮仓、盐务机关的盐仓、公共事业和政府经营的自来水厂所使用的厂房和办公房屋；邮政、电信、铁路、公路、航空、气象、港务事业供本身业务使用的房屋和员工宿舍；名胜古迹和纪念先贤先烈的祠堂庙宇；政府供给贫民居住的房屋和政府机关为辅导退役官兵就业所举办的事业使用的房屋。"[1]

免征房屋税的私有房屋有："已立案的私立学校和学术研究机构在完成财团法人登记后提供的校舍或办公用房屋；已立案的私有慈善救济事业，不以营利为目的，完成财团法人登记后提供的办理事业所使用的房屋；专供祭祀用的宗祠、宗教团体供传教布道的教堂和寺庙（以完成财团法人登记和房屋使用用途为限）；无偿供政府机关公用或军用的房屋；不以营利为目的，并经政府核准的公益社团供办公使用的房屋[2]；专供饲养禽畜的房舍、培植农产品的问世、稻

---

① 详见《台湾房屋税条例》第14条。载法源法律网. http://db.lawbank.com.tw/FLAW/FLAWDAT01.aspx? lsid = FL006141. 访问日期：201 - 06 - 16。

② 以同业、同乡、同学或宗亲社团为受益对象的，除依《工会法》组成的工会经由当地主管稽征机关报经直辖市、县（市）政府核准免征的除外，不在此限。

米育苗中心作业室、人工繁殖场、抽水机房舍、专供农民自用的烟熏房、稻壳及茶叶烘干机房、存放农机具仓库和堆肥舍等房屋;遭受重大灾害,损毁面积占整栋面积五成以上必须修复才能恢复使用的房屋;司法保护事业所有的房屋;住家房屋现值在新台币十万元以下的房屋;农会所有的仓库,专供粮政机关储存公粮并由主管机关证明的;经目的事业主管机关许可设立的公益信托,因信托关系取得的房屋,直接供办理公益活动使用的。"①

除此之外,私有房屋有下列情形之一的,可以减半征收房屋税:政府平价配售的平民住宅;合法登记的工厂供直接生产使用的自有房屋;经主管机关证明的农会所有的自用仓库及检验厂以及受重大灾害,损毁面积占整栋面积三成以上不到五成的房屋。纳税义务人在减免原因、事实发生之日起三十日内,申报当地主管稽征机关调查核定,逾期申报的,自申报当月起减免②。

（四）对空置房屋的税收调节

世界一些国家和我国港澳台地区在处理闲置房地产（如空置房产或度假用房产）的问题上,主要也是依赖房地产税进行调节和引导,但做法不一。有的实行减免,如英国;有的则实行类似惩罚的累进税率,如中国台湾。下面做简单介绍,以做参考。

1. 英国的调控政策

英国对于空置房产的定义为:空置且未进行实质性装修,即无法居住的或者是因需要经过大面积修复或改变才可居住而空置的房产。针对这两种房产,地方政府可以免征、少征或正常征收,具体采取哪种措施,由地方政府自行决定。当未进行实质性装修的房地产空置两年以上时,地方政府可以对其征收"空房额外费用（empty homes premium）",若是已被免除 council tax 的房产,则无须缴纳这项费用。此外,如果该房产的所有权人是军人,而确是因服役而导致其唯一或主要房产空置的,可以免交空房额外费用,或者已成为住房实质性建筑物并且被部分使用的房产,也可免交空房额外费用。

在英格兰,度假型房屋或二套房也需要缴纳 council tax,地方政府同样可以根据具体政策选择减半征收或正常征收,但如果存在以下情况,地方政府则必须减半征收:二套房之所以被空置是因为所有权人或其家属需要在别处工作;二套房是房车上的帐篷或是船舶的停锚处。相反地,在苏格兰和威尔士,少征

---

① 详见《台湾房屋税条例》第 15 条。载法源法律网,http：//db.lawbank.com.tw/FLAW/FLAWDAT01.aspx?lsid = FL006141,访问日期：2017 - 06 - 16。

② 同上。

的折扣率可能会不一样。

2. 中国香港的调控政策

《差饷条例》第30条规定，如果空置土地不是建筑物、构筑物或组成部分，而其在已缴纳差饷的期间空置了的话，那么根据条例规定，该空置土地的拥有人可以获得退款。

香港特区政府在2016年11月4日宣布，将从5日起全面提高所有住宅物业的印花税，香港永久居民在买入第二套房时，将被征收15%的印花税。而在此之前，根据房屋价值不等，印花税的税率自4.5%起，最高到8.5%。据香港财政司司长表示，此举是为了避免楼市泡沫风险恶化。2012年10月27日，为了抑制非香港永久居民，香港特区政府实行了买家印花税和加强版额外印花税。新政策不涉及非住宅物业，第一次买房的香港永久居民可以豁免，按原有税率交税。

可见，香港针对投资性房产，尤其是二套房或多套房的调控，主要是依赖印花税，而不是保有环节的房产税。目前，香港在房屋买卖阶段征收三种印花税，即从价印花税、买家印花税和额外印花税，其中，买家印花税是专门针对内地买家的，额外印花税类似于内地的增值税，如果一套房子在从上一次换手开始3年内再次转让的，就需要交纳额外印花税①。

3. 中国澳门的调控政策

根据现行的《市区房屋税规章》的规定，在澳门需缴纳房屋税的房产分为非出租房屋和出租房屋，两者房屋税税率分别为6%和10%。2018年澳门特区政府提交了《修改法案》，建议取消现行规章中"对空置房屋不课税"的规定，如果法案通过，空置房屋将改称为"非出租房屋"，按5%的税率收取房屋税，借此增加多套空置房屋所有权人的持有成本，促使其将空置房屋释放到出租市场。根据估算，此举可能会令政府多收入1750万澳门币。

4. 中国台湾的调控政策

中国台湾在房地产保有环节征收的是地价税和房屋税，在交易环节征收的是所得税、土地增值税和契税等。台湾对空闲住宅的定义是：无人经常居住且未供其他用途的住宅，包括待租、待售、已租或已售但无人经常居住的住宅。另外，居民所有第二栋以上未经常居住的住宅、因工作原因居住他处而无人经常居住的住宅都算作空闲住宅。据2010年的十年人口与住宅普查统计，截至

---

① 搜狐财经. 楼市调控升级！这恐怕是房价最后一次上涨[EB/OL]. http://www.sohu.com/a/118274802_463956.

2010年底，空闲住宅率达19.3%，比上一个10年增加了1.7%，其中，基隆市最高，空闲住宅率达25.2%，台北市以13.4%排名最低①。

台湾对投资型房地产的控制主要依靠在交易环节的契税和所得税。从2014年的"房地合一实价课税"改革起，台湾拟改变之前因对土地、房屋分开课税而造成的避税行为，实行房地合一的房地产税制度，意图打击炒房牟利、以不动产作为获利工具的投机行为，台湾"中央研究院"院长表示，该政策会充分考虑对只有一栋自用住宅或是长期持有房屋但不以此牟利的人，给予尽量的优惠和照顾；对农民的土地和农舍，本着扶助社会弱势的原则，也将其排除在外。

（五）比较与评价

对房产税价值取向的确定，直接影响了不同国家和地区的房产税制度和相关政策。虽然美国的房产税制度是全球闻名，但与我国目前的现实情况，适配性并不高。我国内地的"土地出让金"借鉴自香港的"官地批租"制度，需要指出的是，香港的土地都归政府所有，用地制度为"公有土地批租"和"混合年租制"，即土地使用者在一次性缴纳土地出让金后获得土地使用权，之后还需要在租期内（租期一般为50年）每年缴纳地租，而实际使用房地产的人则需每年缴纳差饷。在香港，土地出让金、地租和差饷是并存的，都是特区政府的收入来源，前两者来自批租环节，后者则是房地产保有环节的税收，这对我国内地房地产税改革具有极强的借鉴意义，即土地公有制并不影响差饷（保有环节房产税）的合法性，土地出让金和地租的存在也不禁止差饷的征收。

而香港的这一制度又来自英国，英国的居住房产税与我国拟推行的普通住宅房产税类似，并且在英国大量存在的租业权型房地产，与我国房产、地产所有权相分离的状况也是十分相像。在英国，纳税人每年除了要缴纳居住房产税之外，还需缴纳土地使用权的租金。可见，居住房产税是全覆盖的，不因为土地所有权的类型而影响房地产税的征收。再者，我国的《物权法》也规定，在商品住宅土地的使用权限（70年）到期后，可自动续期，为普通住宅房产税的征收提供了基础，也就解决了土地使用权到期后普通住宅房产税该如何征收的问题。

中国台湾地区的房屋税，其目的是为了调控房市，抑制房价的非理性上涨，

---

① 台湾统计资讯网.民国99年人口及住宅普查总报告分析［EB/OL］. https: //www. stat. gov. tw/ct. asp? xItem =31969&ctNode =548&mp =4.

这种导向的房屋税对二手房交易造成了巨大打击,并且看起来已经达成了调控的目标。但是,某些县市针对存量房屋的加税也导致了民众的不满。另外,有相当一部分民众表示,对于居住在千万豪宅中的富人阶层来说,房屋税的缴税金额甚至还比不上豪宅的物业费,很难达到调节社会贫富差距的目的。目前,房屋税依然以楼层和楼高作为判定房屋构造标准单价的因素,可是随着城市的发展与土地存量的减少,高层建筑势必越来越多,如果还不进行对课税现值评定标准的修改,易造成土地的浪费和资源配置的低下。

可以看出,房地产税减免优惠政策,一般都是根据房地产的权属性质和用途来规定的,常规做法是:对政府机关、各级政府、行政机构等公共事业单位所拥有的房地产,以及宗教寺庙、慈善机构、公园、博物馆、名胜古迹、公立学校、医院等社会公益事业和部队的房地产,实行免税,针对残疾人、老人、低收入家庭等弱势群体实行减免,对居住用房地产适当给予优惠。比如美国财产税税收优惠就主要以弱势群体、非营利性房地产以及家庭自有住宅为对象,并制定了与家庭收入相结合的"阻断器政策"。

综上,香港与澳门的房屋税是建立在房屋租赁市场相对活跃和成熟的前提之下的,台湾的房屋税更多的是偏向对房产投机行为的控制,更接近我国大陆目前的情况。此外,不管是对租值的估计还是对房屋现值的评定,都由专门的委员会或计价署负责,其成员来自政府、专业人员和社会公众,所获收入一般都用于居民住房条件的改善和公共基础设施建设,如此便较好地保护了公众的参与权和知情权,体现了税收取之于民、用之于民的宗旨。香港的《税务条例》《差饷条例》和《差饷评价法》,澳门的《市区房屋税规章》与台湾的《土地税法》《房屋税条例》等法律、条例都对稽征单位或部门之前的配合与职责做出了相应的规定,还有对纳税人违法行为的惩罚,是比较完备的房地产税法律制度,值得参考与借鉴。

三、征收房地产税的基础:土地供应制度的改革

前文已述,我国房地产税的立法之所以过程比较曲折,房地产税法迟迟未能出台的原因,在于现实操作中的各种藩篱,社会公众本身的税收厌恶和对房地产税的误解是房地产税的立法需要突破的重要关口。大众对房地产税的不理性,源自对地方政府多年来对"土地财政"的严重依赖和对高房价的深恶痛绝。

(一) 土地财政

"土地财政",顾名思义是地方政府基于土地所获取的财政收入[①],尽管它并不是定义严格的学术词汇,但却不妨碍其成为地方政府财政失衡的有力注脚,充分反映出了地方政府通过土地资本化来获取财政收入的"权宜之策"。

1. 土地财政的成因

学界普遍认为,税制改革是土地财政形成的原因,财政体制改革客观上导致了地方财政税收收入的降低,地方财政不得不"自谋出路"。在新《预算法》出台之前,地方政府获取的土地出让金和与土地开发、使用、流转有关的收费,是不纳入财政预算的,这种预算外收入和各种小金库不受人大和上级财政部门的监管,为土地财政的产生提供了土壤。虽然《物权法》规定征地的前提是公共利益的需要,《土地管理法》也明确规定要按照严格的权限和程序征地,但实际上,由于政府是土地一级市场的垄断供应者,征地的成本又相对低廉,地方政府通过征收土地,再将土地的使用权出让给房地产开发商,获取高额的土地出让金,这种"一本万利"的模式更加深了地方政府对土地财政的依赖。

另一方面,以往对地方官员的政绩考核偏向于地方财政获取收入的多少和招商引资的能力高低。土地财政不仅可以为地方政府财政带来大量的财政收入,还能通过对房地产业的扶持,带动辖区内多产业的联合发展,推动GDP增长。这也是历任地方官员"爷卖孙地"的内在驱动力。

2. 土地财政的影响

"根据分税制的制度设计,土地出让金归地方政府,土地占用、城市扩张和房地产开发带来的税收……也归地方政府所有,这就给了地方政府对土地的极大支配权。"[②] 土地财政虽然在一定程度上弥补了地方政府的财政失衡,但地方政府对土地财政的过分依赖,已经引发了诸多问题,对地方财政的影响弊大于利。

第一,代际不公。土地作为稀缺性资源,不可再生,对地方政府而言,通过出让建设用地使用权就可一次性获取大量的土地出让金,而土地出让金的本质是土地未来50—70年的租金总和,对财政资金的渴求会驱使当届政府大量出让土地,但其实是提前透支了该地区未来的财政收入,直接的结果就是下几届政府将"无地可卖",这种杀鸡取卵的预支方式必然导致代际不公。

---

① 广义上的理解,土地财政包括地方政府获取的土地出让金收入和相关税、费。
② 徐丽梅.地方政府基础设施债务融资研究[M].上海:上海社会科学院出版社,2013:69.

第二，资源、利益错配。我国的土地使用权制度在一定程度上推动了城镇化建设，住房的商品化又反过来刺激了土地市场的活跃，但是开发商盲目圈地、"郊区鬼城"的问题已经频繁爆发，建设用地使用效率的低下不仅导致土地资源的浪费，还营造出一种虚幻的"繁荣"，房地产企业靠着圈地卖房赚得盆满钵满，保障性住房却远远跟不上社会的需求，进一步加大了利益分配的不公。

第三，影响社会正义与公平。虽然说我国的土地公有制表现为国家所有和集体所有，二者之间是平等的关系，但是由于政府是供地的垄断者，农村集体所有的土地只有被政府征收后，才能在市场上流转，对集体所有土地的征收，必然会导致耕地资源的减少，而卖地价格和征地补偿之间的巨大价格鸿沟，在无形中将集体所有的土地使用权放置在了不平等地位，暴力拆迁行为不仅侵犯了被拆迁城镇居民和农民的权益，还严重折损了政府的公信力。

（二）土地供应制度的改革

我国的土地所有制度已经实现了彻底的社会化，体现了社会主义制度的优越性，但是我国的土地使用制度，尤其是建设用地的供应制度，还存在诸多问题，急需改革。

1. 土地供应制度改革的必要性

我国的土地供应市场被政府垄断，建设用地的政府垄断，会造成土地供应总量的间或短缺，并且纵容地方政府沉溺于土地财政，人为控制土地的供应量，导致地价上涨，从而推升房价高企。

地方政府依靠土地财政，将建设用地使用权出让给房地产开发商，大部分土地都用于建盖商品房，极少部分用于保障性住房建设，房地产市场出现供给畸形。随着党的十九大提出了要建立"租购并举"的住房制度后，虽然也有房地产企业开始建设出租房，但是出租房隐含社会保障性和公共性，在高昂的地价成本摆在面前，依靠已经拿地的房地产企业来推动租房市场供应，显然底气不足。因此，有必要对住房用地供应主体进行改革。

2018年1月，国土资源部提出：我国将研究制定权属不变、符合规划条件下，非房地产企业依法取得使用权的土地作为住宅用地的办法，深化利用农村集体经营性建设用地建设租赁住房试点，推动建立多主体供应、多渠道保障租购并举的住房制度，让全体人民住有所居。政府将不再是居住用地唯一提供者[①]。

---

① 红星新闻. 政府不再垄断住房供地 [EB/OL]. (2018-01-16). http://www.sohu.com/a/217080062_617717.

可以预见，在今后一段时期内，通过加大集体所有土地的供应，建设集体租赁住房，发展并完善我国的房产租赁市场，是大势所趋。这样做可以打破政府对居住用地的供应垄断，遏制土地财政带来的负面效果，也会对地方政府财政的收入结构和运作模式产生影响。

2. 供地制度改革对房地产税的影响

政府不再垄断居住用地供应，通过对宅基地松绑，鼓励集体用地建设租赁房，无疑是大力发展房产租赁市场的强心针。结合国际经验，房地产税的计税依据主要是房产或地产的租值和估值，我国的房地产税立法，除了需要得到大众的理性参与，寻求整体利益的最大公约数，更关键的是尽快建立起科学、现实的房产租值和估值体系。

房屋租赁市场的大力发展，离不开土地供应制度的改革，需妥善处理好对建设用地供应主体的改革。如果集体建设用地可以顺利进入土地供应市场，那么我国的房屋租赁市场发展将获得强大的助力。从香港和澳门的实践经验看，完善的租房市场可以为税务机关提供全面、透明的房产租值信息，有利于房地产税的设计和调整。现阶段，虽说要效仿美国地方社区"全民参与、信息透明"的房地产价值评估制度可能不太现实，但我们在进行房地产价值评估制度的建立过程中，也可以参考香港或澳门的模式，设立专门的价值评估委员会，在评估工作中保证一定数量的公众代表参与，达到信息透明，并且加快配套制度的建设，如全国不动产登记联网信息平台和价值评估申诉制度，为房地产税提供有力的技术支持。

四、我国房地产税制度的法律构建

按照全国人大立法规划的时间表，与房地产税有关的立法应该在2016年完成，并于2017年起施行，但是直到目前为止，相关立法工作依然没有取得更深的进展。本书认为，造成这种现象的关键原因是房地产税的立法目的还不够清楚，进行房产税试点改革一开始是期望能够调控房市，而近年来则是想将房地产税打造为地方主体税种。上至政府，下至普通民众，对房地产税尤其是房产税的功能定位摇摆不定，极大地阻碍了我国房地产税的立法进程。结合财政部提出的"立法先行、充分授权、分步推进"原则，参考相关国家和地区的经验，本书对房地产税法律制度做以下设想。

（一）立法先行

为推进房地产税的深入改革和推进普通住宅房产的税适时开征，按照税收法定原则，应加快速度，先制定全国统一性的《房地产税法》，从基础上完成对房地产税的相关问题进行立法，确定房地产税的基本政策和基本要素，为房地产税的开征与改革提供法律依据。

1. 明确房地产税的价值取向

《房地产税法》应当是未来我国征收房地产税的框架法律。结合我国目前的实际情况，应该转变之前希望靠房地产税打压房市的观念，宜将房地产税定位为地方的财政收入来源。

当前通用的做法是根据房地产的评估价值来征收房地产税，而从港澳台的经验可以看出，对房地产价值的评估，需要历经科学的程序，由专业的机构来负责。客观上，这需要大量的成本投入，如果能将房地产税定位为地方财政的主要来源，就能充分调动地方政府的积极性，有利于将其打造为地方税主体税种，也有助于地方对税源加强监管，提高征收效率。

有学者认为，应将房地产税，尤其是房产税定位成调节社会贫富差距的调节税。本书认为，这应该是房地产税落地实施一段时间后，房产税的功能定位。因为在现阶段地方财政收入来源较少的情况下，若只片面强调房产税的调节功能，仅对第二套房或新增房征收的话，就可能出现之前试点改革的情况，房产税的覆盖规模范围小，税收收入不如预期，对提高地方财政收入的帮助不大。另外，房屋和土地是非流动性的生产要素，对其征税并不会造成资源配置的大范围改变。

2. 夯实房地产税的法律基础

近年来，我国的国民经济持续增长，城乡居民收入水平连年提高，社会财富不断累积，私有财产的数量也大大增加。随着我国城镇化建设的不断推进，对房地产的开发也愈加热烈，特别是在经济下行时，刺激房地产也能达到刺激经济发展的目的。可以推断，我国的房地产事业还将得到进一步发展。在"土地财政"饱受诟病且无以为继的情况下，开征房地产税的时机已经成熟了。

鉴于房地产税是财产税，对财产权利的明确和保护必然是开征财产税的先决条件。2007年10月起施行的《物权法》，不仅释放出对私有财产的保护信号，其中关于不动产的登记制度，也为财产税的征收搭建了基础。从香港模式看，土地出让金、地租与物业税和差饷是可以同时并存的，况且《物权法》也对土地使用权到期后的续期做出了规定，为开征房地产税进一步扫清了法理上的障碍。

3. 提供相应的技术支持

房地产税的开征，主要涉及对房屋、土地价值的评定。从技术操作上来看，全国已经有不少城市进行过房产税的模拟评估试点，为计税评估价值的准确性积累了经验，基本形成了符合我国国情的房地产管理规范。除此之外，信息库建设和计算机软件设计等技术工作也正在不断完善。

第一，我国目前已经建立了多部门配合的评估模式，即由税务部门负责，财政局和房地产部门配合，计算机专业人员和房地产评估专家协作[①]。

第二，初步建立了适合地区特点的评税技术标准。对于不同类型的房地产计税价值，分别采用重置成本法、市场比较法和收益法进行批量评税。这些方法基本上符合房地产评估原理和我国目前的房地产现状，具有客观性和可行性[②]。

第三，2015年3月20日，不动产登记数据库相关技术标准研讨会在北京召开，这标志着由国土资源部统一部署的全国不动产登记信息管理基础平台的建设工作正稳步推进。会议还起草了《不动产登记信息管理基础平台建设总体方案》《不动产登记数据库标准》《不动产登记数据整合建库技术规范》的征求意见稿。同年，江西省共青城市建成了全国第一个不动产登记数据库。目前，各省份基本上都已建立了不动产登记数据库，做到全国数据联网也指日可待。

（二）充分授权

因为房地产税是地方税，应该允许不同的地方在征收上存在差异。例如，在加拿大，各省及地方在中央政府制定的统一财政政策下，可以自主开征房地产税，房地产税的征收对象是土地、地上建筑物和永久性构筑物，大部分省除了征收营业性房地产税外，对市政区居民、农村居民的住宅、农地、林地等房地产也征收房地产税，全国也没有统一的房地产税税率，由各省级地方政府根据本地区的财政情况决定税率，加拿大大部分城市的房地产税率为0.8%—2.5%。俄罗斯则是将别墅、商品房、独立住房、车库、其他建筑物和住所都纳入到个人财产税的征收范围内，《俄罗斯联邦个人财产所得税法》规定了财产税税率根据纳税标的现价来确定，地方自治管理代表机关和联邦直辖市立法机关可以在税率限额内确定本地区的税率。

根据我国的财政体制，可以在全国性的《房地产税法》颁布实施之后，赋予地方一定的税收立法权限，由全国人大及其常务委员会授权省级人大及其常务委员会出台相应的《房地产税征收条例》，将具体的征收范围、税率和减免优惠等相关内容交由地方根据实际情况决定，做出有针对性的调整与补充。

1. 房地产税的征收范围

我国现行的房地产税有好几种，但几乎都是单打独斗，不成气候，理论上来说，房地产税的基本征税范围应该包括房屋和土地，不应以城镇和农村加以

---

① 张平竺. 房地产税基评估研究 [D]. 厦门：厦门大学，2007.
② 许建国. 中国地方税体系研究 [M]. 北京：中国财政经济出版社，2014：177.

区分。为体现公开、公平、公正的税收原则，房地产税的征收范围应该是生产经营用房地产、普通住宅用房地产和闲置房地产。例如，生产经营用房地产就是原房产税与城镇土地使用税征收范围的整合；普通住宅用房地产就是机关、团体和居民等居住用房屋、土地及附属物，闲置房地产则是闲置的房屋和土地；等等。各省份可以根据本地的实际情况，对以上三类房地产加以界定，并设置征收的期限，例如可以对农村土地和普通住宅用房地产设置一定的免征期限。

2. 房地产税的税率确定

从理论上来说，普通住宅用房地产的税率应该低于生产经营用房地产的税率，闲置房地产的税率在一定期限内参照普通住宅用房地产税率，如果闲置超过一定时间之后，则调整为参照生产经营用房地产的税率。另外，按照之前的设想与安排，房地产税征收的范围最终会扩大到个人的存量住房，如闲置房地产，各省份在中央确定的税率范围内进行选择的时候，应当对个人存量住房相关信息和数据进行科学的评测，征收时也可以根据实际情况，制定差别化的减税、免税措施。

另外，由于我国幅员辽阔，不同城市的房地产市场价格悬殊，此处可以借鉴美国房产税税率的确定方法，由各省级政府根据地方的实际情况，综合考虑房地产税的税率范围。

3. 房地产税的减免优惠

各种减免优惠政策最能体现征税的边界，也是发挥税收调节作用的有力佐证。因为减免优惠政策往往意味着税负的减轻，与政府力求社会公平、帮扶弱势群体的职能导向紧密相连，如果僵硬地对所有纳税人一视同仁，诚然可以做到公正，但却不能达到公平；相反地，若是滥用税收减免优惠政策，则可能导致不公平竞争和权力寻租，破坏市场公平，削弱税收为财政筹集资金的作用。

我国现行房产税的优惠政策由《房税暂行条例》规定，其中包含的税收优惠政策主要有免税、减税和暂不征收三种。免税房产有国家机关房产、非营利性房产和特殊优惠房产，减税房产是出租居住房减4%的税率征收，对于地区人防设施、出租居民住房、供热企业生产用房的暂不征收房产税。

（三）分步推进

由于目前我国社会大众对房地产税的认识了解还不够深刻，所以对于房地产税的征收，宜采用分步推进的原则，逐渐推动房地产税在我国"从无到有"的实施过程，实现房地产税对国民经济的促进作用。

目前，房地产税立法已经进入了新阶段，当立法工作完成后，中央即可授权省级人大及其常务委员会进行相应的立法。各省份要切合地区实际，选择适应的税率,稳步推进,在房地产交易火爆的城市可以率先开征,在去库存任务依旧严峻的三线城市等可考虑暂缓征收。

1. 在条件成熟的"一线城市"率先开征

目前,国已经在上海和重庆进行了房产税的试点改革,为我们提供了宝贵的经验,待立法完成之后,建议可以在条件成熟的"一线城市"率先开征。原因有四:第一,一线城市或大城市的房产交易市场和租赁市场都比较活跃,能收集到大量的房地产估值信息;第二,一线城市或大城市的居民个人对新事物、新政策的理解度和接受度普遍要高一些;第三,一线城市或大城市的榜样效应可以帮助房地产税快速地辐射到全国,有助于房地产税在全国范围内铺开;第四,一线城市或大城市往往是社会财富和公共资源高度集中的地方,在这些地方率先开征房产税,更能体现房地产税调节社会财富、积累公共财政收入的特点。

2. 逐步将农村房地产纳入征收范围

回顾之前所列举的其他国家或我国港澳台地区的房地产税制度,尤其是在大部分土地属于私有的发达资本主义国家(如美国),房地产税的征收并没有区分土地或房产的"户籍",乡镇不动产和农业用地,与城市房地产一样,都是房地产税的征收范围,我国台湾地区已经停征的田赋,其征收对象就是耕地。

虽然,我国早已取消了农业税,对农民、农村和农业的扶持也是愈加大力,但近年来我国出现了一批所谓的"小产权房",即在农村集体土地上建设的房屋,没有土地使用权证,所谓的产权证也是由乡政府或村政府颁发的,实质上是非法的"无产权房"。在房地产税推行一段时间后,逐步将农村的不动产纳入到房地产税的征收范围内,可以积累"小产权房"的相关信息,帮助估算规模,在一定程度上为处理"小产权房"问题提供基础和选择;另一方面,将农村的土地和房屋纳入房地产税,也能保护土地资源,及时制止农村违规违法乱用地的行为。最后,对城镇房地产和农村房地产同样征税,还能体现出税收的公正性,适当调整农村房地产的税率,以彰显税收的公平性。

3. 逐步加强对投机性房地产的控制与监管

地方政府出于对"土地财政"的依赖和刺激经济的需要,大力扶持房地产业,加之我国股票市场受政策的影响太大,投资环境极不完善。随着居民财富的积累,大量热钱无处可去,纷纷涌入房地产市场,导致非刚需的投机性炒房出现,不仅造成了房价的非理性上涨,对刚需购房者造成沉重的负担,也极大地影响了资源配置,银行也容易积累大量的投机型房贷。如果房市崩溃,泡沫消散,将会出现严重的后果,是影响社会稳定的重大隐患。

从我国现行的对住房流转环节征收的契税、营业税和所得税制度,以及重庆和上海的试点经验来看,我国对新购房产的控制还是比较严格的,但目前尚未出台对存量闲置住房的税收政策。实际上，造成我国房地产市场泡沫严重的一个重要原因，就是投机性炒房者太多，房价涨得越快、投机性炒房越多，而购房刚需又是客观存在的，供求的不平衡进一步加剧了房价的上涨。本书认为，为了解决这个问题，在中央再三强调"房子是用来住的，不是用来炒的"的情势下，开征房产空置税的条件已经逐渐成熟，可以慢慢推进了。

一方面，我国实际上存在大量的空置房产，且这部分房产的确符合国际上对"闲置房产"的普遍定义，无人居住且未经过实质性的装修。这类房产的所有权人持有房产的目的就是为了转卖牟利，宁愿闲置也不愿意将其投入到租房市场中，如果开征房产空置税，这些房产的持有成本就会增加，在税收压力之下可能就会有人愿意将房屋出租或是出售，增加市场的供应，从而导致房价回落。

另一方面，党的十九大已经明确提出了要建立"租购并举"的住房制度，开征房产空置税可以释放出一大批房源，给予买不起房的社会弱势群体租房选择的权利，这也是政府应当承担的责任和义务。另外，开征房产空置税还能进一步完善政府部门对房屋租赁市场信息的收集和整合，为更科学地进行房地产价值评估提供依据。

从上述闲置房地产尤其是投资型房地产的政策来看，对闲置房产征税以达到优化资源配置的做法，是大部分国家的共同选择。从税负转嫁的角度看，因为征收房产空置税所以房主会将税负转移给租客的情形，出现的可能性很小。因为随着房产空置税的征收，必然会促使越来越多的"房哥房姐"将手中持有的空置房产出租或卖出，租房市场上的供应量应该是逐步上升的。根据最简单的经济学原理来分析，当市场供应充分并有良性竞争时，只会迫使供应者提供更好的商品或服务，以获得消费者的青睐。如果房主要将税负转嫁给租客，他或她所要求的房租必然会比市场上同类型房屋的房租高，这样做的结果很可能导致其的房屋根本无法出租。所以，房产空置税产生的税负只会也只能由持有多套空置房产的所有人承担，不会导致房租转嫁给消费者的现象。这也是税收公平性原则的体现。

（四）《房地产税法》的基本框架和内容

作为基础性的框架法律，本书认为，《房地产税法》应该涉及以下几方面的内容：

第一，纳税人。为体现税收公平的原则，在我国境内拥有或使用不动产的单位或个人，都应当成为房地产税的纳税义务人。但在目前的农业政策扶持和影响下，我国并未将农村的单位和个人纳入纳税人范围，这实际上是显失公平的。本书认为，将农村的单位和个人作为纳税人，对农村的房屋和土地征收一定的房产税，实际上有利于乡镇财政的发展与建立，也可以从源头上杜绝"小产权房"的出现与蔓延。当然，要考虑到我国农村的特殊性，针对特殊情况或是支付能力较差的贫困家庭和低（无）收入者，应该设置有关的减免优惠，避免加重农民和低收入人群的生活负担。

第二，税种设计。根据我国房产税试点改革的相关情况，可以通过改革现行的房产税，将其征收范围由经营用房产扩大到普通住宅，并与城镇土地使用税合并，整合成新的房地产税，由地方税务部门征收。

第三，计税依据。由《房地产税法》做出原则性规定，按照房地产的评估价值减去一定扣除项目后的余额作为计税依据。对房地产价值的评估可以由地方组织成立专门的房地产价值评估委员会，成员建议包含政府财政部门工作人员、房地产专业人员和社会公众代表。另外，也可以利用专业的软件模型、系统对房地产的价值做出测算，并进行批量地推导评估。

第四，税率范围。《房地产税法》应当给出房地产税的税率范围，对经营用房地产和住宅用房地产实行不同的税率，原则上对经营用房地产和投资性房地产课以高税率，对住宅用房地产课以低税率，还可对控制房屋或地产的税率进行规定和限制。

第五，法律责任。《房地产税法》应当规定纳税人或税务管理机关在发生违法行为时应承担的法律责任，树立法律的权威性，保证纳税人依法纳税和税务管理部门依法行政。纳税人如果故意漏税、逃税的，要承担相应的法律责任，如缴纳罚金、滞纳金等；纳税人因过失导致欠缴的，税务管理机关或税务员应给予适当的提醒，要是纳税人在提醒后仍然欠缴的，按故意处理。对于应当向税务管理机关或房屋价值评估委员会申报的相关事宜发生时或发生后一定时间内，纳税人未及时向相关部门申报的，也要追究其法律责任。对税务管理部门或税务员而言，应当秉公办理、依法行政，做好房地产的价值评估工作和落实税收减免政策，如果发生违规违法行为，也需要承担相应的法律责任。

第六，争议处理机制。房地产价值评估委员会对房地产的价值做出评估之后，应当做出公示并通知纳税义务人。如果纳税义务人对此或对征税的其他环节有异议的，可以提出质疑，房地产价值评估委员会或是相关政府部门收到质疑后，应当由政府主导，组织税务、财政、房地产、国土资源、律师、专业评估人员和社会公众，针对纳税人提出的质疑举行听证会，处理争议，必要时可协同司法机关对争议进行处理。

第七，税收减免和优惠。根据《上海市开展对部分个人住房征收房产税试点的暂行办法》第6条的规定，上海市房产税的税收减免政策主要有暂免征收和退税两种。暂免征收在上文中已经介绍过，不再赘述。退税政策是对原有唯一住房、持有上海市居住证不满 3 年的居民家庭，在新购一套住房后一年内出售的购房人，可以退换已缴纳的房产税。

根据《重庆市关于开展对部分个人住房征收房产税改革试点的暂行办法》《重庆市个人住房房产税征收管理实施细则》的规定，重庆市房产税的税收优惠政策有免税、暂免征收、退税、延期缴纳和减税等五种类型，具体见表 4-9。

表 4-9　重庆市房产税税收优惠政策一览①

免　税	新购独栋商品住宅和高档住房，免税面积为 100 平方米；在条例实施之前已经拥有独栋商品住宅的，免税面积为 180 平方米
暂免征收	农民在宅基地上建造的自有住房
退税	在重庆市具备有户籍、有企业、有工作任一条件后，当年因无户籍、无企业、无工作缴纳的税款
延期缴纳	因自然灾害等不可抗力因素，纳税人交税确有困难的
减税	因不可抗力因素造成应税房产损毁的，可酌情减征当年税费

本书认为，就我国而言，可参照重庆试点的做法，将现行的房产税优惠政策与之融合，先由各省份在相关条例中明确房产税税收优惠对象，结合房地产的用途和所有权，适当突出对老弱病残和低收入家庭的保护，并在确定税收优惠对象时充分考虑当地的特殊情况，设置免税、减税和暂免征收三类，之后再根据实际情况，引入延期缴纳和退税。为体现公共财政的要求和房地产税的特点，建议对国家机关、企事业单位、公益团体和非营利性机构的不动产免税，对直接投入到农、林、牧、副、渔业的生产性不动产免税，对居民自用普通住宅和受政策鼓励、扶持的不动产适当减免，对特定人群暂免征收。

---

① 根据《重庆市关于开展对部分个人住房征收房产税改革试点的暂行办法》和《重庆市个人住房房产税征收管理实施细则》整理而成。

第五章　我国地方债法律制度的构建与完善

按计划，我国将在2018年完成对存量地方债务的置换工作，并且开始迎来对2015年首次发行的3年期地方政府债券的偿还。曾经，地方债被视为我国地方财政失衡的重要标志，谈及犹如洪水猛兽，避犹不及。到如今，经过按部就班地批量置换和稳妥处理，债务风险在可控范围之内，地方政府债务融资也已经基本走向正轨，但是仍然存在某些地方政府利用PPP模式变相违规举债的情况。为了避免PPP模式异化为第二代融资平台公司，应尽快出台相关法律，规范地方债务融资和地方财政危机处理。本章将对我国的地方债进行全面的梳理，借鉴美国、日本和南非的相关法律制度，为构建地方债法律制度提出意见和建议，以实现对地方财政危机的预防和处置。

第一节　我国地方债的分类与性质

地方债，是基于政府信用而产生的债务关系，是国际上绝大多数地方政府获取财政收入的重要手段。为了保障对债权人的保护，一些国家的法律对地方债都有比较严格的限制，除了出台专门的法律对地方债的发行、监管做出规定外，还有一系列的配套法律制度。

一、国际上地方债务的常规分类

地方债是地方政府债务（Local Government Debt）的简称，《财税大辞海》将地方债定义为由地方政府发行并支配的公债形式收入，审计署2011年发布的《全国地方政府性债务审计结果》报告则是将地方债的外延拓展到"政府负有偿还责任的债务、政府负有担保责任的或有债务、政府可能承担一定救助责任的债务这三种地方政府性债务"[1]。

对地方债的分类以世界银行高级顾问汉纳·普拉科瓦的"财政风险矩阵"为主流，汉纳分类法将地方债划分为直接显性负债、或有显性负债、直接隐性

---

[1] 中华人民共和国审计署办公厅．中华人民共和国审计署审计结果公告：《全国地方政府性债务审计结果》[EB/OL]．(2021-06-27)．http://www.gov.cn/zwgk/2011-06/27/content_1893782.htm．

负债和或有隐性负债四类。

(一) 直接显性负债 (Direct Explicit Liabilities)

直接显性债务是指在任何情况下都必然发生的,基于法定或者合同约定,政府必须承担的债务,例如国债转贷、国外债务、专项借款等由法律明文规定的政府债务或者是财政预算中列出的政府债务。此外,拖欠工资所形成的债务也属于直接显性负债。

(二) 或有显性负债 (Contingent Explicit Liabilities)

或有显性负债是指在特定事项发生时,政府需要承担的法定债务,或者是根据法律和政策规定由地方政府兜底的债务。该负债不由地方政府举借,但是在特定情况发生后必须由其承担。最常见的或有显性负债是以合同形式存在的政府担保项目,一旦被担保人无力偿还的情况发生,政府就负有代偿的义务,如有地方政府担保的银行或其他金融机构的资金等。

(三) 直接隐性负债 (Direct Implicit Liabilities)

直接隐性负债是指没有在政府财政预算中反映但却可能随时转化为政府财政支出的债务,形成直接显性风险,但其不是基于法律规定和合同关系而产生的,而是基于公共利益所产生的道义责任,例如社会保障计划、义务教育和成人教育的支出等。

(四) 或有隐性负债 (Contingent Implicit Liabilities)

或有隐性负债就是指在特定情况下,由政府承担的非法定责任或合同义务,这种连带性债务有可能发生,也有可能不发生,通常是由于政府迫于对公众的义务和道义上的压力所承受的债务,例如国有银行的不良资产、国有企业未弥补的亏损、农村合作基金不良资产或者是其他金融机构的不良资产等,另外,突发灾难性事故和自然灾害导致的债务也属于此类。

二、地方债的法律性质

地方债,与中央债一样,都属于公债,都是"以政府的信用为基础,按照债的一般规则,通过政府向社会筹集资金,从而形成的债权债务关系"[①]。地方

---

① 华国庆. 中国国债立法研究 [J]. 经济法研究, 2008 (1): 231-252.

债,顾名思义,即是"以地方政府为债务人,根据还本付息的信用原则,通过在国内外发行债券或向外国政府、金融机构借款的方式筹集财政资金,取得财政收入"①。

地方债属于公债,自然与私债等一般的债权债务关系不同,一般具有如下特点。第一,私债是基于民事等价有偿原则,根据合同约定或法律规定而产生的债权债务关系;而地方债则更多是由政府履行公共财政职能的资金需要所产生,债权法律关系的产生、变更和消灭更多地体现的是政府单方面的意志,具有较强的政策性。第二,一般的债权债务法律关系具有特定性,债权人是相对的,有特定的对象;而地方债的债权人则可包含国内外公民、法人及其他组织,还可以是其他政府和国际金融组织。第三,与私债等普通债权债务关系相比,地方债的信用等级和安全性较好,有地方政府信用作担保,风险性要比其他普通债务低。

三、我国地方政府债务的分类

地方政府的存量债务,是指截至 2014 年 12 月 31 日尚未清偿完毕的债务,为将这一部分债务纳入地方政府预算管理,根据《财政部关于印发地方政府存量债务纳入预算管理清理甄别办法的通知》(财预〔2014〕35 号,以下简称《清理甄别办法》),举借债务的单位负责将我国的地方政府性债务存量进行清理和甄别,由主管部门和财政部门审核把关。《清理甄别办法》对政府的存量债务进行了初步的划分,包括:"政府负有偿还责任的债务,政府负有担保责任的债务和政府可能承担救济责任的债务",并再一次强调了对政府与融资平台公司的分离切割,自债自还,风险自担。同时指出,通过 PPP 模式转换为企业债务的,不纳入政府债务。随后,把我国的地方债划分为:地方政府债券债务、银行贷款债务、BT(建设-移交)类债务、企业债务类债务、信托类债务和个人借款类债务②。与正规的地方政府债务相比,可以看出,我国的地方政府性债务种类繁多、花样百出,且大部分在清理甄别工作开始之前,都没有纳入政府预算范围,隐性债务和或有隐性债务规模较大。

(一)地方政府债券

2009 年以来发行的地方政府债券和 2015 年后发行的一般债券与专项债券,

---

① 刘剑文,熊伟. 财政税收法:第 6 版 [M]. 北京:法律出版社,2014:90.
② 详见财政部《关于印发地方政府性债务风险分类处置指南的通知》(财〔2016〕152 号)。

由地方政府承担全部偿还责任，纳入预算安排。一般债券的偿还资金来自一般公共预算收入；专项债券的偿还则依赖于其对应的政府性基金或项目收入。我国现正推行的"市政项目收益债"是专项债券的一种，其机制类似于美国的收益债券，是规范地方债务、与国际接轨的有益尝试，同时丰富了我国地方债券市场的品种，也符合当下的政策要求。

囿于1994年《预算法》对地方政府自主举债的禁止，我国的地方债先后经历了城投债、财政部代理发行地方债、市政债试点发行三个阶段，最后，根据新《预算法》和《国务院关于加强地方政府性债务管理的意见》（国发〔2014〕43号）的有关规定，于2015年正式实行全部省份自发自还。

1. 城投债

城投债是由隶属于地方政府的城市投资公司发行的，一般由地方政府提供隐性担保的债券，一旦特定事项出现，极易引发系统性风险。城投债是或有显性负债和直接隐性负债的集合，也是近年来学术界讨论最多的热点话题之一。

需要肯定的是，作为地方财政变相融资的工具，具有地方政府背景的地方融资平台公司在一定程度上缓解了地方的财政压力，为地方筹措了资金，保证公共基础设施的建设、完善与公共服务的提供、改进，发挥过积极的作用。

第一，对我国地方政府来说，因为进行行政管理、职能履行和完成基础设施建设需要大量的财政资金保证支出，在法律规定不得自主举债的情况下，地方政府通过成立一系列投资公司或事业单位来承担建设任务，最常见的比如城市投资公司，利用这些单位法人来获取银行贷款或发债，筹集财政资金。为了顺利地通过银行审核，保障建设任务的快速上马，这些投融资平台公司往往能够得到政府的财政补贴、土地划拨使用优惠或是财政担保。

第二，地方融资平台公司在名义上具有独立的法律人格，它的债务并不纳入到政府债务的范围，这就使得地方政府显性债务大为降低[①]。但是，这些向银行等金融机构借贷，或是向社会公众融资的平台公司债务，并不可能在政府的财政预算中反映出来，可是却随时有可能转化为政府的财政支出项目，"大大增加了地方政府的隐性债务负担，投融资平台一旦发生偿债风险，这些隐性债务便会显性，这将给地方财政带来巨大的压力"[②]。另一方面，这些平台公司的资本较少，且筹集到的资金大部分都是投入到较难产生现金流的公共建设项目和基础设施上，自偿能力很弱，一旦无力偿还本金，政府就负有代偿义务。

---

① 杨川仪. 论地方政府投融资法律制度的建立与完善[J]. 经济问题探索, 2013(6): 33.

② 同上.

城投债的另一个风险是，地方融资平台公司只需满足《公司法》的要求即可成立，在我国尚未对这一类投资公司做出专门法律规定的情况下，缺乏对发债方式、发行主体和发债程序的规定，极易导致平台公司的滥设与滥借，且不利于监管。

2. 代发代还债券、自发代还债券和自发自还债券

我国的地方债券经历了从财政部代发代还到试点自发代还和最终的自发自还三个阶段，地方债的性质也发生了的变化。在最初的代发代还模式下，在中央政府提供信用担保的前提下，地方政府的权利和责任发生了分离，易造成地方对偿还义务的推诿和拖延，加重了中央的财政负担。2011年开始的地方债试点自发代还，起初是4个试点，其后扩大到6个试点，由地方政府自行发债，财政部代为偿还。随后，财政部发布的《2014年地方政府债券自发自还试点办法》将之前的自发代还转变为自发自还。根据财政部相关规定，地方政府全面负责债券发行的相关工作，进一步加强了地方债的透明度，也确定了地方政府独立的市场主体地位，实现了权责利、借用还的有机统一。

3. 置换债券

地方融资平台的融资渠道主要是贷款与非标，利率高，期限短，而以此获得的资金投入基本上都是低收益和回报期限长的公益性资产。自2014年起我国进入地方债的集中偿债时期，巨大的存量债务或面临逾期。为了缓解系统性金融风险，延长债务期限，减低存量债务的成本，负债期限更长和利率更低的置换债就出现了。

地方债务置换是指财政部甄别存量债务的基础上将原来政府融资平台的理财产品、银行贷款等期限短、利率高的债务，置换成期限长、利率低的债券，"存量债务中属于政府直接债务的部分，将从短期、高息中解脱出来，变成长期、低成本的政府直接债"①。简言之，就是通过举借新债来偿还旧债，把即将逾期的债务延后，缓解偿债负担，类似于美国的借新偿旧债券。

债务置换，一方面是为了掌握地方政府债务的全部规模，将城投债、地方融资平台的借款等隐性债务纳入政府预算管理，实施监管；另一方面是为了避免地方债务逾期可能导致的问题，将之前通过银行贷款等非政府债券方式举借的存量债务置换为偿还周期长、利息稍低的地方政府债券，可以缓解地方政府的偿债压力，减低利息负担。同时，债务置换后，将到期债务转变为新的收入，

---

① 谢琼，姚莲芳．政府投融资模式创新：地方政府债券与企业专项债券的对接与平衡[J]．地方财政研究，2017（06）：91．

有了余粮，地方政府心不慌。

4. 一般债券与专项债券

为配合新《预算法》适度放松对地方政府发债的限制，我国通过借鉴域外经验，以资金流向公益事业所能获取的收益为限，将地方政府债券划分为一般债券和专项债券。其中，融资获得的资金若是用于没有收益的公益事业，由一般公共预算收入偿还，是为一般债券；如果资金是投入到可以产生收益的公共性事业，由政府性基金或是专项收入负责偿本付息的，就是专项债券①。2015年，财政部先后发布了专项债券的预算和发行管理办法②，对专项债券进行初步的规范。2017年，我国开启了土地储备和政府收费公路在全国范围内的专项债券试点发行，打造立足我国国情的地方政府"市政项目收益债"。同年6月，依据财政部和国土资源部公布的《地方政府土地储备专项债券管理办法》（财预〔2017〕62号，以下简称《办法》），我国迎来了地方政府专项债券的首个分类品种——土地储备专项债券，发行目的是帮助地方政府进行土地的前期开发和储存，偿债资金来自土地出让收入或国有土地收益收入。7月，收费公路专项债券也揭开面纱，收费公路专项债券所获得的收入只能专项用于项目公路项目建设③，不得用于经常性支出和公路养护支出。而且与土地储备专项债券不同，收费公路专项债券不得借新偿旧。可以看出，专项债券，尤其是目前我国力推的项目收益债券，必须以能够产生稳定收入的政府性基金或是专项收入作为偿债资金，并且因此产生的现金流要能够覆盖偿本付息的要求。此外，发行规模要严格控制在法定债务限额内，所获的债务收入必须专款专用。

但是，目前我国的地方政府专项债券还是存在法律上的问题，以收费公路专项债券为例，根据我国《公路法》的规定，可以通过依法向国内外金融机构或外国政府贷款来筹集公路建设资金，而根据《办法》，发行专项债券是地方政府融资新建公路的唯一渠道，明显与上位法《公路法》相冲突，作为部门规章的《办法》在实际中效用如何，不得不打上一个问号。另外，收费公路专项债券的期限为不超过15年，打破了之前对于地方债券期限不得超过10年的规定，虽然客观上是由公路的特殊性造成的，但还是体现出了我国对地方债的管

---

① 详见《国务院关于加强地方政府性债务管理的意见》（国发〔2014〕43号）中的相关规定。

② 详见2015年《地方政府专项债券预算管理办法》和《地方政府专项债券发行管理暂行办法》。

③ 详见财政部、交通运输部《地方政府收费公路专项债券管理办法》（财预〔2017〕97号）。

理无法走出"文件治国"的桎梏。最后,《办法》将专项债券建设的公路定义为"政府收费公路",主要是高速公路和一级公路,与我国目前根据《收费公路管理条例》对收费公路的定义有所区别,也将对"贷款修路,收费还贷"的模式产生一定的影响,受"专款专用"的限制,专项债券并不会挤占公路 PPP 项目的发展空间,相反还可能会促使地方政府更多地选择 PPP 模式来进行公路建设,那么,设置专项债券的预期目的又能否达到呢?这是摆在立法者和决策者面前的又一个问题。

(二)银行贷款债务

银行贷款债务包括存量政府债务中通过融资平台公司向银行借贷的贷款和存量担保债务和救助债务中的银行贷款。针对第一类贷款,由融资平台公司负责偿还,对于政府应当偿还的银行贷款,可通过债务置换的方式,将银行贷款转化为地方政府债券。在第二类贷款中,根据相应的司法解释,地方政府对负有担保责任的贷款承担过错责任,赔偿限额不超过债务人不能偿还部分的二分之一,若是担保额度小于债务人不能清偿部分的二分之一,则以担保额为限。公立学校、公立医院等公益事业单位和水电气热等公益事业企业若是到期不能清偿债务的,地方政府可根据实际情况实施救助,亦可保留追偿权利。目前,随着财政部对平台公司债务的清理和严管,地方政府利用平台公司向银行贷款已经被严令禁止,地方政府的举债方式仅限于发行地方政府债券。

(三)BT 类债务

BT(建设—移交)模式[1]脱胎于 BOT(建设—运营—移交)模式,受 2004 年国务院颁布的《国务院关于投资体制改革的决定》(国发〔2004〕20 号)文件中"放宽社会资本的投资领域,允许社会资本进入法律法规未禁入的基础设施、公用事业及其他行业和领域"的规定的影响,BT 模式得以在国内获得发展。根据 2013 年审计署发布的《地方政府债审计结果》,BT 类债务是规模仅次于银行贷款的地方政府主要债务。

BT 模式作为地方政府融资的另类形式,虽然其确实促进了我国地方的基础设施建设,但由于立法和风险控制手段的缺乏,地方政府对 BT 模式的违法违规滥用,导致地方债务激增,已于 2012 年被财政部叫停。针对存留的 BT 类债务

---

[1] 建设—移交(BT)模式是政府利用社会资金来进行非经营性基础设施建设项目的一种融资模式。

的处理，比照银行贷款债务，通过政府债券置换，或是由地方政府承担过错责任进行比例赔偿以及依照法定程序对举债单位进行救助，并保留追偿权利。

（四）其他债务

由融资平台公司，公立学校、公立医院等公益事业单位和水电气热等公益事业企业等举借的其他债务，包括发行的企业债券、中期票据、短期融资券、信托类债务和个人债务。同样地，地方政府对负有偿还义务的债务进行债券置换，对负有担保义务的债务承担过错责任，并按比例赔偿，对负有救助义务的可提供救助，保留追偿权。

第二节 地方债法律制度的国际比较与评析

地方债是一些国家地方政府在发展经济、完善社会福利过程中获取财政收入的手段，大多数国家的地方政府都通过发行市政债券的方式筹集财政资金。除了用于经常性支出以外，大部分市政债务融资都被投入到提供地方公共性事业和对基础设施的建设之中。一些国家在这方面拥有大量的经验，具有较为科学的地方债相关法律制度，同时也构建出了日趋完善的地方财政危机预防和处置制度，值得我们学习和借鉴。

一、美国地方债务相关法律制度的评析

美国的地方政府发行债券的历史悠久，制度也较成熟，法律对市政债券的发行、风险预警、债务偿还、违约和市政破产等均有明确详细的规定。因美国地方政府遭受过因债务违约而被法院宣告破产的治理危机，各州和地方发行的政府债券除了要严格遵守州《宪法》、州《财政法案》、州《预算法》、市政债券法令等的规定，美国《市政破产法》与《破产法典》第九章还专门就市政破产的条件和程序做出了相关规定。

（一）美国市政债券的概况

根据法律，各州及其地方政府都有自主发行政府债券的资格和权力，因美国实行彻底的财政联邦制，联邦政府对地方政府举借的债务不提供担保。

1. 美国市政债券的发展历史

美国是市政债券发行较早，并且规模最大的国家。早在19世纪20年代，美国地方政府就采取了发债的方式来筹集资金，用于公共基础设施建设和公共服务的提供。随着市政建设规模的扩大，市政债券的规模也越来越大，在遭受

了经济危机和金融危机之后，部分地方政府的偿还能力日趋衰落，濒临破产。2013年7月，底特律被联邦破产法院裁定破产，这是美国历史上最大的市政破产案。虽然在16个月后，随着联邦法官对底特律退出破产计划的批准及对其180亿美元债务的重组，底特律正式走出破产，城市管理权重新回到市长和市镇委员会手中，但是美国市政债券的偿债风险仍是影响美国经济的重要因素，不容忽视。

2. 美国市政债券的类别

美国的市政债券的分类主要以信用等级、归还期限、收益率和偿本付息的来源为依据，主要的市政债券分为一般责任债券（General Obligation Bonds）和收益债券（Revenue bonds）两种①。美国的大部分的市政债券都属于一般责任债券，这种债券的发行主体为州政府、市政府或县政府，以政府信誉和征税权力做担保，信用等级较高，债券持有人可以要求政府将所获得的全部税收用于偿本付息，发行政府在必要时可以通过提高税率、加税或开征新税来偿还债务。

收益债券是以特定项目收入为还款来源而发行的为特定项目筹集资金的市政债券，例如"公用事业系统、收费公路与桥梁、供水与污水处理厂、机场或港口设施、医院或其他公用设施等"②。这类债券的偿本付息依靠的是项目建成后的收入，虽然信用等级比不上一般责任债券，但是基本上利率要比一般责任债券高出20%左右。此外，根据债券的信用等级、偿还方式、利率高低的不同，市政债券还有以下主要分类：第一，通道收入债券。在美国，州政府和地方政府均有权发行市政债券，为地方公共项目融资，也可以成为渠道，为第三方提供成本较低的免税项目融资。通道收入债券是由市政当局或者是代表第三方的市政机构或部门为实际发行人发行的市政债券，市政债券行人不承担偿付义务，还款义务由实际发行人（即通道借款人）承担，例如能源电力企业、资源回收设施、多户型住宅项目、酒店和大学等。第二，学院储蓄计划，又称529计划。这是根据联邦《国内税收法典》第529节的相关规定设立的市政债券，包括"为特定公共部门的国家学费项目和合格储蓄计划贴息，以及通过税收优惠政策鼓励大学经费储蓄计划"③。第三，其他市政债券。美国地方市政债券还包含特殊税收债券、工业发展债券和住宅债券等等。因为美国地方政府有独立发债权，所以市政债券的种类可由地方政府根据实际需要而创设。

---

① 有学者指出，除一般债券和收益债券之外，美国的地方债还应包括产业发展债券，该类债券一般由社会团体或组织发行，不计入政府赤字。
② 庞业军. 美国市政债券市场面面观 [J]. 金融市场研究，2013（09）：22.
③ 同上.

3. 美国市政债券的用途和特点

受州《宪法》和相关法律的限制,州和地方政府发行的市政债券,往往被禁止用于弥补预算赤字,大多数市政债券筹集到的资金一般都严格按照法律的规定,被用于公共基础设施建设,例如市政用水设施、道路修建与提升等等。除此之外,州和地方政府还可筹措短期周转性支出或特别计划的资金以及用于支持或补贴私人活动,如通道收入债券可用于私人住房抵押贷款、学生贷款和工业发展等等。州和地方政府市政债券的各种用途中,以借新偿旧最为普遍,这也是州和地方政府再融资的首选方式。

美国有近83 000个地方政府,只要不违反法律的规定,地方政府都可自主发行市政债券,不受联邦政府的约束。首先,地方拥有自主发债权和发行人众多是美国市政债券的首要特点。其次,美国的《个人所得税法》明确规定不对州及其以下地方政府发行的市政债券征税,使得市政债券的发行和流通比较便利。再次,市政债券的发行方式多样,可以在市场上公开发行,也可以通过私募方式进行,并且,对债券的购买者没有限制。最后,美国的市政债券产品结构多样化,各发行机构根据自身的需求设计债券,给投资者提供的选择很多。

(二) 美国市政债券的发行

在美国,市政债券的发行主体多样,州、市、镇、学区和相关公共机构都可以根据《宪法》、法律和市政法令等的相关规定,成为市政债券的发行人。尽管州和地方政府能够自主发债,但市政债券一般必须要经过本辖区内全体选民的投票通过才能发行,该程序具体由各州的市政债券法案予以规定。

1. 一般程序(以《伊利诺伊州市政债券改革法案》为例)

《伊利诺伊州市政债券改革法案》脱胎于《伊利诺伊州市政法典》第24章第4部分,《伊利诺伊市政法典》专门对市政债券的发行做出了详细规定:"市政债券若是未在债券公投之日前至少10日,至多45日内向选民提交市政授权的公示,并且在公投中未获得大多数选票通过的话,不得发行,同时,公示的内容和提交必须符合《选举法》。"[①] 例如,印第安合德公园地区(Indian Head Park)有权发行用于支付道路提升工程的债券,但总额不能超过250万美元,根据2014年3月18日的投票,该债券已于2014年12月31日发行。大部分其他可适用的法律或条例就市政债券的发行都会要求秘密的公民投票(backdoor

---

① 资料来源于Illinois Municipal Code:65ILCS5/8-4-1。http://www.ilga.gov/legislation/ilcs/ilcs4.asp?DocName=006500050HArt%2E+8+Div%2E+4&ActID=802&ChapterID=14&SeqStart=84200000&SeqEnd=86900000,访问日期:2017-08-27。

referendum），即市政当局必须在发行债券之前提请公民投票，由选民选择是否通过。

《伊利诺伊州市政债券改革法案》为市政当局提供了另外一种发行债券的程序：市政当局可以通过制定某一授权条例，简单陈述欲发行债券的计划本质、资金用途和预估总体花费（包括与资金用途相关的所有项目花费和用于弥补工程或计划的债券最大数额），除这三项之外，授权条例不再要求提供更多的细节和说明。在该授权条例和其他根据相关法律规定需要提供的通知（如选民有权利提出动议及提请动议所需的人数等）公开发布或张贴后，在相关法律规定的期间内选民可提请动议，期限届满后，如果没有选民提请动议，市政当局可以直接发行债券。如果在期限内提出的动议并未满足上文中相关法律的要求，只要欲发行债券未发生实质性改变或未超过最大数额，市政当局可增发、补充或修改条例，且该条例不经公开也能立即生效，根据相关法律，与原条例共同构成发行债券授权。

2. 简易程序（以《伊利诺伊州市政法典》为例）

尽管市政债券的发行须经由选民投票决定，但也有例外。根据《伊利诺伊州市政法典》的规定，市政机构在发行下列债券时，可以不提请选民投票："用于偿还旧债券的债务；用于偿还判决债务；少于50万人口的市镇发行的针对市政所有财产预先收取的特殊税收分期偿还债券和根据本法第9条的规定预先收取的分配给市镇所有的公共收益债券；学区教育委员会根据《学校法典》修正案第34款第30项至36项的规定发行的债券；根据本法第8条第6部分、第7部分或11款11-121-4和11-121-5的规定发行的债券；根据1943年5月11日修订的《投票法典》第24条的规定，用于购买投票机的债券；根据1970年6月29日通过的《环境保护法案》第15条和第46条的规定发行的债券；根据本法第8条第4款第25项的规定发行的债券；市镇选举委员会根据本法第8条第4款第26项发行的债券；根据1973年9月21日通过的，对在实施住宅管理与非住宅管理的市镇与乡村边界线的区域内，提供特殊服务的法案而发行的税收债券；根据本法第8条第5款第16项发行的债券；根据《联邦水清洁法案》或美国环境保护署或伊利诺伊污染控制委员会的相关配套强制计划，用于购买、建设或提升供水或污水处理设施的债券，该债券的发行必须依照条例由政府的大多数（五分之三）通过，并且此条例必须明确设施的建设或提升能够减轻市镇的紧急状况；根据本法第8条第11款第113项发行的债券；根据《工业职位复苏法》相关规定发行的债券；根据《创新发展和紧急法案》相关规定发行的债券；其他根据相关法律规定的债券"①。

3. 法律对发行借新偿旧债券的规定

市政当局可以发行专门债券，筹集偿本付息的预留基金。如果市政债券是用于偿还到期债务及利息、逾期债务及因逾期债务到期而产生的利息和提前偿还未到期债务的，可以不经过公开投票，由市政当局通过颁布条例的形式，直接发行，条例还可对该类债券的修改、偿付等内容加以规定。根据州《宪法》的要求，该债券条例的认证件应当提交给县或市镇，对相关债券的延期、征收的授权方可成立。

借新偿旧债券的条例必须规定所有的细节，例如市镇按年度对所有可征税的财产征收直接税，该税要排除在所有其他市镇征收的税收之外，作为偿本付息的来源，州法律对税收的限制不适用于该特殊税收。根据《债券授权法案》，这种借新偿旧的债券必须登记，且利率不得超过法定的最高利率。

4. 市政债券的发行方式

据美国证券交易委员会（Security and Exchange Commission，SEC）的规定，美国的市政债券须以承销的方式发行，对市政债券的承销和其他债券相差无几，发行人发行债券之后，承销商以购买折扣作为承销费用，向发行人购买债券后再提供给投资者。一般来说，在承销商与发行人就交易内容、购买折扣等事项达成一致后，就可以针对潜在的投资人发布债券发行公告，并就投资人提出的问题做出相关回应，市政债券买入和卖出的差价，就是承销商所能获取的实际承销费用。

市政债券可以利用公募或私募两种发行方式。公募发行包括协议销售和竞价销售。协议承销是指由发行人指定单个或多个承销商负责债券发行的管理。竞价销售则是指由发行人预先发布公告，再由多个承销商竞标。承销商必须在指定时间内，将投资者的意愿价格、购买数量等内容汇总后提交给发行人。对承销商而言，由于债券价格固定，竞价销售的风险加大。虽然协议承销的风险较小，但是成本较高，债券价格易被低估且极易产生权钱交易，因此新泽西州对协议承销的发行方式加以限制，鼓励公开竞标。"通常情况下，一般责任债券主要以公开竞标的方式发行，收益债券则采取协议承销的方式。"②

---

① 资料来源来于 Illinois Municipal Code：65ILCS5/8 - 4 - 1。http：//www.ilga.gov/legislation/ilcs/ilcs4.asp? DocName = 006500050HArt% 2E + 8 + Div% 2E + 4&ActID = 802&ChapterID = 14&SeqStart = 84200000&SeqEnd = 86900000，访问日期：2017 - 08 - 27.

② 庞业军. 美国市政债券市场面面观 [J]. 金融市场研究，2013（09）：22.

(三) 债务风险控制

虽然相较于公司债券来说，市政债券的信用风险极低，且市政债券受严格的法律监管，不容易发生违约，但是历史的经验表明，市政债券的延期偿付或折价偿付的情况时有发生，2013年底特律市政府的破产案更是轰动全球。另外，受次贷危机的影响，美国地方政府财政危机频发。"据美国法院行政管理办公室的统计，在地方政府破产制度实施以来的60年里，约有500件类似的申请案被提起，仅2012财年就有20多件地方政府破产案件的申请。"①

为了应对地方政府的债务风险，依赖于较完善的市政债券法律体系，美国逐步形成了监管机构监督、发行规模控制、独立信用评级与信息披露、风险预警相配合的市政债券债务风险控制手段，与市政破产程序相互配合，防范地方债务危机。

1. 市政债券的监管机构

美国有一套完整的市政债券监管体。首先，SEC是联邦层面的最高监管机构。其次，由SEC下属的市政债券管理办公室（Office of Municipal Security, OMS）负责执行具体的监管。此外，还包括市政债券规则制定董事会（Municipal Security Rulemaking Board, MSRB）作为行业自律组织参与其中。

OMS主要负责协调SEC对市政债券的管理，对SEC的主席负责。OMS作为SEC与州、地方政府之间的沟通桥梁，一方面为SEC对市政债券的管理提供技术支持；另一方面通过开展对州和地方政府官员、市政债券从业者的债券风险管理教育，宣传SEC的相关政策②。OMS的权力主要有两方面："第一，根据反欺诈条款进行事后监管；第二，制定或者委托制定约束市政债券承销商、经纪人、交易商、律师、会计师行为的规则。"③

MSRB是通过1975年的《证券法修正案》，由国会设立的行业自律组织，成员包括行业内的承销商、经纪人、银行和公众成员，受SEC监督，主要职责是建立公平、高效的市政债券市场，预防市场欺诈行为，以实现对投资者、发行人和社会群体的利益保障。"为保证市政债券市场的公开透明性，2009年SEC将MSRB作为唯一的官方登记机构，负责接受发行人及其代理机构提交的

---

① 张力毅. 美国地方政府债务清理的法制构建及其借鉴——以《美国破产法》第九章地方政府的债务调整程序为中心 [J]. 北京行政学院学报，2014 (01): 21.
② 针对从业者提出的各种疑问，OMS会专门在SEC网站上做出了政策解读。
③ 张志华，周娅，尹李峰，等. 美国市政债券管理 [J]. 经济研究参考，2008 (22): 18.

后续信息披露文件，并在网站上集中公开，方便投资者查阅。"① MSRB 为银行、证券经纪人、证券承销商和投资者制定行为标准，但是 MSRB 制定的有关条例并不能适用于发行人，对发行人的规范主要由联邦证券法进行。2010 年的《多德－弗兰克华尔街改革和消费者保护法案》扩展了 MSRB 的权力，可以对市政债券市场上的"市政顾问"②（municipal advisor）进行管理。自 2010 年 10 月 1 日起，MSRB 的成员组成中，必须要有占多数的独立公众成员，包括市政顾问代表。MSRB 的任务主要是为市政顾问和债券经销商制定规则、收集和传播市场信息、领导市场、扩展市场和进行投资教育，MRSB 2017 年 10 月 1 日至 2018 年 9 月 30 日的财年计划是：第一，扩大承诺的支持，如市政债券市场的规则指导、分类和教育；第二，推动市政债券电子化（Electronic Municipal Market Access，EMMA）的基础建设；第三，优化市场数据；第四，领导市场前行；第五，提升市场金融透明度。

2. 市政债券的监管方式

第一，规模控制。虽然州和地方政府有权力发行市政债券，但是市政债券的规模必须按照法律的规定，对负债率、债务率和资产负债率进行严格的控制。绝大多数的州《宪法》和法令，都对一般责任债券的发行规模与限额予以规定。

第二，信用评级。信用评级可以帮助投资者有效识别债券风险。在市政债券市场上公开发行的市政债券，一般都是由国家认可的信用评级机构进行评估。在一些州，信用评级还是债券能否享受税收豁免的前提条件。例如，伊利诺伊州就规定，市镇或获得授权的财政部门有权发行用于投资的市政债券，在进行债务服务、预留基金或与债券相关账户的操作时产生的税收，可适用 1986 年修订后的《国内收入法典》第 103 条关于税收豁免的相关规定，由国家认可的评级机构评估债券购买时是否达到四个基本方面的最高要求，若满足则可享受税收豁免。

不同于商业债券，由于市政债券的发行机构通常都不是营利性机构，一般的信用评级方法无法适用，因此在对市政债券进行信用评级时，必须掌握以下

---

① 林旷达. 中美地方债制度比较研究 [D]. 北京：外交学院，2014.

② 2010 年 10 月 1 日生效的《多德－弗兰克华尔街改革和消费者保护法》，修改了 1934 年《证券交易法》15B（a）的相关规定，要求美国的市政顾问必须进行注册。市政顾问包括金融顾问、交易顾问、保证投资合同的经纪人和其他市场参与主体，只要是对市政债券的发行提供了意见，或者是州和地方政府、公共基金组织和市政公共团体中的提供了投资意见或是其他意见的人，都属于市政顾问。

基本信息：第一，发行人总债务的债务结构；第二，发行人坚持稳健预算政策的能力和原则；第三，地方政府对市政债券发行人的支持力度，例如发行人能获取的地方税和间接财政收入的具体款项，还有参考发行人征税效率和地方财政对于特定收入来源的依赖程度的历史；第四，发行人所在地的整体经济环境[①]。

3. 对市政债券的担保

市政债券虽说信用风险较低，但仍然存在风险。2007—2008年，美国大部分的地方政府遭遇财政危机，例如债务逾期、政府破产和财政重建，而所有被AFGI（Association of Financial Guaranty Insurers）承保的市政债券，获得了全面保护。AFGI是主要为市政债券市场提供金融担保的机构，由多个单一保险公司（monoline insurer）组成。为保证对市政债券的偿付，这些公司一般只承保市政债券，不进行其他保险业务。不过，有些公司在承保市政债券的同时，还会为PPP市场提供保险服务。在美国的债券市场上，金融担保保险可以在一级市场（发行市场）进行，也可以在二级市场（销售市场）进行，而根据美国债券市场上的债券保险制度，债券在保险之后再上市的成本，要远远低于未投保而直接上市[②]。另外，在上市前就得到保险的债券，会更加获得投资者的青睐。因此，大部分市政债券的发行人都倾向于在上市前就对债券进行保险。市政债券保险有效提高了债券的偿还保障，有助于债券评级机构的评估，增强了债券持有人进行债券交易的机会。对于债券购买者而言，市政债券保险具有三项功能：首先，加强了债券的赔偿保障；其次，评级机构可据此给予债券更高的评级；再次，使市政债券具有了同其他投保证券同等的市场属性，提高了债券持有人所持债券的交易能力[③]。

例如，在伊利诺伊州的《市政债券改革法案》里，对债券的担保做出了规定，详见该法案11条："政府可对以下市政债券的支付进行担保：（a）来自市政公共设施系统或生产企业运营的债券收入；（b）以市政特殊基金形式存放的款项；（c）来自州政府或联邦政府的市政拨款及其他收入；（d）由该市政债券提供财政支持，用于本地改进的特殊评估；或者是（e）由地方政府的其他部门基于市政服务协议负责支付的款项。"同时，该债券的担保在政府做出担保之

[①] 张志华，周娅，尹李峰，等.美国市政债券管理[J].经济研究参考，2008（22）：19.

[②] 债券未经投保而直接上市，需要支付较高的票面利率，这种票面利率远远高于为债券投保的保费。

[③] 庞业军.美国市政债券市场面面观[J].金融市场研究，2013（09）：27.

时即告成立并具有约束力，市政当局在收到收入、款项和基金时，不得转移或采取其他行动，应即刻实现该债券担保的留置权。根据先前协议的规定，该担保的留置权优先于其他有求偿权的信托、合同。

4. 市政债券的信息披露要求

由于没有交易中心，所有市政债券的交易基本都是依赖于经销商完成。"市场参与者如果想从中介机构购买市政债券或将市政债券卖给中介机构，必须借助撮合商或者参与电子交易平台（替代交易系统，ATSs），而撮合商和ATSs只为专业机构服务，并不面对一般投资者。"[1] 美国的市政债券二级市场较为活跃，且基本上都是一般投资者。为了保护一般投资者的权益，美国制定了一系列关于市政债券信息披露的相关法律法规，用来规范二级市场信息披露的透明度、及时性和效率，提供对市政债券投资者的利益保护。

美国州与地方政府必须遵循政府会计准则委员会在《政府会计、审计和财务报告（1983年）》中确立的政府债务报告基本准则，记录和报告政府债务。在市政债券存续期内对于城市财政和法律状况发生的任何重大变化，市政当局都必须及时披露相关信息。1989年，SEC通过修订《证券法》的相关规定，进一步提高地方债信息披露的质量和及时性。此后，SEC又分别于1990年和1995年采用了新的市场交易披露原则来进一步预防地方债市场的舞弊行为，要求市政债券的发行人和使用人及时、定期更新披露信息。这类规则的实施，使美国的信息披露逐渐地由静态转为动态，大大改善了地方债信用风险判断所依据的信息状况[2]。

（四）法律救济

由于债务融资的用途不同，对市政债券的偿还资金也不尽相同。政府对一般责任债券的偿本付息，主要来自地方税收；对收益债券的偿还则主要依靠项目收费的收入。如果政府不能筹集足够资金偿付本金时，债券的持有人可以诉诸法院，寻求法律救济。而收益债券仅以收费项目的收入作为偿本付息的资金来源，州和地方政府不得动用其他财政资金，因此当收费项目的收入无法偿还债券时，债券持有人只得自身承担部分或全部损失。

由于市政债券涉及内容广泛，可适用的法律众多，美国已形成了较为完备的规范市政债券的法律体系。除各州《宪法》《市政债券法案》和《地方市政

---

[1] 庞业军. 美国市政债券市场面面观 [J]. 金融市场研究，2013（09）：27.

[2] 张留禄，朱宇. 美、日地方债发行经验对中国的启示 [J]. 南方金融，2013（05）：47-52.

债券条例》之外,《国内收入法典》《选举法》《综合债券法案》也可用于规范市政债券,且不论州或地方的《市政债券法案》的条文多么严苛,但并不能排除对其他法律的适用。

1. 债务管理与监测

在美国,地方政府的债务风险多是由财政不当管理引发的,传统的预防市政财政不当管理的法律手段主要有:债务限额(debt ceilings)、税收限制(tax limits)和支出限制(expenditure limits)[①]。

债务限额首次作为州《宪法》性要求出现是在19世纪,那时,许多州发行了大量以税收为支持的市政债券来筹集提升市镇交通和其他商业化工程的资金,然而1837年的经济萧条导致税收和工程收入难以弥补债务和高昂的维修费用,债券违约事件频繁出现。为了防止此类事件再度发生,严格的州级债务限额被写入发生过债务违约的各州《宪法》。最初,地方政府不受该债务限制,在19世纪中期的铁路建设大潮中,地方政府通过发行担保铁路债券、直接购买铁路股票和过度评级等方式参与交通设施竞争,但在1873年到1879年的经济低潮中,有13%—20%的市政债券违约,导致债权人共遭受了约1 500万美元的损失。因此,1893年经济大衰退时期,对地方政府的债务限额也被写入法律。债务限额被认为是实现"代际公平"(intergenerational equity)的重要手段,因为地方政府选择借款而不是使用财政收入进行设施建设时,当下的纳税人支付较少的税收,实行债务限额的主要目的是减少地方长期的财政投入,真正的受益者是未来的纳税人,他们可以不用为未曾实际享受到的利益而卷入无节制的市政债务中。

对地方政府税收权力限制一般表现在不动产税率上,根据1962年ACIR(Advisory Commission of Intergovernmental Relations,美国政府间关系顾问委员会)的统计,第一个通过州成文法的形式对地方政府(社区、市政当局或学区)实行征税限制的是罗德岛(1870年)和内华达州(1895年),纽约州(1884年)和阿拉巴马州(1875年)则是第一批将地方政府不动产征税限制宪法化的州。税收限制起初是作为地方政府发债权力的限制手段,作为防止过度征税用于偿还公共债务的救济措施,因彼时地方财政的大部分收入都来自财产税,对财产税税率的限制被认为是最有效的控制手段。随后,由于20世纪30年代的经济危机爆发,财产权人和不动产组织成功劝说立法机构采纳了新的税收限制,不同于最初对政府

---

① M. David Gelfand. Seeking Local Government Financial Integrity Through Debt Ceilings, Tax Limitations, and Expenditure Limits: The New York City Fiscal Crisis, the Taxpayers' Revolt, and Beyond [J]. Minn. l. rev, 1978—1979: 545.

税收权力的限制，此阶段税收限制的目的是降低税收水平，即减税。到 1970 年，一些州对财产税采取了另一种税收限制——征税限制（levy limit），如亚利桑那州、印第安纳州、明尼苏达州、华盛顿州等，较之前以州《宪法》形式规定的根据财产或不动产估值，采取的税率限制不同，征税限制多以统一的成文法形式，允许不动产税率每年增长特定的百分比。征税限制主要是为住宅所有者在面临因通货膨胀造成的估值上升时，提供财产税减免。

支出限制是从地方政府财政支出层面出发设置的财政管理规范手段。1921 年，亚利桑那州最早以成文法形式规定了支出限制，地方政府预算的增长幅度不得超过上一年的 10%。1976 年，新泽西州也实施了相似的支出限制，要求"地方政府的预算增长率不得超过每年 5%"①。由于支出限制是对地方政府财政的直接限制，不同于传统的税收限制，客观上有阻碍当地政府根据实际情况调节预算的弊端，地方政府支出限制的推行并不尽如人意，只有部分州政府批准了该限制。

受美国政治制度的影响，各州和地方的政府债务风险的预警模式五花八门，其中较为人称道的是"俄亥俄州模式（Ohio Mode）"。1979 年，俄亥俄州通过《地方财政紧急状态法》确立了由州审计局负责实施的"地方财政监测计划（Fiscal Watch Program）"。根据该计划，州审计局可以通过对地方政府财政状况的监测，判断地方政府的财政是否处于紧急状态，并向地方政府提供财政状况监测报告，列出有可能处于财政紧急状态的地方政府名单。如果这些进入"预警名单"的地方政府财政持续恶化，州审计局将列出"危机名单"。地方政府一旦进入"危机名单"，俄亥俄州财务筹划与监督委员会将会接管该地方政府的财政管理权，并根据地方财政状况制订财务计划，协助市政当局进行债务重组。这种俄亥俄州模式是通过对地方政府财政情况的宏观监测，进行风险预警。

2. 市政破产制度：基于美国《破产法》第九章

历史证明，美国的市政债券的违约率远远低于公司债券，尽管市政债券的拒付风险很低，但这并不表示市政债券不会违约。通常情况下，美国的市政债券面临的是推迟偿付或者折价偿付。作为市场化程度极高的国家，据 SEC 统计，1980 年以来，平均每年约有 7.5 起市政破产申请。市政破产将面临一系列的严重后果，例如市政当局信用评级降低、所在州信用评级降低和增大未来获取资金的难度。因此，许多陷入债务的市政当局宁愿选择其他方式进行债务重组。《破产法》第九章"市政债务调整（Adjustment of Debts of a Municipality）"对地方政府破产做出了专门规定，包括市政破产申请的条件、破产的申请和处

---

① See N. J. Stat. Ann. §40A：4–45.2.

理程序、破产期间各方的权利和义务等。由于政府承担着为其辖区内的居民提供基本公共设施和公共服务的义务，因此，地方政府的破产不同于企业的破产清算，《破产法》第九章主要是通过法定程序，在债权人和地方政府之间达成新的债务清偿协议，并不是对地方政府法律人格的否定与终结。通常情况下，根据新的债务清偿协议，债权人会给予地方政府相应的债务延期和利息优惠，地方政府承诺在一定时期内尽其所能地偿还债务，如增加税收、削减公共服务和社会福利支出、发行新债券和寻求州或联邦政府的特别财政支持等，地方政府原有债务随着新债务清偿协议的履行完毕而宣告偿付。因而《破产法》第九章的市政破产实质上是在保障地方政府正常运转的前提下，通过法律手段调整债权人的请求，尽可能地降低债权人损失。

根据《破产法》第109条规定，地方政府申请破产必须满足以下四个前提条件：（1）申请主体必须是地方政府；（2）地方政府得到了所在州的授权；（3）地方政府客观上陷入不能支付的状态；（4）地方政府有与债权人达成新的债务清偿协议的意愿，且两者已进行了可能的协商。该前提条件由破产法院负责审查，地方政府只有同时满足上述4个条件，才能顺利进入破产程序，寻求《破产法》的保护。值得提出的是，各州对地方政府申请适用《破产法》第九章的条件也加以限制，只有得到州的明确授权或州政府官员、州行政机构的同意，才能够提交破产申请。根据2012年美国官方统计数据，美国38 917个一般目的地方政府中有21 683个（55.7%）属于允许提交市政破产申请的①。

破产程序开始后，由破产法院对最后的债务调整计划（即最新的债务清偿协议）进行确认，只有经过法院确认的债务清偿协议才可生效。根据《破产法》第943条，法院认定债务清偿协议的条件为：（1）协议符合《破产法》的一般规定（103e）、第九章的特殊规定，以及由901条提及的其他章节条款规定；（2）协议中的所有支出都已经被充分地合理披露；（3）地方政府为履行协议将采取的行动未被法律所禁止；（4）除非特定债权的债权人同意协议对其区别对待，协议应列明，在一个有效期内该债权应优先偿付；（5）为确保协议得以执行的常规批准或投票已根据其他法律获取，或者协议已经列明需要取得的批准或投票的条件；（6）该协议是保障债权人最大利益的最优方案，并且具有可行性。如果债务清偿协议满足上述要求，破产法院即可裁定协议生效。

另外，债务清偿协议的提出只能是地方政府，债权人无权提出或要求修改，

---

① Mike Maciag. How Rare Are Municipal Bankruptcies? [EB/OL]. (2016-10-08). http://www.governing.com/blogs/by the numbers/municipal bankruptcy rate and state law limitations. Html.

债权人只能选择同意或反对，市政当局在将债务清偿协议提交法院确认之前，必须保证所有的债权人都充分知晓新协议的内容并获取同意。

二、日本地方债务相关法律制度的评析

"依据地方自治，日本的各级地方政府享有独立的预算权，能够自主编制和执行预算，自求预算平衡，当预算收支难以平衡出现赤字时，各级政府便通过发行地方债的办法弥补财政赤字。"[①]

日本的《地方自治法》《地方财政法》和《地方公债法》都对地方债做出了详细的规定。《地方自治法》第 214 条规定："除去年度支出预算的金额、连续经费的总额及转入明许经费的金额外，普通地方公共团体负担债务的行为必须在预算中作为债务负担行为予以规定。"第 230 条专门对地方债予以规范，"普通地方团体公共团体在法律规定的情况下，依据预算的规定可发行地方债"，而且预算中必须规定地方债举债的目的、限额、方式、利率及偿还方式，因此地方举债及地方债以预算的方式纳入地方自治之中。

（一）地方债的发行与偿还

"在日本，都、道、府、县和市、町、村都可以成为发债主体，根据《地方自治法》第 250 条和《地方财政法》第 5 条的相关规定，一般公共团体可以在其他法律规定的场合，按预算规定的数额举借地方债。"[②]

日本地方债的发行一般采取公募和私募两种方式，1979 年之前以公募发行为主，1979 年之后更多的地方公共团体采取私募的方式。2006 年之前日本地方债的发行一直实行"地方债许可制度"，2006 年之后实行"地方债协商制度"。根据地方债许可制度，有关地方债的相关内容，如发债额度、偿还方式、资金用途等必须得到总务大臣或都道府县知事的批准许可后，才能发行或变更。"地方公共团体在发行或变更地方债发债方法、利率及偿还方法时，必须与总务大臣或都道府县知事协商，但获得总务大臣的批准已不再是发行地方债的必要条件。"[③] "地方债计划"是配合地方债许可制度而存在的另一项地方债管理制度，2006 年实行地方债协商制度后，地方债计划仍然每年发布。虽然地方债协商制

---

① 闫海，曾祥瑞. 宪政、地方自治与地方财政法制——日本法的经验与借鉴 [J]. 行政法学研究，2011 (01)：123 - 129.

② 张留禄，朱宇. 美、日地方债发行经验对中国的启示 [J]. 南方金融，2013 (05)：47 - 52.

③ 地方债协商制度由《地方财政法》第 5 条第 3 款的规定确立。

度使地方公共团体在未经总务大臣或都道府县知事的许可或同意的情况下仍然能够发行地方债，只不过，只有获得同意或许可的地方债能被列入地方债计划，而被列入地方债计划的地方债，"不仅可以获得资金来源的保障，而且偿债风险也被置于中央财政的保护伞之下"①。

而日本地方债的偿还，主要依赖于地方政府的税收收入。地方政府发行的地方债是否被列入地方债计划、地方债差额与地方税收是否达到平衡和地方政府在制定税率的过程中是否考虑到偿本付息的资金需求，都是日本地方政府发行地方债时需要事先明确的。

（二）债务资金的用途

日本的地方债务资金，主要用于基础建设支出，不得用于经常性支出。《地方财政法》第5条规定，地方债的具体用途为："1. 交通、煤气、自来水及其他公共团体经营的企业所需的经费；2. 投资及放贷或者是以投资、放贷为目的购置土地及其他资本所需的经费；3. 地方债转期；4. 灾害应急、灾害救助和灾后重建所需的赈灾救济经费；5. 公共设施、公用设施（如学校、幼儿园、消防、道路、港湾等）的建设事业费与土地购置费。"

（三）地方债的监管

由于地方债计划的存在，日本地方债的偿还机制有着明显的财政集权特征。地方政府作为债券的发行人或担保人，负有偿还责任，当地方政府无力偿还时，中央政府可作为第二顺序的偿还人，从行政上和道义上负有偿还义务。因为这种偿还机制具有汇集财政风险和金融风险的可能性，加大了中央政府的隐性债务风险，所以中央政府对日本地方债的监管十分严格。

1. 中央政府对地方债的管理

由于日本是单一制国家，分权程度不如美国，具有明显的中央集权特征，对地方债的管理以中央政府的行政控制为主，除了上文提到的地方债发行协商制度以外，地方债计划是中央政府对地方债进行计划管理的重要手段。

地方债计划由财务省（原先名大藏省）和自治省每年编制，主要内容包括地方政府债务发行的总额、用途和发行方式等。虽然地方债计划只是作为参考资料提交给国会，并无法律效力，但它是由财务省和自治省协商编制，规定了

---

① 宋健敏，牛铭实. 日本地方财政的财源结构与地方自治的特征 [J]. 复旦政治学评论，2013（00）：189.

地方债务的具体用途，是自治大臣审批地方债申请的重要依据，关系重大。

中央政府对地方债的实际赤字率、综合赤字率、实际偿债率和未来债务负担率进行严格地监控，四项之中若有一项不达标，就必须在中央政府的监管下制订财政重组计划。

2. 相关法律规定

《地方自治法》第214条规定："普通地方公共团体负担债务的行为必须在预算中作为债务负担行为加以规定。"根据第215条规定，债务负担行为和地方债必须列入预算。同时，该法第230条规定，普通地方公共团体在法律规定的情况下，依据预算的规定，可以发行地方债。此外，预算中必须规定地方债发行的目的、发行限额、发行方式、利率及偿还方式。

另外，《地方财政法》第5条之4规定了对地方债干预的特例。具有以下情况的地方公共团体，在地方债的发行或打算变更地方债的募集方式、利率、偿还方法时，必须得到总务大臣或都道府县知事的许可：（1）该财年的前一年度出现年度收入总额少于年度支出总额，提前将该财年的年度收入总额填补上一年度不足的；（2）延期到该财年前一年度应当偿付的债务总额或延期到该财年前一年度应当执行的公共事业年度支出预算额超过政令计算数额的；（3）延迟支付地方债本利偿还金的；（4）有延迟支付本利偿还金历史的，根据政令规定、总务大臣指定或者在将来也有可能延迟支付的；（5）由总务大臣指定的未进行协商，也没获得许可，就变更了地方债发行方式、利率或偿还方式的；（6）根据政令或由总务大臣指定的，虽已进行协商或获得许可，但是在协议或许可文件中进行虚假记载或其他不正当行为的。

3. 地方债的审批

地方债协商制度赋予了总务大臣或都道府县知事管理地方债的权力，为了防止地方债务过度膨胀，防范财政风险，自治省、财务省可以通过审批，确定地方政府当年能否发行地方债：（1）对于不按时偿还地方债债务本金或发现以前通过明显不符事实的申请获准发债的地方政府，不批准发债；（2）债务依存度（债务依存度＝债务余额／一般财政支出）在20%至30%之间的地方政府不得发行基础设施建设债券，债务依存度在30%以上的地方政府不得发行一般事业债券；（3）规定当年地方税的征税率不足90%或赛马收入较多的地方政府发债；（4）严格限制有财政赤字的地方政府和出现亏损的公营企业发债等[1]。

---

[1] 张志华，周娅，尹李峰，等．日本地方政府债务管理［J］．经济研究参考，2008（62）：16.

4. 对地方债的审计与监督

日本的审计机构由国家会议检察院和地方监察委员会构成，负责对地方政府财政收支及行政行为进行审计监督的是地方监察委员会。地方监察委员会出具对审计对象的审计报告，提交给国会或委托部门，对于发现的问题并不作直接处理，只提出改进措施和方法，并向管理部门提出处罚建议[①]。

5. 针对地方债的居民监查与诉讼

根据《地方自治法》第242条的规定："居民有权提起监查请求和诉讼。居民监查是第一阶段，即普通公共团体的居民如果认定普通地方公共团体的行政首长、委员会或委员以及该普通地方公共团体公务员，在契约的缔结或履行债务及其他义务的责任时，具有违法或不当的行为（如玩忽职守、公款挪用、不当财务管理等，公共财产的不当获取、管理与处置也包含在内），可以附证明以上事实的书面报告，向监查委员提出监查请求。监查委员在收到请求后进行监查，如果认定请求没有理由，则附理由书面通知请求人并同时予以公示；如果认定请求理由成立，则向有关主体发出劝告，要求其在一定期限内采取必要措施，并将劝告内容通知请求人及予以公示，情况紧急或危害重大时，监查委员可以劝告立即停止行为。"

由于劝告不具有强制执行力，相关主体可能未采取措施，以及请求人对监查委员的监查结果、劝告内容或相关主体的措施不服时，则进入居民诉讼阶段。普通地方公共团体的居民可以依据《地方自治法》第242条之2向法院提起以下诉讼请求："中止该执行机关或公务员的全部或部分行为，取消或确认该行政处分无效，确认该执行机关或公务员玩忽职守的事实，向该执行机关或公务员提出对相关方损害的赔偿或不正当利益的返还。"

居民诉讼是监督地方预算执行的特色制度，改革自战后对美国纳税人诉讼的移植。居民监查与诉讼赋予了地方居民参与地方政治的权利，通过对地方政府的财务会计进行监督，保障了地方利益，体现了地方自治的精神。

三、澳大利亚地方债务相关法律制度的评析

澳大利亚联邦成立于1901年，尽管澳大利亚地方政府坚持非负债经营的财政理念，但是州和地方政府仍然面临着巨大的财政压力。澳大利亚学者安德鲁·约翰逊（Andrew Johnson）认为："社区居民对地方政府的期望正以惊人的

[①] 张志华，周娅，尹李峰，等. 日本地方政府债务管理 [J]. 经济研究参考，2008（62）：16.

速度在不断增长，而市政理事会却面临的成本增加和财政收入获取能力有限的难题，而这两者的矛盾就是社区期望与资金鸿沟（community expectations/funding gap）。"[1] 澳大利亚在地方债务的管理中积累了较多的经验，逐步形成了较为完善的地方债务管理体系和地方债务法律制度。

（一）州政府债务的处置方式

《联邦宪法》对州政府的债务做出了细致的规定，并通过1909年和1928年的修正案确立了联邦与州共同管理州债务的制度。澳大利亚联邦成立之初，各州政府作为独立的借款主体可以自由地进行债务融资。其时，政府借款的相关法律制度尚未建立，恶性竞争导致了高昂的借贷成本，借款难度飙升，直接影响了联邦与各州的经济发展。因此，1927年的《联邦宪法（修正案）》第51条规定，为加强对政府债务的管理与监督，成立澳大利亚借款委员会，负责统一借债，并对举债的数量、期限、条件和条件进行审批。

根据《联邦宪法》第105条的规定，国会可以接管州的公共债务，或者根据联邦最新的人口统计，按照各州的人口比例承担一部分的州债，并有权对所承受的州债（全部或部分）兑换、转期或合并，各州则应当对议会所承受的债务进行补偿，并从联邦拨给各州的盈余拨款中扣除相应的利息，若盈余拨款不足或没有盈余时，各州应负责偿还其差额或全部。同时，《联邦宪法》第105条a还规定，州与联邦还可就州债务的下列事项达成协议：1. 由联邦接管州债务；2. 被接管债务的管理；3. 利息的支付，偿债基金的条款与管理；4. 债务的合并、转期、兑换与偿还；5. 州政府应支付的因联邦接管债务而导致的赔偿金；6. 州或联邦的借款或是联邦为州筹措的借款。此外，议会可以通过颁布法律的形式确认在该法颁布之前就存在的协议的效力，并且可对协议的实施进行法律规定。达成协议的各方可以变更和撤销协议，协议内容的变更对联邦政府、州政府和其他涉及的主体都具有约束力，不受任何形式的法律解释的限制。

（二）地方政府债务：以南澳大利亚州为例

根据澳大利亚的法律规定，经过联邦财政部长的批准，地方政府可以通过透支、贷款或者其他方式举借债务，由地方债务筹得的资金一般用于基础设施建设等资本性项目，不得用于经常性开支。

---

[1] Brian Dollery, Lin Crase, Andrew Johnson. Australian Local Government Economics [M]. UNSW Press, 2006: 25.

与其他联邦制国家一致，澳大利亚各州独立管理本州及州以下地方政府的事务，由各州的《地方政府法》对地方政府债务分别做出规定。以南澳大利亚州的《地方政府法》为例，该法第134条规定了市政理事会可以借款或者以其他形式获取财政帮助。借款可以采取市政理事会认定的合适的形式，透支或财政租约也包含在内。紧接着，该法第135条对地方政府债务进行了详细的规定，其中包括发行地方债券。

据2015年2月披露的财政稳定报告称，财政审计文件显示，这一财年，南澳大利亚州的所有地方政府机构的总债务额仅占各地方政府土地、建筑、基础设施和其他资产的2.6%，净债务仅为1.1%，已存在债务的利息花费为2012—2013财年政府运行收入的1.1%。在南澳大利亚州，如果地方政府要发行以财政一般收入额为基础的债券时，必须制定一个清晰的分类，用于确定本次债券的发行，并确定本次发行是否包含在以往已发行债券中，还是包含即将发行的债券，特定分类债券的持有人较后续发行债券的持有人享有优先权。此外，如果是公募债券，则必须为债券持有者指定一名受托人或信托公司。如果地方政府在发行债券筹资后却发生不能履行义务的违约行为，投资者或者债券持有人的受托人可以向最高法院提出申请，最高法院可以指导地方政府从财政收入中分离出特定比例的资金，或是要求地方政府筹集特定总额的资金，用于履行该义务。除此之外，最高法院还可根据需要或请求给予辅助指导。然而，与国会可以承担州政府债务不同，根据南澳大利亚州《地方政府法》第136条，州政府不负责地方政府的债务，地方债券的持有人也无权对州政府提出偿债请求。

《地方政府法》第48条要求市政理事会在评估所有项目时必须发展并保持谨慎的管理政策、实践和程序。该法第122条规定，在市政理事会的"技术管理计划（Skill Managment Plans，SMPs）"中必须包含"长期财政计划（LTFP）"。LTFP的核心内容为：1. 市政理事会财政表现和地位的可持续性分析；2. 公共基础设施的维护、替换或发展需要；3. 有关债务规模的提议书；4. 可能对市政理事会运行或活动的支出造成显著影响的可预期的变化。

南澳大利亚州法律并未限制其地方政府的债务来源、举债额度、举债期限和类型，虽然《地方政府法》第134条要求地方政府在缔结复杂财政协议之前必须考虑独立专家的专业意见，但政府对此并无兴趣，因为"地方政府财政机构（Local Government Financial Association，LGFA）"和其他财政机构可以确保地方政府有可接受的借贷产品选择。事实证明，南澳大利亚州的地方政府债务水平与利息花费非常低，许多地方政府在对待地方债务时都采取比较保守的做法，尽可能地降低管理债务与投资的风险。实际上，对澳大利亚的地方政府来说，借款最主要的目的是用于购买更多的财政资产，而非用于日常经常性支出，且大多数市政财政资产的购买源于对现有公共基础设施的更新与替换。2005 年南澳大利亚州的"地方政府寻求财政可持续的独立需求（Independent Inquiry into the Financial Sustainability of Local Government）"披露，相比市政理事会的借款需求，基础设施建设更新或替换的延期是更恶劣的罪过。

（三）对地方债务的管理

澳大利亚通过法律约束、政府监管、信用评级和信息披露等方面对地方政府债务进行风险控制。如前文所述，《澳大利亚联邦宪法》对联邦接管州债务进行了规定，各州通过《宪法》《地方政府法》和《发展法案》对地方政府财政与债务做出相关规定。此外，《财政管理法》《政府预算法》等法案中也有与地方政府举借债务和对债务进行管理相关的规定。

1. 政府监管

根据1927年的《联邦宪法（修订案）》，澳大利亚借款委员会主要负责对州与地方政府债务的协调、监督与管理，借款委员会的成员包括联邦、州和自治区的财政部部长共9人，由联邦财政部长担任主席。借款委员会成立的初衷是缓和联邦与州在借款竞争问题上的紧张氛围。

1927年的总理会议上，一份关于收入再分配、债务、未来借款和财产转移的综合解决方案计划书被提出，在经历了几个月的讨论后，该"财政协议（Financial Agreement, FA）"于12月签订，并在随后一年内得到了所有议会的认可。1929年，联邦议会颁布《财政协议生效法案》确认其生效，并于1934年、1944年、1966年和1976年被修订。

大部分财政协议的细节是以借款委员会的经验为模板，FA分为四个部分。第一部分确立了成立借款委员会及未来借款的规则；第二部分和第三部分主要处理目前的财政问题，如州债的转移、联邦对债务利息的支付、转移财产的结算和偿债基金等；第四部分为杂项。

根据财政协议，借款委员会的主要职责是：第一，为联邦政府和各州制订总体借款融资计划；第二，对借款计划进行审查，并协调和确定政府的具体借款融资计划；第三，负责审查各级政府呈报的报告和年度报告，并鼓励和支持金融资本市场对整个借款融资及其使用情况实施监督等[①]。借款委员会每年举行一次会议，讨论各行政区下一财年的借款计划。各州政府每一财年都必须向

---

① 张志华，周娅，尹李峰，等. 澳大利亚的地方政府债务管理 [J]. 经济研究参考，2008（22）：26.

借款委员会报告其净融资需求，借款委员会通过分析州政府的财政状况，综合考虑基础设施建设的建设需求和对经济的影响，审查州政府融资申请，对州政府的债务预算做出相应的调整。

澳大利亚政府对州和地方政府的债务管理在经历了自由竞争、严格管制、逐步放松、总量控制四个阶段后，1992年借款委员会承认总量控制的手段失效，财政协议本身也引起了澳大利亚学界的广泛讨论，联邦政府不再代表地方政府进行融资，各州和地方政府可以以自己的名义融资并管理债务，进行市场化运作。目前借款委员会的主要职能是增进政府与公共部门融资的透明性与责任性。

对州以下地方政府而言，制订长期财政计划是市政理事会评估该地区债务规模的有效手段。法律并没有规定一个确切的数目作为最佳债务限额，判定地方政府债务规模的条件主要有：（1）居民社区对公共服务的需求；（2）该政府目前与财政收入相关的运行费用档次；（3）该政府根据需要筹集更多财政收入的意愿和能力。考虑这三个因素，相较于债务级别较低的地方政府，债务级别较高的明显缺乏财政的可持续性。通常情况下，已有财政赤字的地方政府会被限制举借新的债务，因新的债务必然导致更多的利息支付，最终影响财政可持续性。

2. 信用评级

澳大利亚同样采取信用评级的方式监管地方政府借款与融资。凭借评级机构的评估，地方政府不仅可以降低借贷成本，还能向潜在的投资者与社区居民证明其财政政策与当地经济。

对政府的信用评级不仅限于现存债务的分析，还会考虑收入是否能满足当前及将来可能的项目花费。市政理事会若想被评定为3A级别，必须保证在扣除其正常运行费用后，财政仍有盈余，而这仅仅是获取3A评定的前提条件。虽然政府信用评级的条件苛刻，但是基于地方政府财政长期计划所借的款项可不经过信用机构的评级，借款与其息支付均享有州政府的保证，从这个意义上说，财政长期计划能使市政理事会获取条件更加便宜的借款。

3. 信息披露

澳大利亚建立了较完善的地方政府债务报告制度，地方政府不仅要在政府预算报告中真实、完整地披露借款计划，还要根据澳大利会计标准体系和政府财务标准体系的规定，向公众披露或有负债。除此之外，各州政府还须根据借款委员会的要求，定期向其提交严格的季度报告和年度报告。

四、南非地方债务相关法律制度的评析

作为单一制发展中国家，南非实行高度分权的行政管理体制和财政体制，中央、省和市三级政府之间的职能和财政支出责任划分较为详细彻底。相较于以财产税和水电附加费为主要财源的市政府，省级政府的财政能力较弱，财政收入多依赖于中央政府的转移支付。南非地方政府债务的相关法律制度比较完备，主要有《宪法》和《市政财政管理法案》（2003 年）。此外，《公共财政管理法案》和《市政系统法案》对此也有不少规定。

（一）南非《宪法》对地方政府借款的规定

南非宪法法院于 1996 年 12 月 4 日颁布了《南非共和国宪法》，生效日期为 1997 年 2 月 4 日。南非的《宪法》内容十分丰富，第十三章对财政进行了专门的规定。其中，第 215 条要求国家、省及地方的预算和制定预算的过程都必须透明、准确，体现对经济、债务和公共事务的高效管理；第 218 条规定中央政府、省政府和地方政府只能为被国家立法承认的债务提供担保，并且每个政府每年都要发布报告，将其承担担保责任的债务公布出来。

《宪法》第 230 条规定了省政府和市政府借款的内容。省政府和市政府可以根据国家法律的规定，筹集资金用于资本性支出或当前财政支出。若借款是用于当前财政支出的，只有在必要时以搭桥的目的在一个财政年度内筹集，而且必须在 12 个月内偿还。

（二）《市政财政管理法案》对地方政府借款的规定

《市政财政管理法案》是为了保证地方政府财政的可持续管理和确立地方政府财政标准而颁布的。根据该法第六章规定，南非的地方政府可举借短期债务和长期债务，并提供政府担保，国家财政部及省级财政机构享有对地方政府财政管理的监督管理权力。

1. 短期政府债务

地方政府举借短期债务的条件是：第一，当某一财政年度内出现阶段性的资金短缺需要举借债务时，本财政年度的后续收入足以保证偿还该债务；第二，在财政年度内因融资需要而举借的债务，有可实行的拨付款项或长期债务收入用于偿还。短期债务协议，必须经地方议会决议通过，并由市长签字确认，或是通过会计部门的长官签署或认可，方才生效。对于短期债务的偿还期限，必须在本财政年度之内，不得以续期等方式将该短期债务延期至下一财政年度。贷款方也不得通过新发贷款的方式，协助将本应在该财政年度偿还的短期债务延至下一财政年度，如果贷款方有意为之，市政府可不偿还该新贷款的本金及利息。

2. 长期政府债务

地方政府若是因根据《宪法》第 152 条的规定需筹集与公共财产、工厂设备有关的财政支出，或是为偿还已存在的长期债务提供资金，可以举借长期债务。与短期债务一致，长期债务协议必须经过地方议会的决议并由市长签署，或是由会计长签署或认可，方才生效。但与短期债务有所区别的是，基于《市政系统法案》的规定，由会计长签署或认可的长期债务协议，必须在就是否批准该协议的地方议会召开的至少 21 天之前，公开发布与该债务有关的信息声明，声明内容应当包括：欲借债务金额、借款原因及担保情况，征求社会公众、国家财政部门和相关的省级财政部门对该项借款的书面意见与反映，并将该信息声明的副本提交给市政议会，该副本中须包含预设偿付时间安排及该债务逾期可能导致的预期全部花销。

对于满足以下条件的长期债务，地方政府可以采取借新偿旧的方式。第一，存量长期债务是合法设立的；第二，新借款的期限不超过相关公共财产、工厂设备的使用年限；第三，举借新借款后，未来支付的净现值①少于未借新款时的净现值；第四，对净现值的贴现率的计算，必须在合理范围内且与标准持平。

此外，《市政财政管理法案》还要求，对于长期债务和短期债务，地方政府都须提供必要的偿还措施加以担保，且以本币结算，长期债务还需与财政预算保持一致。

3. 义务履行的保证

经议会决议，南非的地方政府可以为督促以下三种主体履行义务提供保证：第一，地方政府。第二，由地方政府独立控制的市政团体。第三，为筹集与公共财产、工厂设备有关的建设资金，与个人因合同义务所产生的义务，或是该个人为了地方政府实现《宪法》第 152 条所规定的目标而承担的义务。地方议会在对此项保证义务授权时，应考虑被保证的资产或权利是否能提供最低限度的基本市政服务，如果能，则必须指明对其的保护措施。

地方政府可采取的适当保证义务方式主要有：第一，提供担保物或抵押物；第二，承诺贷款方或投资人可直接接触用于偿债的财源；第三，承诺与贷款方、投资人或第三人成立基金；第四，同意贷款人或投资者提出的具体专属偿付机制及程序；第五，让渡未来的收入或权利；第六，承诺通过协调、仲裁等方式

---

① 净现值是一项投资所产生的未来现金流的折现值与项目投资成本之间的差值。

解决争议；第七，承诺按一定程度保留足够的收入、特定市政关税、其他收费或基金来履行财政义务；第八，承诺在预算中增加偿本付息的条款；第九，同意在担保债务未偿还或财政义务未履行的情况下，对未来可能新增的债务进行限制；第十，同意地方政府认为必要或谨慎的其他协议。

4. 政府担保

除《公共财政管理法案》第八章的特别规定之外，国家及省政府一律不得为地方政府债务或市政团体债务提供担保。南非的地方政府也只能为处于以下三种情况的政府部门或个人提供债务担保，其余一律不得提供。第一，该担保在已获通过的市政预算限额之内；第二，经议会批准的由地方政府独立控制的市政主体的债务；第三，地方政府参股的市政团体，必须经国家财政部批准并且具有足够的等值现金储备或等值保险。

5. 财政风险控制

地方政府的借款，一般被用于公共事务、基础设施建设和公益项目的资本性支出（capital expenditure）上，将债务纳入预算管理，可以有效防范债务风险。除预算管理外，对地方债务的风险控制，主要依靠内部审计（internal audit），审计的内容包括年度财政陈述（annual financial statement）与年度报告（annual report）。

每个财年，每个地方政府及市政团体都必须准备年度财政陈述，此份陈述需要清楚展示出财年末地方政府或市政团体在预算执行、收支管理、资产负债、商业活动、财政结果和财政地位等方面的表现，并公开相应信息。如果某地方政府是某市政团体的独立控制者或者是因《市政系统法案》规定，以私人公司形式设立的市政团体的实际控制者，除年度财政陈述之外，还应提供包括该市政团体年度财政陈述在内的统一年度财政陈述，且所有的年度财政陈述必须符合《公共财政管理法案》第 91 条第 1 款 b 项中的会计要求。年度财政陈述需要在财年结束后的两个月内提交给审计部门，市政团体须抄送其控制者，审计部门在接收到年度财政陈述之后，需要完成审计并发回审计结果。若是审计部门在收到年度财政陈述后的 3 个月内还不能完成审计，须将造成延迟的原因告知相关地方政府、市政团体、省级立法机构和议会。审计结果在发回之后，非审计部门不得对此进行更改。

市政团体的年度报告则由会计长在财年结束后的 6 个月内指定并提交给该团体的控制者（地方政府），随后，市长在财年结束后的 7 个月内将地方政府年度报告提交到给市政议会。若市长在规定时间内无法完成提交任务，须尽快向议会提交延迟解释，并先提交已完成的部分；若市长未能提交，则可由审计官员将财政陈述和审计报告提交给市政议会、国家财政部门、相关的省级财政部门和地方执行委员会成员（Member of Executive Council，MEC）①。在年度报告成功提交给市政议会之后，地方政府的会计长必须根据《市政系统法案》第21条A款的规定，公开年度报告，并邀请当地社区提交相应的反馈，另外，再将年度报告提交给审计长、相关的省级财政部门和负责处理地方政府事务的省级部门。

市政议会在收到年度报告的2个月之内，签发对年度报告的检查报告。该报告须包含议会对年度报告的批复，是有条件地接受还是拒绝，抑或是发回修改。会计长须出席议会和议会委员会关于年度报告的公开听证会，做好答辩，并将会议记录的副本提交给审计长、相关的省级财政部门和负责处理地方政府事务的省级部门。在议会签发批复后的7天内，由会计长公布检查报告。国家财政部可就以下内容制定法规：市政议会审议年度报告、举行公开听证会的方式和市政议会就审议年度报告成立的委员会的职能与组成方式。这两项内容除非得到市政议会的采纳，否则不对其产生效力。议会对年度报告的批复会议宜公开举行，并留出合理时间进行讨论，当地社区成员应列席会议，审计长的代表可参会并发言。

6. 信息公开

根据《市政系统法案》第21条A款的规定，各地的会计长须负责在网站上公布以下信息：年度预算、预算调整和所有与预算相关的文件；所有与预算有关的政策；年度报告；所有《市政系统法案》第57条第1款b项要求的协议；所有的服务履行协议；所有的长期债务合同；PPP协议等。上述信息必须在决定公布之时或是制作完成后5天内在网站上公布。对所有可能影响潜在贷款方或投资方的决定的实质信息必须公开，还须尽到合理的注意义务，确保所有公开信息的准确性，不得提供虚假消息或误导消息。

地方政府和市政团体的年度财政陈述中的相关信息也必须公开。地方政府的财政年度陈述中必须公开的信息包括：第一，进出的划拨款项；第二，收到的划拨款项是如何花费的；第三，划拨的款项是否符合《宪法》的规定，并且是否存在来自国家机关划拨之外的款项；第四，如果出现违背《宪法》规定划拨的款项或是款项的来源不是国家机关，须列明原因；第五，根据每年的《部门收入法案》产生的地方政府基金，是否处在延期或取消状态，以及造成延期或取消的原因。

---

① 根据南非《市政财政管理法案》规定，MEC有两种：一种是对省级财政负责的执行委员会成员，另一种对地方财政负责。

市政团体的财政年度陈述必须公开的信息有：第一，来自地方政府或其他政府部门的划拨款项；第二，划给地方政府或其他政府部门的款项；第三，其他可能需要的信息。

另外，与地方政府和市政团体顾问与官员（董事与高管）有关的信息都必须随年度财政陈述一起公开，还有以下信息是法定的强制公开。第一，在财年内及财年末，所有由地方政府控股或独立拥有的市政团体名单；第二，在财年内及财年结束时，地方政府所接受的捐赠总数；第三，财年末，共用于审计、税收、募捐、关税、养老金、医疗救助等的支出总额；第四，地方政府及市政团体在相关财年开设的银行账户，包括银行名称、账户类型及开户年和销户年的结余；第五，财年末的所有投资项目概览；第六，财年末的持续负债；第七，在财年内因未授权的财政支出造成的实质性损失和浪费，以及其是否能恢复；第八，因前述第七为由导致的刑法或纪律惩戒；第九，已恢复的实质性损失；第十，违反《市政财政管理法案》的相关行为及其他。

7. 对市政财政危机的干预

《市政财政管理法案》第 135 条明确规定，对阻止、甄别和解决财政问题负有主要责任的是地方政府本身，地方政府必须履行其自身的财政责任，在遭遇严重财政问题时应当立即寻求解决办法，并通知地方政府各部门、地方 MEC 和省级财政 MEC。地方 MEC 在接到通知以后，应立即与地方长官了解情况、评估并决定是否引入省级干预（provincial interventions）。

地方政府如果无法偿还到期债务，则达成"持续性的实质违约"，将引发强制的省级干预。强制的省级干预开启后，省政府将会要求地方政府启动"市政财政恢复服务"[①] 并配合实施"财政复苏计划"。该财政复苏计划除了包含《市政财政管理法案》第 142 条所列举的内容之外，还应设置收支限额、提供用于整改的预算参数和特别的资金筹集方法。在省级强制干预之下，地方政府必须实施复苏计划，要在复苏计划的范围内做出所有与收入、支出和预算有关的决策，且以计划规定的方式每月定期向省级财政 MEC 报告计划实施情况，地方 MEC 或省级财政 MEC 至少每三个月要进行一次对复苏计划的常规回顾。

引发财政危机的问题解决后，如果能确保地方政府已恢复提供基本服务的能力或是能够履行财政职能，省级强制干预才会结束。如果地方政府的财政危机在省级强制干预下仍未得到解决，就会引发更为严格的国家干预。

---

① 市政财政恢复服务在公共服务范围内成立的组织，隶属于国家财政部。

8. 市政债务的暂停与免除

若地方政府陷入财政危机，可以向高级法院申请在其财政恢复前暂停向投资人偿还全部或部分债务，处于此类法律程序中的地方政府可以要求高级法院给到为期不超过 90 天的保持期，该保持期的通知必须送达给 MEC 或省级财政 MEC、部长、负责地方政府的内阁成员或是持有一定股份（超过 10 万兰特）的市政团体的债权人。如果在省级行使干预与财政复苏计划之后，地方政府的财政危机还是无法解除，地方政府就可以根据第 155 条的规定向高级法院申请停止向贷款人偿付债务，进入清算协议和分派环节。

在被法院裁定可以暂停偿付债务之前，地方政府必须同时满足两个条件：第一，在当前情况下确实无法偿还债务；第二，所有资产已无法维持有效的行政管理和最低限度的市政服务，或是为保障债权人利益已经根据财政复苏计划被清算了。

最高法院裁定地方政府终止债务偿付的条件是：第一，地方政府无法履行偿债义务且该义务在可预见的未来也不可能实现；第二，所有资产已无法维持有效的行政管理和最低限度的市政服务，或是为保障贷款人利益，已经根据财政复苏计划被清算了；第三，根据财政复苏计划，除合理收入能保留的可负担的基本人员之外，所有的政府雇员已经被遣散。以上三个条件必须同时具备，并且在法院裁定地方政府终止债务偿付之日时，省级财政 MEC 就必须指定一名受托人，根据所有针对地方政府的合法债务诉求，按比例准备分派计划，分派计划需得到法院的批准方可施行，由已清算的资产来实现债权人的债务诉求。

9. 对违法违规行为的处理

针对产生违反违规行为的政府官员、市政团体官员，《市政财政管理法案》制定了详细的处理办法和严厉的惩罚措施，包括罚款和不低于 5 年的刑事处罚。

五、地方债相关法律制度的国际经验与启示

地方政府债务并不是仅限于某一国家所独有的现象，世界上的大多数国家，都将发行地方公债视为获取财政收入的正常手段之一，但对因举债而获得的财政收入的用途做出严格的限定，有的规定只能用于提供公共服务，有的只能用于基础设施建设或进行公共投资，还有的则可以根据需要，将该笔款项运用到最急需的财政支出事项中。纵观西方发达国家的地方政府的举债方式，主要是发行地方政府债券，或是向金融机构借款；发展中国家的地方政府则更多依赖于中央政府提供的直接或间接贷款。

通过对上述国家地方政府债务相关情况的分析，不难看出，对地方政府债务的管理应以健全的法律体系为依托，限定地方政府的发债权、地方债的性质与用途等，并通过相关配套法律的完善，确立事前、事中和事后监管规则，做好地方债风险管理与债务危机化解。

（一）中央与地方明确的财政分权

中央与地方的财政关系极大地影响着地方政府债务管理。大多数国家都通过《宪法》对中央政府与地方政府的关系进行原则性规定，再辅之以如《地方政府法》和《地方财政法》等法律明确规定地方政府的设置、财政权限与责任等。

受地方自治政治体制的影响，大部分发达国家多采取分权较为彻底的财政联邦制度，约束了中央政府的权力，赋予了地方政府在行政上更大的自由。明确的财政分权客观上杜绝了上级政府的随意干涉和指派，避免造成过重的地方财政负担；而地方政府得以独立主体的身份发债、偿本付息，极大程度上减少了其变相发债的冲动和对中央财政的依赖，对地方财政和当地经济的可持续发展有积极影响。

（二）完善的市场化管理

历史上，发达国家对地方债的管理进行了各种尝试，市场化管理是大多数国家的共同选择。市场化管理要求金融市场必须自由开放，潜在的投资者能够获取完整、真实的相关信息。美国的市政债券市场化程度最高；澳大利亚对地方债的管理经历了自由竞争、严格管制、放松管制、总量控制等阶段，最终确定了市场化管理。

（三）严格的监管措施

虽然法律明确了地方政府有发债的权力，市场化管理同样需要严格的监管措施予以配合，例如发行审批、规模控制、信用评级、信息披露、风险控制等。可以看出，这些措施和手段都属于事前监管与事中监管，由涉及地方政府债务融资监管的法律直接规定，具有较强的预防性，有利于财政危机的及时发现与处理。

对债务进行严格的全方位监管，是所有发行地方政府债券的国家的必要选择。在美国，主要由联邦证券交易委员会，根据《证券法》（1933年）、《证券交易法》（1934年）、《公共事业控股公司法》（1935年）、《信托债券法》（1939年）、《投资公司法》（1940年）和《投资顾问法》（1940年）等法律的规定，对市政债券的发行、承销与交易进行监督与管理。此外，与各州债务融资相关的法案和条例也是美国地方政府债务监管法的渊源，如俄亥俄州《地方财政紧急状态法》中的控制财政风险的俄亥俄州模式，宾夕法尼亚州《地方复兴法案》中有关地方财政危机防范的规定。

日本的《地方公债法》对地方公共团体发行地方债券及地方债的规模、资金用途等做出了明确规定。另外，地方债还受《地方公共财政计划》《公营企业金融公库法》《监察和审计法》等法律的约束与监督。

以加拿大多伦多市为例，根据《多伦多城市法案》，借款只能用于资本支出，不得用于行政运行支出。历史上，多伦多市政债务的规模较低，但随着基础设施建设资本需要的增加而不断扩大。2010年之前，几乎全部多伦多市政债务都以10年为期限。2010年，市政府通过偿付既有债务，对选中工程项目进行30年期债务融资，达到调整其一部分债务的目的。30年期债务被投放于可适用终身的长期资产的购买与建设中，例如地铁与地铁隧道。虽然《多伦多城市法案》豁免了《省级市政法案》规定的长期借款不得超过自有财政收入的25%的限制，但多伦多的市政债务仍在省级标准之内。市政理事会更通过了一项基于税收支持的债务限额决议，在未来十年中，发债不得超过当年财产税征税收入的15%。

(四) 有效的司法救济

目前，美国的市政破产被认为是较为有效的事后监管，能够强化对政府预算的硬约束，并促使政府加强预算管理。在美国，陷入财政危机的地方政府可以依据《破产法》第九章向破产法院提出破产申请，请求法院指导其进行债务重组，申请由联邦政府接管或指定有能力的组织接管本级财政，并帮助其与债权人签订新的偿债协议，化解地方债务危机。

从现实情况看，分税制改革后较长一段时期，我国并未能建立起较为健全的公民监督体系，若在法律制度建设还不成熟的情况下贸然引入地方政府破产机制，可能造成民众恐慌，进而引发更大的金融风险，甚至会引起社会动荡。尽管美国的市政破产机制是应对地方债风险的良策，但显然不适合我国的现实国情。考虑到这一层面，日本的居民诉讼制度赋予地方居民监督政府财政审计的方式，与我国正在努力建设的"全面透明"公共财政国家不谋而合，或许值得借鉴。

第三节 我国地方债法律制度的构建与完善

我国对于地方政府债务，从一开始的严令禁止到现在的自发自还，法律的限制已经出现逐渐放松的趋势，在城镇化建设的背景下，为满足大量公共基础设施建设的需要,这是符合现实国情的,也有助于地方债的正常化和常规化。

一、我国地方政府债务的现状

从 2008 年的国际金融危机开始,在 4 万亿经济刺激计划的背景下,我国的地方融资平台公司便得到了迅猛发展。在 1994 年《预算法》严禁地方政府自行发债、地方财政缺乏主体税种支持的情况下,地方政府透过投融资平台的变相发债以获取财政收入,初衷是不得已而为之。但由于法律的缺位,对地方融资平台公司的债务规模和风险控制缺乏有效的监管,加上以往对地方官员的考核偏向政绩与 GDP 增长,导致地方政府疯狂举借债务,我国地方政府的债务总量惊人,系统风险较高,直接影响地方政府财政的可持续发展和整个国民经济的健康发展。

截至 2016 年末,我国地方政府债务 15.32 万亿元,地方政府债务率①为 80.5%,我国政府的债务负载率为 36.6%,总体风险可控。截至 2017 年末,全国地方政府债务余额 164 706 亿元,控制在全国人大批准的限额之内。其中,一般债务 103 322 亿元,专项债务 61 384 亿元;政府债券 147 448 亿元,非政府债券形式存量政府债务 17 258 亿元,债务风险处于可控状态,但不少地方仍存在违规违法利用 PPP 进行明股实债的变相融资,亟待规范。

从国家对地方政府存量债务的处理过程中可以看出,将地方政府债务纳入预算管理,使其阳光化、公开化和常态化是进行地方债问题治理的核心。如何进一步隔离政府与融资平台公司,化解存量担保债务,完善地方债务风险预警机制和规范地方政府举债行为,需要法律的支持。

二、我国地方债法律制度的建立与完善

我国还尚未出台《公债法》,也没有关于地方财政的相关立法,更毋论有明文规定的地方债法律了,虽然有 1994 年《预算法》对地方发债原则上的限制,但经年累月的法律空缺,在遭遇繁重的财政支出与贫瘠的财政收入剧烈碰撞后,地方政府各种变相的违法违规融资层出不穷,迫于现实的需要,加上一开始对地方债务的认识不足,客观上造成了地方债的野蛮发展。在当前对地方政府债务实行严管的背景之下,如何才能平稳地完成地方债从狂热到降温的过渡,妥善处理好地方政府存量债务的化解,并对政府举债行为和其他融资手段进行有效的规范?

---

① 债务率=债务余额/综合财力。

回顾我国地方政府债务发展的历史，不难发现，对地方债务的认识和处理，带有鲜明的时代印记，都是在不断地摸索和试错过程中逐步发展起来的。政府对地方债的态度，最初是谨慎保守、严格限制，后在亚洲金融危机和政府转型重担的双重力量交织之下，刺激内需计划和地方融资平台被大力推广，各地的融资平台公司发展几近狂热。随着认识的发展，迫于偿债期限的集中到来，在地方财政依旧青黄不接的情况下，中央政府对地方政府债务问题的处理开始变得严厉起来。然而，在对融资平台进行严格限制和清理之际，BT项目却悄然上马，接替平台公司继续为地方政府融资。BT项目被勒令停止后，接替出现的是对PPP模式（政府和社会资本合作）项目的大力推广。自2013年底全国财政工作会议提出推动PPP模式起，截至2017年11月末，PPP项目管理库的项目已经达到6 874个，投资规模约10.3万亿元，PPP已然成为我国地方政府进行基础设施建设的新融资路径。可以预见的是，在今后较长一段时期内，我国对于地方政府债务的监管与控制还会更加严厉。

到目前为止，我国对于地方债务问题的处理，主要还是依赖于行政手段，首先由国务院出台相关的规定或文件，再由财政部跟进配合并发布相应的意见或通知，最后银监会、证监会、省级政府的相关部门和各大银行通过转发或再出台配套文件来完成落实。随着新《预算法》对地方自行发债限制的放松，国务院和财政部下发了一系列文件，这些文件秉承新《预算法》对地方债发行主体、举借规模和资金用途的原则性规定，进一步细化了相应的内容，为我国地方债问题的解决指明了方向，提供了办法。这种模式的好处在于：文件可以快速发布，能够及时地发现问题，还可以有针对性地做出反馈和提供指导。但是，对问题的具体化处理必然导致整体性的缺失，这种个体与整体之间的矛盾是无法克服的，而单纯依靠文件精神来对地方债务进行管理，本身就是在重复"摸索和试错"的过程，文件的效力等级不高，极易被随意改动，没有足够的稳定性和明确性，且缺乏长远规划，无法产生连贯性。地方债务涉及的法律关系众多，多部门均有权对此问题发布文件，多头监管必然会导致混乱。

通观世界上一些国家对地方政府债务的管理，都有明确的法律规范可供依靠，如《市政债券法案》和《地方债法》等。我国目前虽然在地方债的治理上取得了不错的成绩，较为稳妥地有序推进着化解地方债务风险的工作，但由于我国的地方债务存量规模依然庞大，地方财政对新增债券的发行需求量也将长期处于持续增长的阶段，在此种情况下，对地方债相关内容的规范与治理若仅是依靠行政法规、部门规章和文件等，显然是不足够的。因此，我国宜尽快出台专门的法律制度，完善政府的融资手段，循序渐进地为地方政府债务管理提供更有力的法律支持。

(一) 进一步厘清政府与投融资平台公司的关系

对投融资平台公司的清理,并不仅仅是将其与政府的关系剥离出来那么简单。2010 年,《国务院关于加强地方政府融资平台公司管理有关问题的通知》(国发〔2010〕19 号) 提出了引进民间投资等市场化途径,已达到改善融资平台公司的股权结构的目的,使其与政府分离,并严禁政府以任何直接、间接形式为融资平台公司的融资行为提供担保。但据 2011 年的《全国地方政府性债务审计结果》显示,在上述《通知》下发后,仍有"多达 7 个省级、40 个市级和 107 个县级政府及其所属部门,以出具承诺函、宽慰函等形式,或以财政收入、行政事业单位国有资产等,违规为融资平台公司等单位举借债务提供担保 464.75 亿元"[1]。

地方政府融资平台公司在创立之初,就存在严重的合法性危机。首先,根据我国《公司法》第 3 条的规定:"公司是企业法人,有独立的法人财产,享有法人财产权。公司以其全部财产对公司的债务承担责任。"然而,大部分地方政府投融资公司的资本源自地方政府以土地、财政补贴等作价出资,并没有自己的独立财产。其次,绝大多数的地方政府融资平台公司并没有健全的公司治理制度,政府官员出任公司高管,带有浓烈的行政色彩。再次,地方政府融资平台公司的运作,完全依赖于地方政府的信用,由政府提供担保或兜底债务,实在难以称得上是独立的公司法人。最后,地方政府融资平台公司成立的初衷,是绕过法律的限制,替地方财政获取资金,承建基础设施或公共项目,其参与的项目大多具有低收益和回本时间长的公益性质,也与传统意义上的商事公司不相符合[2]。

显然,欲将先天不足的地方政府融资平台公司直接转化为具有民间投资的股份有限公司是不可行的,融资平台公司与地方政府事实上存在着千丝万缕的联系,也的确承担着绝大部分的公益性项目建设。因此,国务院试图将地方政府融资平台公司转型为市场化运营的国有企业[3],而对处理融资平台公司的新增债务做出了如下规定:"自 2015 年 1 月 1 日起,投融资平台公司的新增债务不再属于地方政府债务,且融资平台公司在境内外举债融资时,应当向债权人

---

[1] 杨川仪. 论地方政府投融资法律制度的建立与完善 [J]. 经济问题探索,2013 (06):35.

[2] 杨川仪. 论地方政府投融资法律制度的建立与完善 [J]. 经济问题探索,2013 (06):32-36.

[3] 详见《国务院关于加强地方政府性债务管理的意见》(国发〔2014〕43 号)。

主动书面声明不承担政府融资职能,地方政府不得违规将公益性资产、储备土地注入融资平台公司,不得承诺将储备土地预期出让收入作为融资平台公司偿债资金来源。"

我国地方融资平台公司的转型已经引起了学术界的大量关注,但由于融资平台公司自身的缺陷,再加上外在的法律政策障碍,融资平台公司的市场化转型面临着不少的困难。对于融资平台公司今后的走向,本书认为,应根据不同融资平台公司的具体情况,将其转化为不同的市场主体:第一,对于背靠政府面对市场的平台公司,可以通过继续计入国有资产的方式,推动国有资源的整合,将其转化为可市场化融资的国有企业,即综合国有资本的运营主体。第二,对于主要参与城市服务运营的平台公司,可以鼓励其继续发展经营性业务,对于本身已经参与到 PPP 项目中的平台公司,可以吸引社会化资本,推动其转变为多元化的混合所有制企业。第三,对于成立之初就是为了替地方政府变相融资的平台公司,则可以通过剥离其融资职能,转化为一般的国有企业。

在我国不断加强对地方政府债务监管的背景下,平台公司已经被地方政府"无情抛弃"。针对时有发生的政府对平台公司违规注资、承诺担保等情况,应尽快出台专门法律予以规范;而针对平台公司转型难的问题,也应当以立法的方式扫除障碍。我国的地方融资平台公司数量多,牵涉利益面太广,亟待明确的法律规定,如《融资平台公司法》来加以规范。本书认为,《融资平台公司法》应当包括以下内容:

第一,融资平台公司的法律性质。作为特殊的国有企业,融资平台公司应实行法人治理,设立董事会和监事会,禁止政府官员担任公司高管,融资公司依法自主经营,自负盈亏,独立承担财产责任。

第二,融资平台公司的法律定位。融资平台公司可作为公共事业、公益性项目和基础设施建设的业主或投资人,保本经营,独立对外融资①。

第三,融资平台公司的信息公开。与其他商事公司类似,融资平台公司应遵循《公司法》的相关规定,进行信息披露。除此之外,鉴于融资平台公司的特殊法律性质,融资平台公司的资本金状况、收入来源、负债规模、投资建设项目概况、贷款规模、担保情况及资金使用流向都应进行公开②,并形成季度或年度报告,提交给当地政府,并由人大常委会负责举行公开听证,接受银行、投资人和社会公众的监督。

---

① 杨川仪.论地方政府投融资法律制度的建立与完善[J].经济问题探索,2013(06):32-36.

② 同上.

第四，对融资平台公司的监管。可将对平台公司的监管权力赋予各地国资委，指定专人负责对平台公司的监管工作，接受平台公司定期提交的经营报告并进行审查，在可能发生问题时，及时调查并上报。

第五，融资平台公司的破产和对相关责任人的追责。融资平台公司若确因经营不善，面临破产，可参照国有企业破产程序完成。针对因董事或其他高管的失职失责引发平台公司经营困境的，应采取相应惩罚措施，严重的可追究其法律责任。

(二) 出台《地方政府债券法》

2017年前三个季度，我国已经累计发行地方债3.53万亿元，仅第三季度的发行规模就已达到1.67万亿元，环比增长20.5%[①]。据2017年12月审计署公布的《2017年第三季度国家重大政策措施贯彻落实情况跟踪审计结果》显示，在对地方债进行严加监管的当下，依旧存在个别地方政府通过出具承诺函等手段违规举借政府性债务63.42亿元。国务院早在2014年就禁止地方政府继续通过融资平台公司融资[②]，但直到2017年这种现象时有发生。本书认为，地方债是地方财政收入的来源之一，对社会民生的影响十分深远，应当从立法的角度对地方债加以规制，通过建立《地方政府债券法》，将相关文件中的规定上升到法律高度，以便对地方债务的相关事项进行管理。

《地方政府债券法》应包括以下几个部分内容：

第一，发行主体。虽然层级愈低的政府面临的财政局面就愈加严酷，愈有举债的需要，但根据我国目前的财政现状，地方政府债券的发行主体还是应当固定在省级人民政府，如果市县级人民政府确需发行的，必要时可由省级人民政府代为发行。

第二，发行限额。坚持中央对地方实行限额管理，地方举债必须在国务院批准的限额内发行，应当列明相应条件，增加根据实际情况，中央适当上调地方发债限额的规定。

第三，发行方式和交易市场。地方政府债券宜采取公募发行，但不禁止私募发行，并继续鼓励地方政府债券以银行加券商的方式在上交所、深交所、北交所上市流通，进一步实现政府债券的市场化。

[①] 和讯债券. 中央不兜底，地方债管控加温[EB/OL]. http://bond.hexun.com/2017-12-25/192073284.html.

[②] 国务院. 国务院关于加强地方政府性债务管理的意见（国发〔2014〕43号）[EB/OL]. (2014-10-02). http://www.gov.cn/zhengce/content/2014-10/02/content_9111.htm.

第四，收入用途。结合新《预算法》的规定，落实地方政府一般债券和专项债券的用途，严格控制债券收入的资金流向。

第五，偿债资金。一般债券的偿还由一般公共预算收入负责，专项债券由该公益性项目的收入完成偿还。

第六，信息公开。信息公开的范围包括但不限于地方政府债券的拟发行计划、发行种类、发行规模、利率、期限、还本付息情况和资金用途等，并且应当定期在政府网站上公开，供投资人和社会公众查询。

第七，监督管理。授权证监会对地方政府债券进行监督和管理，并赋予审计部门相应的权力。

（三）严管政府担保，从严规范 PPP 模式

要严格防范因政府担保而产生的隐性债务风险，尽管我国的《担保法》和《合同法》都排除了政府的担保资格，在将近三年的债务置换后，已经一定程度上缓解了由政府违法担保造成的隐性债务压力，但不少地方政府违规出具担保函、宽慰函提供担保的情况依然存在。对政府担保应当严令禁止，并且出台相应的法律，通过对相应负责人的追责，形成威慑力，杜绝政府担保。

本书认为，我国目前对于 PPP 模式仍然处于探索运用阶段，应当加强学习与研究，完成本土化，并有相关法律配套之后再考虑大力推广，在融资平台转型还未完成的情况下，不宜盲目推进新模式。财政部 2017 年 11 月印发的《关于规范政府和社会资本合作（PPP）综合信息平台项目库管理的通知》（财办金〔2017〕92 号）规定了新项目入库的标准，重申了不宜采用 PPP 模式的项目，并再次强调地方政府不得违规担保，借 PPP 模式变相融资，可见已经发生了地方政府违规滥用 PPP 模式的情况，并且 PPP 模式异化为融资平台的趋势已经出现。这种情况下，应加强对 PPP 的管理，严格审查项目内容，避免出现新的"狂热期"，酿成恶果。

（四）建立健全信息公开制度和债券信用评级制度

我国的《政府信息公开条例》对财政和债务的透明性原则做出了规定，地方政府及其所属部门的举债融资行为，应当全面公开，以便接受社会监督，切实履行政务公开的义务，对不完全披露或虚假披露的行为追究法律责任。至于哪些信息属于公开范围，宜根据《政府信息公开条例》和相关规定，结合地方政府债务风险控制的有关指标和政策，统筹安排，常规的公开的频率最好做到按季度进行，如果出现特殊情况需要向投资人或社会公众公开的，可以参照《证券法》中关于重大信息披露的有关规定。

同时，要遵循市场规律，减少政府对银行和信用评级机构的干预和影响，确保政府信用评级和地方政府债券等级评价的真实性与客观性。信用评级机构应当根据专业标准，充分考量地方政府及政府债券的各项指标，做出独立、科学的评定结果，提供给投资者进行判断，已达到用市场来约束地方政府的举债行为，推动地方政府债务的市场化。

（五）完善对地方政府债务风险的监测与防控

1992年，我国就提出要建立社会主义市场经济体制，但政府与市场、政府与企业的关系还不够明确，金融市场和债券市场还不完善，况且"市场失灵"也必然存在。对现阶段我国的地方政府债务监管来说，还不具备出台《地方政府债务融资监管法》的条件，宜采取市场调节与行政控制相结合的方式。一方面，继续完善债券市场建设和信用评级制度；另一方面，应尽快确立科学、系统的监测指标和管理体系，由国务院出台《地方政府债务融资监管条例》，先将对地方政府债务的监管提升到法治层面，定期或不定期地对各地方政府的负债情况进行监测与评估，加强对地方债务的监管。

鉴于我国政府层级较多，不同地方政府的债务规模和结构也比较复杂，可以优先考虑仿效南非对地方政府财政管理的做法，采取中央与地方合作监管的方式，并在省级设置与MEC类似的机构或办公室，专门负责对地方债务的监管，督促地方财政部门完成债务的统计和报告，审阅之后附上意见提交给财政部及省级审计部门。

（六）风险处置与法律救济

党的十九大把"防范化解重大风险"列为三大攻坚战之首；"十四五"规划指出要"稳妥化解地方政府隐性债务"；2021年底召开的中央经济工作会议强调要"坚决遏制新增地方政府隐性债务"。目前，国务院办公厅《关于印发地方政府性债务风险应急处置预案的通知》（国办函〔2016〕88号）和财政部《地方政府性债务风险分类处置指南》（财预〔2016〕152号）仍然是处理我国地方政府性债务风险的依据，宜在此基础上将其融汇为一，提升法律位阶，建立《地方债务风险处置条例》。或者，也可参考南非的经验，在条例中增加关于"地方政府无力偿债"等相关情况的规定，譬如当地方政府陷入财政危机而暂时无法偿债时，可启动"财政帮助计划"或"财政复苏计划"。但是，当地方政府明确无力偿还而发生债务违约之时，该用何种法律救济？

不少学者在研究美国的市政破产模式后提出，可以通过对《破产法》的修改，将政府纳入到可破产的主体中。对此，本书持保留意见。因为就政府性质来说，我国的政府是社会主义制度下人民政府，与西方资本主义国家不同，为人民服务的政府如何破产？政治体制的差异是"拿来主义"不可逾越的鸿沟。对此，本书认为，目前我国正在进行的债务置换，是对地方债务的清理和挽救，在相当程度上避免了我国地方政府濒临"破产"的境地，但若是不对违约的地方政府追究债务法律责任，只会放任地方政府变相融资和违规举债，再多的置换和疏堵结合都将于事无补。因此，需要尽快总结经验，将此措施上升为《地方政府债务清理条例》或《地方政府债务清理法》，适当"引入破产法的一些规则以节约成本，提高程序效率"①。

除了对"中央政府对地方债务不兜底"三令五申之外，针对可能发生债务违约的地方政府，本书建议引入结合日本的居民诉讼制度和南非的政府资产清算制度的新措施。一方面，加强民众对地方政府债务的监督；另一方面，在地方政府发生确无实力继续履行职能的情况下，设立债务处理委员会，对相应的财产和权利进行清算，用于偿还，并严肃处理违规滥发地方债务的主要领导及相关责任人，追究审计、监管部门的失察责任，由债务处理委员会代理该地方政府处于诉讼期间或清算期间的基本职能。

---

① 张力毅. 美国地方政府债务清理的法制构建及其借鉴——以《美国破产法》第九章地方政府的债务调整程序为中心 [J]. 北京行政学院学报，2014（01）：26.

第六章　实现我国地方财政平衡的法律保证

财政收入与财政支出之间的差量无法消弭，是引起地方政府财政失衡的重要原因。既然财政平衡是各级政府追求的目标，与财政平衡相关的法律制度主要针对不同层级政府间的财政法律关系调整，即中央与地方之间的财政收支的划分，以及在此基础之上发展起来的财政转移支付制度。本书已经从财政支出、财政收入和债务危机这三个方面出发，就如何保持地方的财政平衡做出了相应的法律分析，本章主要是回顾和总结前三章的内容，并以政府间的财政转移支付为研究对象，通过梳理我国财政转移支付制度的发展过程，结合国外一些国家的财政转移支付立法经验，对我国的转移支付立法提出建议，并结合对新《预算法》相关法律规定的探讨，探寻地方政府财政平衡法律制度的构建。

第一节　我国地方政府财政平衡的实现路径

本书从第三章开始，就在讨论与地方财政平衡息息相关的三个变量，分别是财政支出、财政收入和财政赤字。摆在我国眼前的现实情况是，地方政府间的财政能力的不均衡。例如，我国的中西部地区，尤其是边疆地区和少数民族地区的地方政府，财政失衡的现象普遍存在，而东部沿海地区的政府则具有较为雄厚的财政能力。因此，在中西部地区，"土地财政"和地方债的问题尤为突出。由于各地方政府本身具有差异性，基本公共服务均等化的实现必然需要政府间的财政转移支付来完成，但是财政转移支付制度是为了达到财政均衡，实现社会的公平正义，是具有差异性的外在帮助方式。故此，对于单个地方政府而言，应从财政收入、财政支出和财政赤字这三个角度出发，探寻具有普适性的方法。

一、规范和优化地方政府的财政支出

"简政放权"是我国政府职能改革的核心。要想减轻地方政府的财政压力，首先就是要规范和优化地方政府所承担的财政支出，这就涉及三个主要关系，即政府与市场的关系、政府与社会的关系和政府与政府的关系。第一，政府与市场的关系是经济法的首要问题，理想状态下，政府的宏观调控应当与市场的资源配置相辅相成，共同促进社会经济的发展，从而避免财政支出的"越位"。

第二，政府与社会的关系则应当建立在公共产品理论和公共财政理论的基础上，将一些公共服务的提供或基础设施建设，通过政府与社会资本合作的方式，即公私合营的PPP模式，将一部分的财政支出责任交给社会。第三，政府与政府之间的关系，即中央与地方政府之间的财政分权关系，这是我国目前财税体制改革的核心与痛点，直接影响地方政府的财政支出。

二、健全地方财政的收入来源

与财政支出相对应的，是地方政府的财政收入。为了增加地方政府获取财政收入的能力，一方面通过"营改增"和开征环境保护税，逐步完善地方税体系，并通过推进房地产税相关立法工作，来扩大税源，保证税收收入在地方财政收入中的占比；另一方面，新《预算法》明确了建立全口径的政府预算体系，把之前地方政府可从"土地财政"获取的资金，纳入到了预算监督之内，并通过加强人大对财政预算的审批、监督和修改能力，进一步降低地方政府对"土地财政"的依赖。此外，我国目前已经清理了许多不合理的行政事业性收费，今后还应当建立起中长期的财政预算框架，增强财政收入的可持续性。

三、合理运用地方财政赤字

地方债是影响我国地方政府财政平衡的重要因素。虽然我国的地方存量债务和新增债务的总数十分惊人，但是对财政赤字的适度应用可以促使地方财政的有效发展，而且目前我国对地方债的治理手段也逐渐成熟起来，形成了"疏堵结合"的地方债务处置机制，对财政危机的风险控制也在不断完善。在未来的财政体制改革中，应当加强对财政资金的绩效管理，强化中期财政管理，在公开透明的条件下，适度提升地方政府独立发债的能力。此外，还可以借鉴南非市政财政危机的处置方案，逐步建构对地方财政危机的财政复苏计划。

四、完善政府间的财政转移支付

受制于经济条件和地理限制，不同地方的经济发展水平必然有高有低，导致地区间财政悬殊。地方政府在尽到所有上述努力之后，仍然有可能面临财政收不抵支、入不敷出的失衡局面。因此，政府间的财政转移支付是平衡地方财政预算，弥补财政缺口的重要手段，完善政府间的财政转移支付制度，可以有效避免地方财政失衡。

第二节 我国财政转移支付制度的法律构建

我国的财政转移支付制度建设始于1994年,随着社会经济的发展,与财政转移支付相关的政策几经变化更迭,对财政转移支付的管理多依靠行政法规、部门规章和规范性文件。虽然我国目前还没有出台专门立法,但新《预算法》已经对此做出了基本的规定。这是我国财政转移支付制度的首次法治化。

一、财政转移支付的概念界定

新一代的财政分级理论认为,政府间存在竞争,因此宜采用激励机制促使政府不断提高并改善自身提供公共产品的能力。然而,受制于地方财政能力的强弱不均,不同的地方政府所能提供的公共产品层次始终存在差距。政府间财政能力如果长期处在差异较大的情况下,必然会导致新的问题,不利于国家的长治久安。

(一) 财政转移支付的概念

转移支付(transfer payment)是源自英国的财政学概念。广义的转移支付主体包含政府和企业;狭义的转移支付的主体仅包括政府。根据IMF《政府财政统计手册》中的支出分析框架,政府转移支付共有两个层次,一个是国际间的转移支付,另一个是国内的转移支付[1]。国内的转移支付又包括对家庭的转移支付,如养老金等各种社会保障补贴;又有政府对国有企业的财政补贴;还有就是政府间的财政转移支付。实际上,国内的转移支付就是中央政府或上级地方政府通过对财政资金的再分配,对下级政府间的财政能力进行平衡的制度。

财政转移支付一般是指财政资金在政府间的无偿流动。根据国际上大多数接受财政转移支付的政府对资金的运用,财政转移支付的形式可以分为均衡性转移支付、专项转移支付和具有美国特色的分类转移支付(block grants)。

均衡性转移支付有时也被称作为一般性转移支付,它的运作方式是将富裕地区的税收转移为贫困地区的预算收入,旨在平衡地区间的财政差异。这种无偿的转移支付被定性为"抽肥补瘦",原则上不要求接受政府提供配套资金,并且可以自主决定财政资金的适用范围和条件,不受拨款政府的干预。

专项转移支付则是以附条件的拨款形式,接受政府在使用专项转移支付的

---

[1] 陈犇. 云南省财政资金对农业影响效率分析 [D]. 昆明:云南财经大学,2011.

财政资金时必须做到"专款专用",有时候还需承担提供配套资金的义务。分类拨款则是介于前二者之间,由拨款政府指定财政资金大致的使用方向,接受政府可以自由操作。

(二) 我国财政转移支付的概念界定

目前,我国政府间的财政转移支付方式有一般性转移支付和专项转移支付。在我国财政转移支付的发展进程中,存在着一项特殊的财政资金流动,即中央对地方的税收返还和地方上解。税收返还并不是传统意义上的财政转移支付,因为这种返还是事前就商定好的,不是以政府间的财政均衡为主要目的;而地方上解则是财政资金由下到上的逆转移,更不符合财政转移支付的本质。总的来说,一般性转移支付比较灵活,常用来弥补地方的财政缺口,且中央对地方的干预程度较低;专项转移支付则更能体现中央的宏观调控。

1. 一般性转移支付

根据新《预算法》第 16 条的规定:"一般性转移支付是我国财政转移支付的主体,目的是均衡地区间的基本财力。"一般性转移支付的内容十分庞杂,主要包括均衡性转移支付和民族地区转移支付。除此之外,按照《2014 年中央对地方税收返还和转移支付预算表》的分类,革命老区、边境地区转移支付、资源枯竭城市转移支付、成品油税费改革转移支付、基本养老金和低保等转移支付、城乡居民医疗保险等转移支付、农村综合改革转移支付也属于一般性转移支付。

2. 专项转移支付

"专项转移支付又被称为专项拨款,是指附加条件的政府间财政转移支付,拨款提供者在某种程度上制定了资金的用途,拨款接受者必须按照规定的方式使用这些资金,专款专用是其最基本的特征。"[①] 新《预算法》颁布之前,我国以往的财政转移支付形式以不规范的专项支付为主,中央政府各部门掌管着大量的专项资金。为了方便争取中央专项资金,全国很多地方政府都设置了驻京办;而专项资金使用的不透明,容易滋生腐败。地方政府还要承担为专项支付提供配套基金的任务,变相挤占了地方财政的原有支出份额安排。

二、我国的财政转移支付制度的历史回顾

在实行分税制改革后,我国的财政转移支付制度就迎来了正式发展的阶段。

---

① 刘剑文,熊伟. 财政税收法:第 6 版 [M]. 北京:法律出版社,2014:127.

随着时间的推移，我国目前已经形成了较为全面的财政转移支付制度。

从 1994 年财政部发布的《过渡时期转移支付办法》开始，到 2002 年的《一般性转移支付办法》以及若干针对民族地区、革命老区等特殊地区的专项转移支付办法，我国基本完成了财政转移支付制度的构建。作为财政管理体制的重要组成部分，最初的财政转移支付方式主要是税收返还，"过渡时期"发展为财力性转移支付①，包括民族优惠政策转移支付，并且在 1997 年首次采用公式计算来核定财政转移支付的金额，后来又增加了由中央政府确定的有条件的专项拨款。从 2002 年的所得税收入分享改革起，我国的财政转移支付制度正式引入了国际上通用的"一般性转移支付"概念，并且按照各地区财政收入与支出的差额和转移支付系数来确定一般性转移支付的金额。

2005 年，我国设立了县乡财政奖补转移支付，后发展为"三奖一补"② 政策，以激励地方政府对县乡财政转移支付的积极性。2006 年，在我国取消农业税的背景下，中央政府对农村的转移支付高达 780 亿元，省市级政府对农村的转移支付金额也有将近 250 亿元。2007 年，中央财政设立对资源枯竭城市的一般性转移支付。为与国际接轨，2009 年对财政转移支付制度进行了完善，确立了一般性转移支付和专项转移支付。

为贯彻落实党的十八大精神，配合新《预算法》的实施和现代财政制度的建立，围绕建立现代财政制度，以推进地区间基本公共服务均等化为主要目标，以一般性转移支付为主体，完善一般性转移支付增长机制，清理、整合、规范专项转移支付，严肃财经纪律，加强转移支付管理，充分发挥中央和地方两个积极性，促进经济社会持续健康发展③。随后，进一步优化我国的转移支付结构，压减专项转移支付数量，确保均衡性转移支付，加大对转移支付预算公开的力度，实施转移支付绩效管理④。

---

① 财力性转移支付是上级对下级的财政补助拨款，不限制用途。
② 对财政困难的县乡政府增加县乡税收收入，以及省市级政府增加对财政困难县财力性转移支付给予奖励，以调动地方政府解决缓解县乡财政困难的积极性和主动性；对县乡政府精简机构和人员给予奖励，促进县乡政府提高行政效率和降低行政成本；对产粮大县给予奖励，以确保粮食安全，调动粮食生产的积极性；对以前缓解县乡财政困难工作做得好的地区给予补助，以体现公平的原则。
③ 国务院. 关于改革和完善中央对地方转移支付制度的意见（国发〔2014〕71 号）[EB/OL]. (2015-02-02). http://www.gov.cn/zhengce/content/2015-02/02/content_9445.htm.
④ 财政部. 中央对地方专项转移支付管理办法（财〔2015〕230 号）[EB/OL]. (2015-12-30). http://sh.mof.gov.cn/lanmudaohang/zhengcefagui/201609/t20160909_2413900.html.

三、一些国家财政转移支付法律制度的评析

财政转移支付法是一个国家财政分权和财政均衡法治化的重要表现。在财政法律体系早已完备的市场经济国家,财政转移支付法为调节政府间和地区间财政能力差异提供了详细的依据和充分的法律支持,值得我们借鉴和学习。本节主要介绍美国、日本和德国的财政转移支付法律制度,以期完善我国的财政转移支付制度建设。

(一)美国的财政转移支付法律制度

受美国财政联邦主义的影响,政府间的财政分权比较彻底。因此,美国的转移转移支付制度历史悠久、发展完备,不同类型的财政转移支付都有各自相应的支持法案。根据《美国法典》第63章第6304条的规定,美国1977年的《联邦拨款和合作协议法案》将"联邦拨款(federal grants)"定义为"反映联邦政府、州政府和地方政府之间关系的法律手段",这种关系的主要目的是联邦政府以法律授权的形式向州和地方政府进行财政转移支付,支持或刺激它们实现公共目的,而不是直接向联邦政府购买、租用或交换财产和服务。另外,联邦、州和地方政府之间由此产生的实质性关联,不得超过合作协议。"当拨款方期望实质性参与(超出日常监管和基础支持的范围)到工程项目中时,需要与受援方签订合作协议,当政府不是为公共目的而是为其自身的直接利益向联邦政府购买服务或产品时,需要签订联邦合同。"① 美国的联邦拨款就是联邦政府以金钱的形式,对实施公共利益或致力于公益性公共目的群体提供财政资助。除了州、地方政府和公益性组织,满足《国内收入税法》第501条C3款规定的税收义务豁免人也可以申请联邦拨款,接受联邦拨款的群体必须满足相应的条件和履行相应的义务。

联邦机构每年都为集团、州或地方政府及其他企业提供一千多项补贴,州和地方政府所获得的拨款主要是来自联邦政府的财政转移支付——分类拨款和专项拨款。在20世纪60年代之前,美国的财政转移支付大部分采取的是附条件的专项拨款(categorical grants)②,这种拨款的使用目的被严格限制,并且接受政府需要提供配套资金。专项拨款分为项目拨款(project grants)和公式拨款(formula grants)。33%的专项拨款是以公式拨款的形式发放的,接受拨款的主

---

① "31 U.S. Code § 6305 – Using cooperative agreements". LII / Legal Information Institute.
② 由国会限定资金的使用目标,绝大部分是用于教育或道路提升工程。

体可以根据特定的公式准确预估自己可能获得的资金总数。由于不存在中立的公式,所以公式拨款的政治色彩较强①。随着 20 世纪 60 年代兴起的财政转移支付制度改革,分类拨款(block grants)代替了之前的政府间收入分享,成为调节政府间财政关系的新手段。对比之前的专项拨款,分类拨款综合了统一类别的多种专项拨款,具有口径更宽、分类更全的特点。根据美国联邦会计办公室的统计,联邦分类拨款已经从 1980 年的 450 种飙升到 2001 年的了 700 多种,涉及多个方面,例如教育、公众健康、交通、住房和反恐活动等。

1. 分类拨款

美国的分类拨款,其实就是国际上的均衡性财政转移支付,即一般性转移支付,通过相应的法案,联邦政府可以将一系列财政资金拨付给州政府和地方政府,并且仅规定该笔资金的大概用途,州或地方政府有权在规定范围内根据当地需要自由支配,这就为州和地方政府的财政宏观调控提供了更多的灵活性。随着新财政联邦主义的广泛流行,从 20 世纪 60 年代中期开始到 70 年代中期,分类拨款迅速发展起来。这期间成立了美国的第一批分类拨款共 5 项,具体如下:

第一,1966 年的《健康合作法案》。该法案又被称为《综合健康计划法案》。州政府在把单独的公众健康计划系统整合之后,直接向地方政府和非营利社区拨付,当年就拨付了 2 300 万美元。

第二,1968 年的《公共汽车犯罪控制和安全街道法案》。通过该法案成立了"法律执行帮助管理协会(Law Enforcement Assistance Administration,LEAA)",并提供了超过 1 亿美元的分类拨款用于提高地方执法机构和控制社区犯罪。

第三,1973 年的《综合雇佣和培训法案》。通过该法案,美国的住房和城市发展部(Department of Housing and Urban Development,HUD),可以为青年人提供职业培训和假期工作机会。

第四,1974 年的《住房和社区发展法案》。该法案对社区发展拨款做出规定。社区发展拨款(Community Development Block Grant,CDBG)的用途是供地方政府进行社区发展服务,例如为居民提供可负担的住房、消除贫困和提升基础设施建设等。社区发展拨款于 1975 年开始生效,是美国联邦政府长期运行的一种分类拨款,被认为是美国最重要的分类拨款。社区发展拨款是第一种绕过州政府,直接由联邦政府拨付给地方政府的联邦财政转移支付,取代了之前由 HUD 管理的专项拨款。与专项拨款不同,社区发展拨款受到的联邦监督要少一些,并且可以由

---

① Stillman II, Richard J. Public Administration Concepts and Cases (8th ed.) [M]. Boston, MA: Houghton Mifflin Co., 2005: 132-133.

地方政府自由使用，是一种由下而上的拨款方式。根据法律规定，申请社区发展拨款的受援政府需要提交一份包含资金运用目标的统一计划，并且要召开社区公开会议展示该计划，确保计划与本社区的最要紧需求保持一致。获得社区发展拨款的地方政府需要向联邦住房和城市发展部们提供有关资金使用的季度报告。

第五，1975 年的《社会保障法案》。根据该法案，州政府借此可以获得为职工家庭提供儿童照料、残疾人康复中心和帮助独居老人的财政拨款。

分类拨款中最能体现美国财政转移支付特点的，莫过于社区发展拨款（以下简称 CDBG）。在美国，根据法律的规定，人口超过 5 万人的郊区城市与大的县、市或其他主要大都会地区都可以向联邦政府申请 CDBG，获得金额由既定公式计算，从 1978 年的再授权开始，国会开始运用双重共识加强对资金使用的控制，公式包含居住拥挤度、人口、人口增长延迟、废弃房屋和贫困程度等各种因素。基于贫困率、人口和拥挤度的 A 公式一般用于为高速发展的城市提供住房；基于住房年限、贫困率和增长拖延的公式 B 则用于为老龄化和住房退化的城市提供资金。HUD 使用两个公式计算金额后批准更大的金额，但国会拥有最终决定权。另外，HUD 必须向州政府提供占比不少于全部 CDB 资金的 30%作为"农村闲置"拨款，用于农村区域的发展。在 2005 财年，CDBG 的规模达到了 47 亿美元。根据2011 年的统计，CDBG 的财政资金主要去向为：公共基础设施建设（32.7%）、住房（24.8%）、管理和企划（15.1%）、公共服务（11.4%）、经济发展（7.3%）、财产购买（4.9%）和其他（3.8%）[①]。据 2021 财年统计，CDBG 资金主要去向为：管理和企划（13.55%）、经济发展（5.56%）、公共基础设施建设及改善（35.84%）、住房（24.6%）、公共服务（13.88%）、偿债（1.68%）和其他（0.34%）。

2. 专项拨款

联邦专项拨款对财政资金的用途和使用方式的规定，都比分类拨款要严格很多，是一种"由上而下"的拨款方式。例如，创建于 1965 年的"提前开始（Head Start）"项目是为低收入家庭的学生提供幼小衔接服务，每年为超过 100 万的低收入家庭提供服务，联邦政府在 2014 年通过该项目转移支付了超过 5 000 万美元。"提前开始"项目的参与者需要定时地向联邦健康和人力服务部门提交报告及年度审计，接受联邦部门的检查。此外，城市发展活动拨款（Urban Development Action Grants，UDAG）是联邦政府为了降低贫困和城市荒芜的

---

① U. S. Department of Housing and Urban Development （HUD）. CDBG Expenditure Reports ［EB/OL］.（2012 - 09 - 28）. Portal. hud. gov.

专项拨款，由联邦政府指明拨款的用途和使用方式。

目前，专项拨款的运用已经不是美国财政转移支付的主流了，专项拨款共有如下两种类型：

第一，项目拨款。项目拨款是对特定的服务的专门补助，并且有特定的期限，属于具有特定循环的竞争性拨款。比如，农业动植物健康观察服务部门会运行一个野生动物服务计划，所有满足要求的机构或团体都可以申请，通过竞争的方式由部门决定款项的拨付。对州或地方政府来说，项目拨款是获取教育和医疗财政补助的重要来源。

第二，公式拨款。公式拨款更多的是为特定人群提供的财政补助。比如，针对低收入学生和残疾儿童的公式拨款，不是竞争性拨款，所有的申请者只要满足条件就可以获得补贴。该补贴的金额根据联邦政府制定的公式计算而来，联邦政府决定划拨多少资金并根据基于人口或项目目标的公式分摊到州政府。例如，联邦健康和人力服务部门运行的"营养服务激励项目"，这个项目给州政府提供资金，用于为生活在特定地理区域的老年人提供营养餐食，计算公式以该州政府之前提供的营养餐食的数量为主要依据[1]。此外，有名的美国"医疗补助计划"也是通过公式拨款的形式转移支付到各州政府的。

(二) 日本的财政转移支付法律制度

日本的地方政府包括都道府县和市町村，地方政府间的财政不平衡十分明显，早期的政府间财政平衡依靠的是地方分配税，二战后根据肖普建议，日本建立了初代的财政转移支付制度，但是由于该制度确定的公式对转移支付金额计算并不科学，导致中央与地方在这一问题上时常出现争议和摩擦。因此，日本现行的财政转移支付是由1954年《地方交付税法》所确立的。

1. 日本财政转移支付的类别

日本的转移支付制度是依靠《地方交付税法》确立的，中央政府向各地方公共团体提供的财政转移支付主要有四种方式，包括交付金、地方交付税、地方让与税和国库支出金[2]。

第一，交付金。交付金类似于我国政府间的税收返还，日本可获得交付金的地方公共团体主要是市町村，都道府县仅能获取一种交付金——地方特例交付金，其性质属于政府间的补贴款，市町村可获取的交付金种类繁多。

---

[1] Categorical Grants - Definition, Examples, Cases, Processes [G] //Legal Dictionary, Retrieved, 2017-04-29.

[2] 刘琳，孙磊. 日本转移支付制度概述及经验借鉴 [J]. 商业研究，2012 (03)：166-170.

第二，地方交付税。其实地方交付税是由几种国税构成的，只不过因为中央政府为了均衡政府间的财政资金，通过一定的计算公式，按照一定的比率分配给地方公共团体使用。该比率由法律规定，按比率转移的资金作为地方公共团体的本级收入，是中央对地方在履行本身职能时资金不足的补充，中央政府在资金转移时不得附加任何条件，不得指定使用方向，是地方可以自主使用的财政一般性转移支付。根据日本1954年颁布的《地方交付税法》规定，将国税中的个人所得税、法人税与酒税收入的一定比例作为地方交付税分配给地方。构成交付税的税种和收入比例随着法律的多次修订而不断发生变化。1975年后，地方交付税的税种扩大到消费税（交付比例24%）和香烟税（交付比例25%）。表6-1体现了历年来地方交付税的税种构成和税率。

表6-1 地方交付税税种构成及税率的变动趋势[①]

（单位：%）

年　度	所得税	法人税	酒　税	消费税	香烟税
1954	19.874	19.874	20	—	—
1955		22		—	—
1956		25		—	—
1957		26		—	—
1958		27.5		—	—
1959—1961		28.5		—	—
1962—1964		28.9		—	—
1965		29.5		—	—
1966—1988		32		—	—
1989—1996		32		24	25
1997—1998		32		29.5	25
1999	32	32.5	32	29.5	25
2000—2006	32	35.8	32	29.5	25
2007—2013	32	34	32	29.5	25

---

① 宋健敏．牛铭实．日本地方财政的财源结构与地方自治的特征［J］．复旦政治学评论，2013（00）：183．

第三,地方让与税。从字面意思理解,地方让与税就是把地方让给中央的税,具体是指地方因税制改革或其他原因,将一部分属于地方税的税源让给中央征收,随后由中央按照一定的标准返回给地方使用。地方让与税在日本地方公共团体的财政收入中占比不大,只起一定的辅助性作用。"目前,地方让与税主要包括地方道路税、石油天然气税、飞机燃料税、汽车重量税、特别吨位税和所得赠送税,主要是为了保证地方修建公路、港口和机场等基础设施的建设。"① 与地方交付税偏重考虑地方总收入与总支出的平衡不同,地方让与税的划拨比例是按照法律的规定,根据相关地方公共团体的特性来分配的。例如,地方道路让与税收入的43%分配给都道府县和指定城市,另外57%分配给市町村,并规定只能用于道路的建设和维护。

第四,国库支出金。不同于地方交付税和地方让与税,国库支出金其实是国家的财政拨款,设立的目的是为保障中央政府的相关政策的实施,用于特定的目标,实际上相当于财政专项支付。国库支出金可以确保地方公共服务和公共产品达到均等化水平,能够促进地方财政资金的投入有计划、有重点,还能对财政能力弱或遭受特殊困难(如自然灾害)的地方公共团体提供援助,并通过国库补助金的划拨可以促进地方公共团体从事创新活动。日本的国库支出金可以分为国库负担金、国库委托金和国库补助金。其中,由中央政府制定支出方向或是附加支出条件(即地方需要承担配套资金)的资金是国库负担金,例如,儿童辅助费和灾害事业费②。国库委托金是中央将本属于自身承担的事权委托给地方执行,所引起的政策性支出或分担性支出;而国库补助金则是国家因为地方公共团体承担的特殊工作或特殊事权而给予的奖励性基金。

2. 日本的财政转移支付立法:《地方交付税法》

日本的《地方交付税法》自实施至今,已经经过了大大小小21次修订,形成了较为完备的财政转移支付法律保障制度。根据《地方交付税法》第6条的规定,地方交付税的总额由33.1%的公司所得税(2007年起)、50%的酒税(2007年起)、22.3%的消费税(2004年起)和全部地方公司所得税(2004年起)组成。

地方交付税对地方公共团体来说是不带任何附加条件的财源,属于自主财源③。地方交付税原本是属于地方的税收,只不过出于协调不同地区财政的不

---

① 刘琳,孙磊. 日本转移支付制度概述及经验借鉴[J]. 商业研究,2012(03):166-170.

② 仇鹏. 均衡区域经济差距的财政转移支付制度研究[D]. 济南:山东大学,2010.

③ 徐阳光. 财政转移支付制度的法学解析[M]. 北京:北京大学出版社,2009:63.

平衡，由国家代为征收。日本地方公共团体获得的交付税金额是经由一定的公式和比率测算出来的，不是所有的日本地方公共团体都能获得地方交付税的（基本财政需要额），只有在地方公共团体的财政支出额超过财政收入额的一定比例（即财政能力不足）时，才能获得交付税。这是国家对地方固有财源在一定的合理标准下的再分配制度。

日本地方交付税分为普通交付税和特别交付税。其中，普通交付税（占总额的94%）是按地方公共团体的财源不足额交付的；特别交付税（占总额的6%）则是作为灾害救济的资金，按特别的财政需要分配给地方公共团体的。根据《地方交付税法》第10条和第16条的规定，总务大臣必须在每年的8月31日前，确定该年度应交付的普通交付税数额，并且于每年的4月、6月、9月和11月分次交付。此外，《地方交付税法》还提供了地方公共团体的"意见申请制度"，该项制度赋予了地方公共团体更加透明的地方交付税数额计算过程，地方公共团体可以就有关交付税数额的计算方法对总务大臣提出申请，总务大臣在收到意见后，须及时做出诚实处理[①]，并将处理结果报告给地方财政审议会。计算方法包括但不限于补正系数、单位费用等。

在地方交付税的交付使用期间，如果是发生了大规模的灾害或是对当地财政具有特别重大影响的事件，可以做特例处理。例如，2017年大分县的佐伯市和津久见市就因为遭遇台风，总务省提前提供了11月的定额普通交付税中的一部分，共计获得1.4亿日元。关于特别交付税的额度的确定，则应根据灾害或重大事件发生时的具体情况予以考虑。比如，2011年日本东部大地震，共拨付了762亿日元，其中包括部分将于12月交付的灾害专项转移支付，灾害应急行政经费（包括为老人、儿童等弱势人群提供的福利服务、学业支援、救助、消防、卫生管理等）和支出受灾地区的所需费用。

（三）德国的财政转移支付法律制度

德国的财政转移支付制度极具特色，是以追求均等化为主要目标，由财政能力较强的州来实施的财政转移支付。作为联邦制的德国实行的是适度集中、相对分散的财政体制，依靠《财政平衡法》来规范纵向与横向的财政平衡。纵向平衡主要是通过上级对下级的财政分配金来实现的，例如联邦政府对州政府的补充性分配金，州政府对地方政府的一般性分配金和特别需要分配金[②]。横

---

① 刘琳，孙磊. 日本转移支付制度概述及经验借鉴［J］. 商业研究，2012（03）：166-170.
② 刘剑文，熊伟. 财政税收法［M］. 北京：法律出版社，2014：132-133.

向平衡是德国财政转移支付的突出特点，其方式有两种：一种是通过联邦政府进行增值税预先平衡；另一种是财政宽裕的州向贫困州的财力转移。

德国的财政转移支付，由《德意志联邦共和国基本法》（即《宪法》）加以规定，纵向财政转移支付主要是指联邦对各州的财政协助，主要涉及大学的建立、地方经济结构、农业结构与海岸防御的改善。"德国的纵向财政转移支付均为有条件拨款，主要是通过复杂的州政府间合作网络进行运作，有关的政府当局依据《宪法》的规定，通过大量的条约和协议来管理这种合作。"[①] 联邦政府对各州政府的财政转移支付，主要通过补助金和拨款来实现。横向财政转移支付，也被称作州际均等化转移支付，是德国财政转移支付制度在国际上独树一帜的重要标志，这一制度在1955年由《宪法》确认，并由《德意志联邦与各州之间的财政转移支付法》专门规定，承担支付义务的州需要将自己财政收入的一部分拿出来，作为财政补贴，支付给接受救济的州。对支付州和受益州的筛选，以及具体的补贴金额，依赖于规范的公式化操作，且不受中央政府的干涉。

（四）启示与经验

一些国家的财政转移支付制度虽然在支付的目标、模式、资金来源和规模、资金支付额度的计算方法、管理机构的设置和监督管理上各不相同，但都是与本国的实际国情和财政体制相符的。

美国的财政转移支付的形式为联邦拨款，体现的是美国政府间的合作型财政分权。根据美国《宪法》的规定，联邦政府仅能在《宪法》规定的范围内行使权力，对州和地方政府不得进行过多的干预和控制，但这并不意味着联邦政府不能对州或地方政府造成影响，例如联邦政府以各州推行限酒年龄为条件，为州政府提供修缮高速公路所需要的财政资金，将联邦拨款作为刺激州政府履行联邦政府全国计划的激励形式。因此，在美国的财政转移支付体系中，无条件拨款很少见，专项拨款和分类拨款是促使州和地方政府与联邦政府合作的重要手段。

日本的财政转移支付主要由《地方交付税法》加以规定，交付税额的确定制度，由总务省总务大臣负责，并根据固定的公式加以计算，在很大程度上避免了地方公共团体之间的利益相争，而每年分次计算的规定也杜绝了不同党派执政可能带来的政策影响，保证了财政转移支付的公平性和平稳性。此外，意

---

① 徐阳光. 财政转移支付制度的法学解析[M]. 北京：北京大学出版社，2009：58.

见申请制度的实施，体现了财政转移支付的民主性，这种自下而上的监督，要求总务大臣秉公求实，有助于财政转移支付制度的透明化，帮助民众了解财政转移支付资金的来源与去向。

德国的横向财政平衡独具特色，体现了效率公平，具有较强的研究学习价值。但是，这种类似吃大锅饭的做法却遭到了德国学者的抨击和反对，认为财政能力越强的州，承担的救济义务就大，而财政能力较弱的州，却可以"不劳而获"，享受救济，并不利于财政均等化的真正实现。因此，对于我国来说，虽然对口支援具有横向财政平衡的雏形，但其本质是行政色彩浓厚的计划性援助，缺乏科学的计算依据。另外，我国的政府层级设置较多，各级地方财政能力差异较大，纵向的财政转移支付制度还未够尽善尽美，宜集中精力先做好纵向平衡，再把规范化的横向财政平衡作为财政转移支付制度的最终完善方向和目标。

第三节 我国财政转移支付制度的完善

财政转移支付制度涉及财政资源在不同层级政府间的分配，与一国的财政体制密切相关。随着我国财税体制改革的深化和现代财政制度的逐步建立，对转移支付进行专门立法是大势所趋。

一、财政转移支付立法的意义

财政转移支付制度是地方政府财政取得平衡的重要保障制度，是实现公共服务均等化的基础，不但可以调节政府间的财政差距，还有助于实现社会公平。基于党的十八届三中全会和十九大报告的要求，财政转移支付立法是确立区域均衡的央地财政关系的必由之路，出台《财政转移支付法》具有重要意义。

第一，财政转移支付立法是财政法定原则的必然要求。前文已述，财政法治是现代市场经济国家的重要特征，也是公共财政的内在要求，出台《财政转移支付法》至少从形式上就撕掉了"人治"的标签。由于立法的缺失，我国的财政转移支付制度的发展基本上是依靠政策的推动，而政策的制定受决策层认识水平的影响，在相关部门利益角逐的博弈中，较难稳定地贯彻与实施，充满了不确定性，也无法体现财政法治的核心。另外，通观一些国家的《财政转移支付法》，几乎都是以追求社会的公平正义为主要目的，限制的是中央与地方政府在财政支出上的行政权力，调整政府在私利与社会公共利益之间的抉择。

第二，财政转移支付立法是民主集中制度的表现形式。公共财政的另一个核心，是民主宪政理念，财政资金使用的决定权，是广大纳税者，政府只能通过人民的授权，经过民主的程序使用财政资金，而不是单独决定财政资金的使用。长期以来，我国的地方政府主导了对本级财政资金的决定权，财政监督体系不尽完备。由于财政转移支付制度的双重性，即转移支付资金"上级政府的支出性"与"下级政府的收入性"，出台《财政转移支付法》，通过经人民委托授权的立法机关，以立法的形式，明确转移支付制度的基本原则、实施条件、法定程序和监督办法，保证整个过程的规范化和透明化，体现了民主集中的原则。

第三，财政转移支付立法是体现中央和地方财政关系的重要标志。一国的财政转移支付制度是对中央和地方财政关系的最佳注解。2017年，党的十九大已经明确提出了要建立权责清晰、财力协调和区域均衡的中央和地方财政关系，出台《财政转移支付法》，可以从根本上确认并落实中央与地方的财政关系，也为我国深化财政体制改革提供强有力的法律支撑。

第四，财政转移支付立法是促进社会实现公平正义的保障。公平正义是社会主义国家的内在要求，财政转移支付制度的本质也是尽可能地减少地区间的贫富差距，实现社会的公平正义。出台《财政转移支付法》，通过对转移支付形式、转移支付资金的用途和转移支付程序等相关环节进行严格的法律限制，可杜绝破坏社会公平正义的现象，是势在必行的。

二、对财政转移支付立法框架的建议

财政转移支付，对上是支出，对下是收入，具有财政收支的双重性。这种特性从省级政府的角度出发尤为明显。转移支付贯穿地方政府财政的始末，而目前我国地方政府的财政收入和财政支出法律体系还处在构建和完善的过程之中，对财政转移支付的任意一项细微的调整，都可能会极大地影响到地方各级政府的财政能力，故而对财政转移支付的专门立法应慎重、规范和科学。

2018年2月8日，国务院印发《基本公共服务领域中央与地方共同财政事权和支出责任划分改革方案》（以下简称《改革方案》），提出对财政转移支付制度进行改革，在一般性转移支付下设立分类分档转移支付。《改革方案》对分类分档转移支付的有关规定，已经改变了之前的财政转移支付格局。《改革方案》设立了中央与地方共同财政事权的"分类分档转移支付"，整合了以往存在于基本公共服务领域中的一般性转移支付和专项转移支付，进一步提高了一般性转移支付的规模和比重。专项转移支付的项目和规模大幅度减少，是对转移支付制度的进一步完善。此外，"根据地方财力分档次承担支出责任"的规定，为下一步建立横向均衡转移支付提供了基础。

本书认为，《财政转移支付法》应当包含以下基本内容：第一，明确财政转移支付是地方政府维持财政平衡的重要方式，是达到基本公共服务均等化的保障；第二，明确我国财政转移支付的概念，仅限于政府间的财政转移支付，包括一般转移支付和专项转移支付；第三，财政转移支付应当体现出财政民主、社会公平、科学规范和公开公正的原则；第四，明确财政转移支付的申请程序和审批程序，确定科学合理的转移支付计算办法；第五，对财政转移支付资金的监督程序应贯穿始终，对内以主管部门监督和审计监督为主，对外开放社会公众监督，确保资金落实到位；第六，有条件地将"横向转移支付"纳入到财政转移支付之中，对地方政府间的财政转移支付做出系统规定。

三、我国财政转移支付专门立法未出台的原因分析

经过 20 多年的发展，我国的财政转移支付制度的框架已经基本奠定了，虽然众多学者呼吁尽快出台相关立法，但时至今日，我国仍未对财政转移支付进行专门立法，财政转移支付制度的相关政策决定权由财政部掌握。我国财政转移支付立法之所以如此曲折，关键在于财政转移支付制度涉及财政体制的各个方面。结合目前的财政体制改革，本书认为，财政转移支付法尚未出台的主要原因是：

第一，新《预算法》中已有对财政转移支付制度的相关规定。新《预算法》的第 16 条不仅明确了地区间基本公共服务均等化的目标，还对专项转移支付的市场评估和退出机制做出了原则性规定，改善了财政转移支付缺乏立法的窘况，已经初步体现出了财政转移支付的立法意义。

第二，我国中央与地方的财政关系还处于调整过程中。目前，我国还处在财政体制改革的关键时期，政府间科学的财政权力划分还在进行中，对政府间的财政事权和支出责任调整尚未完成。因此，可以等到相应改革接近尾声或完成之后，根据实际操作，总结经验和教训，再形成专门立法。

当然，财政转移支付立法是势在必行的。完善的财政转移支付法律制度需要其他众多制度的配合，例如对财政转移支付资金的监督，应当包含立法监督、行政监督、审计监督和社会公众监督等等，这些相关制度的建立和完善都需要时间与成本。此外，《预算法》和政府间的《财政收支划分法》是《财政转移支付法》的基础和源头，理应优先规划。新《预算法》目前已经确认了财政转移支付制度的法律地位，并对原则性内容做出了规定，待我国财税体制改革完成之后，随着政府间的财政收支划分制度的完善，财政转移支付立法必将获得新的进步。

四、权宜之计：落实并完善《预算法》中的相关规定

实际上，我国的财政转移支付制度已经实施了很长的时间，从中央对地方

转移支付方式的变革，到有组织、有计划地推广地方政府间财政转移支付，我国的财政转移支付制度在实践中已经积累了不少的经验和教训，但是以新《预算法》第16条正式确立规范的财政转移支付制度开始，距今不满8年，对财政转移支付的完善还在继续。既然目前我国的财政体制改革尚未完成，政府间的财政收支关系还将经历进一步的调整和改变，那么不妨先以新《预算法》对财政转移支付做出的基本规定为主，确保财政转移支付的规范性、透明性大幅度提升，贯彻落实财政转移支付制度。而对于调整过程中可能出现的新问题，则可以通过财政部的通知，或者以类似《改革方案》的形式及时予以反馈和规范。此外，可以定期梳理已出台的各项政策和通知并加以整合，完善现阶段的财政转移支付制度。

结　论

　　地方政府的财政失衡不是我国独有的现象，不必对其过分妖魔化。地方政府财政的平衡是一个动态的过程，所能获取到的财政收入的多寡，需要承担的财政支出的轻重，来自上级政府财政补助的款项，都会对地方政府的财政平衡产生影响。因此，若是想要避免地方政府出现财政失衡，就须要保持地方财政的收支相抵，即解决地方政府钱从何处来、花到何处去的问题。

　　虽然现阶段我国的财政法律体系，尤其是地方财政法律还不够完善，但是新《预算法》颁布之后，已经为处在巨大财政压力中苦苦挣扎中的地方政府提供了动力，也为土地财政、地方隐性债务风险等法律问题提供了解决之道，并以法律的形式确认了财政转移支付，构建了地方财政平衡的基础法律框架。当然，作为程序法而言，新《预算法》无法对地方财政的问题做全面细致的展开和规定，地方财政失衡的法律问题还需要依靠健全的财政法律制度来解决。

　　第一，财政支出方面，我国的中央、地方政府间支出责任的划分已经愈加清晰了，时机成熟时应及时进行总结归纳，形成立法，从根本上厘清地方政府的职责，严格落实支出法定，通过相应法律、法规，鼓励公共产品提供主体的社会化和多元化，切不可再走违规举债变相担保的老路，将PPP模式异化为融资平台。

　　第二，地方税方面，为响应国家减税降费的要求，受美国政府减税的影响，在未来较长一段时间内，随着改革的深化，我国地方政府的税收收入可能会受到不小的冲击，应尽快优化我国地方财政的收入结构，培育地方主体税种。结合国外一些国家和我国港澳台地区的相关经验，地方主体税种花落财产税是必然的，地方政府多年来对土地财政的依赖在某种程度上加剧了房地产市场的泡沫，在当下产能过剩和征地成本较高的双重限定之下，针对住房保有环节开征房产税，是弥补地方财政收入的不二之选，在房地产税相关立法正式出台之前，也不能忘记对地方辅助税种的整合和改革，建立科学完善的地方税体系。

　　第三，地方债方面，尽管在新《预算法》之后，我国对地方债问题的处理已经逐渐公开化，增加了不少的事前、事中监管措施作为风险预警，但能否引入国外的"地方政府破产制度"作为事后法律救济还有待商榷。本书认为，因政体不同，我国社会公众对政府的身份和象征意义的理解，与世界上一些国家有明显区别，贸然引入政府破产制度可能会造成恐慌，然而，仅仅依靠财政部"中央不再兜底地方债务"的规定，显然不能引起地方官员和金融机构的重视。

因此，应当将"中央不兜底"以法律的形式确定下来，并落实属地责任，对无视"债务天花板限制"还一意孤行提供违规担保和发债的地方政府主要领导进行问责，确保地方新增债务的使用合法合规。

另外，从 2014 年财政部的 43 号文件到 2015 年银监会的 43 号文件，虽然时隔仅 1 年，但是对地方政府融资平台贷款的问题，两个部门的态度却大相径庭。财政部 43 号文件剥离了平台公司的融资功能，地方政府只能通过 PPP 模式或发行地方政府债券融资；而银监会 43 号文件却表示，对于融资平台公司承担的重大工程项目，银行金融机构可予以信贷支持。虽然获得贷款的平台公司需要满足一定的条件，但这恰恰反映出了"政出多门"、九龙治水的管理方式。因此，要加快对地方债相关问题的立法工作，对地方债券的发行、管理，地方财政风险的预警和财政危机的处理等问题进行系统的规范。

根据依法治国和财政法定的要求，建立健全地方财政法律体系是很有必要的，但考虑到我国财政法律缺失严重的情况，加之我国正处于改革的攻坚期，充满了无数的可能性，如对党和国家、中央与地方的各层级机构进行改革，尤其是重组了国务院各部门，允许地方设置因地制宜的部门和机构，这不仅将深化我国地方的政府职能转变，还会重新定义地方的财政支出责任和支出范围，从而对地方财政造成进一步影响。所以现阶段完成全部立法是不现实的，不仅立法成本高，还无法体现完整的改革成果。因此，可以通过修订《预算法实施条例》，增加对地方财政收支平衡的相关规定和解释，弥补新《预算法》在这方面的缺失。同时，适当增加对预算公开、预算听证和预算问责机制的规定，通过赋予人大预算调整权，限制行政主体的预算权力，赋予新《预算法》更多的民主性，使"有法可依"和"预算监督"贯穿地方政府财政活动的始终，从而实现财政平衡。

总而言之，政府的财政平衡与政府职能密不可分，对财政法律体系进行完善改革与完善的前提，是政府职能的确定与政府间事权的划分。2018 年正好是改革开放 40 周年，从中央层面上，国务院机构历经了 8 次改革，由最先的 43 个部门降低到 26 个，而按照 2018 年"全国两会"确定的《国务院机构改革方案》，基本上可以有效解决当前我国地方财政无法平衡的主要矛盾，例如同级机构重叠、职责交叉造成的多管齐下、相互冲突问题，还有中央与地方权责划分不合理的问题。本书认为，随着机构改革的尘埃落定，政府间的财政关系必将迎来更加合理的优化配置，通过推进政府机构的简政放权，建立健全财政法律制度，完善新《预算法》，强化对财政行为的事中、事后监管，完善公共服务管理体制，推进基本公共服务均等化、普惠化、便捷化，我国必将取得"十四五"规划的成功，实现中华民族伟大复兴的中国梦！

参考文献

一、著作类

1. 张千帆. 宪政、法治与经济发展 [M]. 北京：北京大学出版社，2004.
2. 张文显. 法理学：第 4 版 [M]. 北京：北京大学出版社，2012.
3. 葛洪义. 法理学：修订版 [M]. 北京：中国政法大学出版社，2002.
4. 张千帆. 权利平等与地方差异 [M]. 北京：中国民主法制出版社，2011.
5. 钟晓敏，叶宁. 中国地方财政体制改革研究 [M]. 北京：中国财政经济出版社，2010.
6. 李曙光. 经济法学 [M]. 北京：中国政法大学出版社，2007.
7. 刘剑文，熊伟. 财政税收法：第 6 版 [M]. 北京：法律出版社，2014.
8. 许建国. 中国地方税体系研究 [M]. 北京：中国财政经济出版社，2014.
9. 杨志勇. 世界主要国家财税体制：比较与借鉴 [M]. 北京：中国财政经济出版社，2010.
10. 徐丽梅. 地方政府基础设施债务融资研究 [M]. 上海：上海社会科学院出版社，2013.
11. [英] 霍布斯. 利维坦 [M]. 北京：商务印书馆，1985.
12. [德] 凯尔森. 法与国家的一般理论 [M]. 沈宗灵，译. 北京：中国大百科全书出版社，1996.
13. [法] 卢梭. 社会契约论：第 1 版 [M]. 何兆武，译. 北京：商务印书馆，2003.
14. [英] 洛克. 政府论（下）[M]. 瞿菊农，叶启芳，译. 北京：商务印书馆，1982.
15. [美] 托马斯·帕特森. 美国政治文化 [M]. 顾素，吕建高，译. 北京：东方出版社，2007.
16. 万鹏飞，白智立. 日本地方政府法选编 [M]. 北京：北京大学出版社，2009.
17. 王绍光，胡鞍钢. 中国国家能力报告 [M]. 沈阳：辽宁人民出版社，1993.

18. 刘剑文．民主视野下的财政法治［M］．北京：北京大学出版社，2006.

19. ［英］戴维·威尔逊，克里斯·盖姆．英国地方政府［M］．张勇，译．北京：北京大学出版社，2009.

20. ［德］赫尔穆特·沃尔曼．德国地方政府［M］．陈伟，段德敏，译．北京：北京大学出版社，2005.

21. ［澳］布赖恩·多莱里，内尔·马歇尔，安德鲁·沃辛顿．重塑澳大利亚地方政府——财政、治理与改革［M］．刘杰，余琦景，张国玉，译．北京：北京大学出版社，2008.

22. 财政部税收制度国际比较课题组．法国税制［M］．北京：中国财政经济出版社，2002.

23. ［美］华莱士·E·奥茨．财政联邦主义［M］．陆符嘉，译．南京：译林出版社，2012.

24. 钱颖一．现代经济学与中国经济变革［M］．北京：中国人民大学出版社，2003.

25. 财政部税收制度国际比较课题组．美国税制［M］．北京：中国财政经济出版社，2000.

26. ［日］新村出．广辞苑：第6版［M］．上海：上海外语教育出版社，2012.

27. 陈大柔．日本地方政府管理［M］．北京：科学出版社，2014.

28. ［加］理查德·廷德尔，苏珊·诺布斯·廷德尔．加拿大地方政府［M］．于秀明，邓璇，译．北京：北京大学出版社，2005.

29. 钟晓敏．地方财政学：第3版［M］．北京：中国人民大学出版社，2012.

30. 财政部税收制度国际比较课题组．日本税制［M］．北京：中国财政经济出版社，2000.

31. ［加］简·雅各布斯．美国大城市的死与生：第2版［M］．金衡山，译．南京：译林出版社，2006.

32. 符启林．房地产法：第4版［M］．北京：法律出版社，2009.

33. 於鼎辰．港澳台税制［M］．广州：暨南大学出版社，2009.

34. 刘立峰．地方政府融资研究［M］．北京：中国计划出版社，2011.

35. 徐阳光．财政转移支付制度的法学解析［M］．北京：北京大学出版社，2009.

二、期刊类

1. 财政部条法司课题组. 财政法律体系研究 [J]. 财政研究, 2003 (08): 21 - 26.

2. 刘剑文, 陈立诚. 财税法总论论纲 [J]. 当代法学, 2015, 29 (03): 113 - 124.

3. 杨志勇. 中国财政体制改革理论的回顾与展望 [J]. 财经问题研究, 2006 (07): 11 - 17.

4. 程雪. 哈耶克的财政法律制度理论及其借鉴意义 [J]. 商业时代, 2011 (07): 105 - 106.

5. 马一民. 中国财税体制改革问题研究 [J]. 扬州大学学报 (人文社会科学版), 2014, 18 (02): 34 - 41.

6. 赵晓宏. 关于中央与地方政府间财政关系问题的思考 [J]. 山东经济战略研究, 2003 (08): 25 - 27.

7. 刘洪铎. 财政分权导致地方政府财政赤字规模的膨胀吗?——来自分税制改革后中国省级的观察和经验证据 [J]. 上海经济研究, 2011 (09): 98 - 109.

8. 刘华. 中国地方政府职能的理性归位——中央与地方利益关系的视角 [J]. 武汉大学学报 (哲学社会科学版), 2009, 62 (04): 502 - 507.

9. 李文星. 关于地方政府财政能力的几个基本理论问题 [J]. 南亚研究季刊, 2000 (04): 73 - 76 + 0.

10. 科尔曼·S. 斯托鲁莫夫, 刘承礼. 政府分权促进了政策创新吗? [J]. 经济社会体制比较, 2006 (02): 3 - 11.

11. 贾康, 刘微, 张立承, 等. 我国地方政府债务风险和对策 [J]. 经济研究参考, 2010 (14): 2 - 28.

12. 蒋永甫, 弓蕾. 我国地方政府债务问题研究前沿聚焦 [J]. 湖北行政学院学报, 2014 (02): 34 - 39.

13. 张留禄, 朱宇. 美、日地方债发行经验对中国的启示 [J]. 南方金融, 2013 (05): 47 - 52.

14. 刘剑文. 地方财源制度建设的财税法审思 [J]. 法学评论, 2014, 32 (02): 25 - 32.

15. 牟燕, 钱忠好. 破解地方政府土地财政困境的路径选择研究 [J]. 中国土地科学, 2015, 29 (12): 18 - 25.

16. 朱大旗. 新《预算法》面面观 [J]. 中国经济报告, 2014 (10): 42 - 45.

17. 杨怀君. 关于完善我国地方税体系的探讨 [J]. 商业研究, 2002 (14): 100-102.

18. 李郇, 洪国志, 黄亮雄. 中国土地财政增长之谜——分税制改革、土地财政增长的策略性 [J]. 经济学 (季刊), 2013, 12 (04): 1141-1160.

19. 薛翠翠, 冯广京, 张冰松. 城镇化建设资金规模及土地财政改革——新型城镇化背景下土地财政代偿机制研究评述 [J]. 中国土地科学, 2013, 27 (11): 90-96.

20. 刘尚希, 马洪范, 刘微, 等. 明晰支出责任: 完善财政体制的一个切入点 [J]. 经济研究参考, 2012 (40): 3-11.

21. 刘剑文. 财税法治的破局与立势——一种以关系平衡为核心的治国之路 [J]. 清华法学, 2013, 7 (05): 20-34.

22. 朱大旗. 科学发展与我国《预算法》修订应予特别关注的五大问题 [J]. 政治与法律, 2011 (09): 2-16.

23. 沈荣华. 我国地方政府职能的十大特点 [J]. 行政论坛, 2008 (04): 16-19.

24. 尚元君, 殷瑞锋. 美国财政能力衡量方法述评 [J]. 中国财政, 2009 (04): 67-69.

25. 龙竹. 对乡镇财政能力综合评价指标体系的整体设计研究 [J]. 科技进步与对策, 2004 (05): 34-36.

26. 贾智莲. 地方政府财政能力解析: 基于财政维度的逻辑顺序 [J]. 科学与管理, 2010, 30 (01): 24-27.

27. 王雍君. 地方政府财政自给能力的比较分析 [J]. 中央财经大学学报, 2000 (05): 21-25.

28. 钞鹏. 我国地方政府财政能力研究综述 [J]. 洛阳理工学院学报 (社会科学版), 2013, 28 (04): 37-41.

29. 李文星, 蒋瑛. 地方政府财政能力的理论建构 [J]. 南开经济研究, 2002 (2): 74-76.

30. 杨川仪. 论地方政府投融资法律制度的建立与完善 [J]. 经济问题探索, 2013 (06): 32-36.

31. 关于规范地方政府债务管理工作情况的调研报告 [J]. 中国人大, 2016 (05): 19-23.

32. 蒋悟真. 中国预算法的政治性和法律性 [J]. 法商研究, 2015, 32 (01): 9-13.

33. 徐阳光. 论建立事权与支出责任相适应的法律制度——理论基础与立

法路径 [J]. 清华法学, 2014, 8 (05): 88 - 102.

34. 刘承礼. 省以下政府间事权和支出责任划分 [J]. 财政研究, 2016 (12): 14 - 27.

35. 郑楚宣. 英国中央和地方政府的关系 [J]. 广东行政学院学报, 1995 (02): 61 - 64.

36. 程宗璋. 美英日三国公共财政法律体系及其特点 [J]. 山东理工大学学报 (社会科学版), 2003 (03): 6 - 14.

37. 叶克林, 侯祥鹏. 综论中国地方政府职能转变与机构改革 [J]. 学海, 2011 (01): 15 - 25.

38. 陈长琦. 汉代郡政府行政职能考察 [J]. 暨南学报 (哲学社会科学), 1993 (04): 69 - 77.

39. 王建学. 论地方政府事权的法理基础与宪法结构 [J]. 中国法学, 2017 (04): 124 - 142.

40. 廖钦福, 王劲力. 台湾地区 2012 年 "财政收支划分法" 修正草案之立法借镜与展望 [J]. 交大法学, 2014 (01): 45 - 60.

41. 张健. 地方税体系存在的问题和原因探析 [J]. 改革与开放, 2015 (09): 18 - 19.

42. 本刊记者. 2014 年营改增进展顺利 [J]. 中国财政, 2015 (05): 54.

43. 王玮. 我国政府间税收收入划分模式的选择——以共享税为主还是完全划分税种? [J]. 财贸经济, 2011 (07): 19 - 23.

44. 麦正华. 关于地方税制改革的思考 [J]. 税务研究, 2013 (09): 70 - 72.

45. 韩正明. 分税制及地方税制模式的国际比较与借鉴 [J]. 开发研究, 2009 (01): 115 - 117.

46. 包振宇. 澳门特别行政区的房屋税制度及其借鉴 [J]. 税收经济研究, 2011, 16 (06): 65 - 70.

47. 何峰. 台湾地区房屋税及借鉴 [J]. 国际税收, 2014 (04): 57 - 60.

48. 陈金保. 镜鉴台湾地区房地产税制 [J]. 金融博览 (财富), 2016 (08): 84 - 85.

49. 宋亦淼. 我国房产税税收优惠机制之改革路径——基于中美对比视角 [J]. 财会月刊, 2014 (12): 49 - 52.

50. 华国庆. 中国国债立法研究 [J]. 经济法研究, 2008, 7 (00): 231 - 252.

51. 谢琼, 姚莲芳. 政府投融资模式创新: 地方政府债券与企业专项债券的对接与平衡［J］. 地方财政研究，2017（06）：89-93+99.

52. 庞业军. 美国市政债券市场面面观［J］. 金融市场研究，2013（09）：20-29.

53. 张力毅. 美国地方政府债务清理的法制构建及其借鉴——以《美国破产法》第九章地方政府的债务调整程序为中心［J］. 北京行政学院学报，2014（01）：21-27.

54. 张志华，周娅，尹李峰，等. 美国市政债券管理［J］. 经济研究参考，2008（22）：18.

55. 闫海，曾祥瑞. 宪政、地方自治与地方财政法制——日本法的经验与借鉴［J］. 行政法学研究，2011（01）：123-129.

56. 张志华，周娅，尹李峰，等. 日本地方政府债务管理［J］. 经济研究参考，2008（62）：24-31.

57. 张志华，周娅，尹李峰，等. 澳大利亚的地方政府债务管理［J］. 经济研究参考，2008（22）：25-28.

58. 刘琳，孙磊. 日本转移支付制度概述及经验借鉴［J］. 商业研究，2012（03）：166-170.

59. 刘剑文. 公共财政与财税法律制度的构建［J］. 政法论丛，2012（01）：23-29.

60. 朱大旗，胡明. 财政入宪的规范分析［J］. 经济法论丛，2013，25（02）：165-180.

61. 刘剑文，侯卓. 现代财政制度的法学审思［J］. 政法论丛，2014（02）：13-21.

62. 宋健敏，牛铭实. 日本地方财政的财源结构与地方自治的特征［J］. 复旦政治学评论，2013（00）：172-195.

三、论文集

1. 熊伟. 公共财政、民主政治与法治国家［C］//财税法论丛（第5卷），2004：17-25.

2. 廖钦福，王劲力. 地方自治与财政收支划分之财政法课题——台湾2012年"财政收支划分法"修正草案之立法借镜与展望［C］//财税法论丛（第13卷），2013：405-432.

四、学位论文类

1. 陈晨. 我国公共财政法律体系完善研究［D］. 合肥：安徽大学，2011.

2. 郑燕霞. 财政分权下印度地方财政赤字的产生机制及其影响分析 [D]. 沈阳：辽宁大学，2013.

3. 秦勇. "土地财政"法律规制改革研究 [D]. 重庆：西南政法大学，2011.

4. 孙琪. 地方政府融资风险管理法律制度研究 [D]. 重庆：重庆大学，2012.

5. 李娟. 我国公共财政支出可持续性研究 [D]. 北京：首都经济贸易大学，2014.

6. 郑彬. 地方政府软预算约束的比较研究 [D]. 沈阳：辽宁大学，2013.

7. 倪志龙. 财政转移支付法律制度研究 [D]. 重庆：西南政法大学，2009.

8. 叶平. 我国财政转移支付法律问题研究 [D]. 北京：中国政法大学，2009.

9. 韩灵丽. 中国财政预算"软约束"法律问题研究 [D]. 长沙：中南大学，2013.

10. 崔运政. 财政分权与完善地方财政体制研究 [D]. 北京：财政部财政科学研究所，2011.

11. 李齐云. 分级财政体制研究 [D]. 厦门：厦门大学，2001.

12. 张平竺. 房地产税基评估研究 [D]. 厦门：厦门大学，2007.

13. 林旷达. 中美地方债制度比较研究 [D]. 北京：外交学院，2014.

14. 陈犇. 云南省财政资金对农业影响效率分析 [D]. 昆明：云南财经大学，2011.

15. 仇鹏. 均衡区域经济差距的财政转移支付制度研究 [D]. 济南：山东大学，2010.

五、网址及其他

1. 和讯网. 地方政府债务集中到期压力大 [EB/OL]. （2013 - 12 - 30）. http：//bond. hexun. com/.

2. 国土资源部. 中国国土资源公报（2014 年）[EB/OL]. （2015 - 04 - 22）. http：//data. mlr. gov. cn/gtzygb/2014/201506/t20150616_ 1354558. htm.

3. 国土资源部. 中国国土资源公报（2016 年）[EB/OL]. （2017 - 05 - 04）. http：//data. stats. gov. cn/files/lastestpub/gjnj/2016/indexch. htm.

4. 人民网. 政府投资条例今年有望出台 [EB/OL]. （2017 - 06 - 01）. http：//finance. people. com. cn/n1/2017/0601/c1004 - 29310777. html.

5. 马庆钰. 关于公共服务的解读［EB/OL］. （2013 - 01 - 28）. http：// theory. people. com. cn/n/2013/0128/c355075 - 20348776 - 4. html.

6. 国务院. 关于推进中央与地方财政事权和支出责任划分改革的指导意见（国发〔2016〕49 号）［EB/OL］.（2016 - 08 - 24）. http：//www. gov. cn/ zhengce/content/2016 - 08/24/content_ 5101963. htm.

7. 新浪财经. 房地产税推出时间或推迟［EB/OL］.（2016 - 01 - 12）. http：//finance. sina. com. cn/.

8. 法源法律网. 台湾土地税法［EB/OL］. http：//www. lawbank. com. tw/.

9. 红星新闻. 政府不再垄断住房供地［EB/OL］.（2018 - 01 - 16）. http：//www. sohu. com/a/217080062_ 617717.

六、外文类

1. Charles M. Tiebout. A Pure Theory of Local Expenditures［J］. The Journal of Political Economy, 1956, 64（5）.

2. George Stigler. The Tenable Ranges of Function of Local Government［R］// Washington D. C. Joint Economic Committee. Federal Expenditure Policy for Economic Growth and Stability, 1957.

3. Paul Anthony Samuelson. The Pure Theory of Public Expenditure and Taxation［J］. Review of Economics and Statics, 1954（36）.

4. M. David Gelfand. Seeking Local Government Financial Integrity Through Debt Ceilings, Tax Limitations, and Expenditure Limits：The New York City Fiscal Crisis, the Taxpayers' Revolt and Beyond［J］. Minn. l. Rev. 1978.

5. Colin, McGrath. Municipal Bankruptcy and the Limits of Federalism［J］. Penn Law：Legal Scholarship Repository, 2016, 18（4）.

6. Michael W. McConnell, Randal C. Picker. When Cities Go Broke—A Conceptual Introduction to Municipal Bankruptcy［J］. 60 U. Chi. L. Rev. 1993：425 - 495.

7. Goldberg, Daniel, J. Municipal Bankruptcy：The Need for an Expanded Chapter IX［J］. University of Michigan Journal of Law Reform, 1976, 10（1）：4.

8. Clayton P. Gillette. Fiscal Federalism, Political Will, and Strategic Use of Municipal Bankruptcy［J］. U. Chi. L. Rev, 2012（79）.

9. Florin, Oprea. Fiscal Federalism and Fiscal Decentralization in an Enlarged European Union［J］. Annals of the University of Oradea, Economic Science Series, 2010, 19（2）：623 - 628.

10. The Encyclopedia Britannica. A Dictionary of Arts, Sciences. Literature and

General Information [M]. Encyclopedia Britannica Company, 1911.

11. Gale Group. Columbia Encyclopedia: 6th edition [M]. Columbia University Press, 2000.

12. People v. Hurlbut [G]. 24 Michigan, 1871: 44.

13. Australian Bureau of Statistics. Taxation Revenue. Australia 2014 – 2015, Total Taxation Revenue [M] ABS cat. no. 5506. 0.

14. Gruber, Jonathan. Public Finance and Public Policy [M]. New York: Worth Publications, 2013.

15. Jain, P C. The Economics of Public Finance [M]. 1974.

16. Buchanan J M. An Economic Theory of Clubs [J]. Economical, 1965, 32 (125): 1 – 14.

17. Andrew Sancton. Provincial and Local Public Administration in Christopher Dunn (ed.), The handbook of Canadian Public Administration [M]. Toronto: Oxford University Press, 2002.

18. Wallace E. Oates. Fiscal Federalism [M]. Harcourt Brace Jovanovich, 1972.

19. Ricard W. Tresch. Public Finance, A Normative Theory: third edition [M]. Academic Press, 2015.

20. M. David Gelfand. Seeking Local Government Financial Integrity Through Debt Ceilings, Tax Limitations, and Expenditure Limits: The New York City Fiscal Crisis, the Taxpayers' Revolt, and Beyond [J]. 63 Minn. L. Rev, 545: 1978 – 1979.

21. N. J. Stat. Ann. §40A: 4 – 45. 2.

22. Brian Dollery, Lin Crase, Andrew Johnson. Australian Local Government Economics [M]. UNSW Press, 2006.

23. U. S. Department of Housing and Urban Development (HUD). CDBG Expenditure Reports [EB/OL]. (2012 – 09 – 28). Portal. hud. gov.

24. Categorical Grants – Definition, Examples, Cases, Processes [G] //Legal Dictionary, Retrieved, 2017 – 04 – 29.